思想觀念的帶動者

文化現象的觀察者

本土經驗的整理者

生命故事的關懷者

Holistic

探索身體，追求智性，呼喊靈性

攀向更高遠的意義與價值

是幸福，是恩典，更是內在心靈的基本需求

企求穿越回歸眞我的旅程

ASTROLOGY KARMA & TRANSFORMATION

占星·業力與轉化

【從星盤看你今生的成長功課】

The Inner Dimensions of the Birth Chart

史蒂芬·阿若優｜著
Stephen Arroyo
胡因夢｜譯

目次

第八章 轉化的週期循環——第一部分：移位法 282

〔譯序〕

靈修與占星

身心靈療癒課程講師、作者、譯者
胡因夢

我對占星學的著迷大約是高中時代開始的，啓蒙書應該說是老友劉鐵虎翻譯的《巴比倫占星術》。雖然詢問初見面者的太陽星座早已成爲我的日常慣例，但是對占星學的深入程度卻始終沒怎麼提昇，直到好友韓良露的幾本貢獻卓越的占星力作問市，才總算是獲得了一窺堂奧的機會。

八年前，太陽落寶瓶座的金銘成爲我生命中最重要的任務伴侶，爲了幫助這位「宇宙的旁觀者」找到一個發揮創造力的管道，也爲了幫助我們彼此釐清一些性格上的難題，我開始鼓勵他研究占星學，同時在自我覺察的內在工作之中，加進了深度占星學這項輔助工具。

由於在每個當下覺察身心的變化早已是例行之事，而三十三歲那年覺醒的生理拙火（內氣）也已經進展到相當精微的程度，因此我能明確地意識到食物、環境以及週遭的信息場之外，似乎還有一些其他的因素在影響著身心，使其產生一種階段性的變化，而且是在脈輪的精微層次上發生的。甚至連憂鬱症的出現，都跟這些無形的影響力或勢力有關。

大約在二〇〇三年的陽曆七、八月間（中元節左右），我覺察到頭頂的頂輪附近，經常有振動頻率十分不穩定的能量波試圖進入我的脈輪裡面，而且會造成全身的能量瞬間被「鎖住」，接著就會出現一種難以言喻的鬱悶感。那是一種十分眞切的覺受，絲毫不帶有自我暗示的成分。曾經體驗過長達三年的產後憂鬱症，經常與失眠等十幾種慢性病癥狀共處的我，從未嚐過如此束手無策的感覺。由於干擾是來自於肉眼看不見的次元，所以我意識到必須向處理「靈擾」（psychic attack）的專家求助，在這樣的因緣之下，我才眞正有機會深入於靈療與能量醫學的奧妙內涵。但更重要的是，這些艱難無比的精微次元考驗，讓我親身印證了深度占星學在生命週期循環以及自我轉化上面的驚人發現。原來我所感受到的那些無形勢力，有一大部分是源自於宇宙行星爲人所帶來的階段性影響力與挑戰。

這項發現開始促使我從占星學的性格分析層面，轉爲觀察五個外行星所造成的生命週期循環。回顧人生中最大的變動階段，應該是在生下女兒之後長達八年的調理與轉化過程。有趣的是，女兒誕生的日期恰好是土星（業力之王）快要接近我六宮（健康宮）

宮頭的時段。當土星正式進入六宮（大約是土星推進雙魚座二十四度左右），我就被迫在產後憂鬱症的強大壓力之下，痛改以往忽略身體健康、不愛運動的習性。我每天早晚按步就般地快走四十五分鐘，並且在各種另類療法的領域裡當起自我實驗的白老鼠。上述所有的作風，都完全吻合土星進六宮所帶來的改變與影響，因爲它就是要我們爲自己的身心健康和日常習慣負起責任。

更有趣的是，女兒誕生的那一天，剛好也是天王星（主掌變動、意外、瓦解以及汰舊換新之星）正接近我本命四宮的階段。當時我所做出的人生重大決定，包括將兩棟非常滿意的市區住宅匆匆賣掉，搬到市郊遠離塵囂的社區裡去生活，後來又曾移民加拿大等等，事後回顧起來都十分符合天王星在家庭宮位所做出的大刀闊斧改革。雖然當時的作風的確流於衝動，但誠如 Howard Sasportas 所說的，「有時天王星也會迫使一個人搬家……因爲停留在老舊的情境裡，某些潛力可能無法施展出來。」此外，海王星也剛好在那時接近四宮宮頭，海王星所象徵的「爲照料他人而擱置自己的需求」，正是新生兒誕生之後初爲人母者所面臨的挑戰。同時天王星與海王星進四宮，在自我轉化上也意味擺脫童年創傷、發展出眞正的獨立性和客觀性、與內在最深的神性連結。我產後每日固定靜心兩小時，過程中盡量懷著客觀意識與經絡嚴重阻塞所帶來的焦慮感共處，然後慢慢地深入於心靈底層的本體——那個不受任何現象影響的部分，因而對「平等自性」有了眞實的體證。這些經驗都十分符合天、海進四宮的意涵。

至於二〇〇三年中元節左右出現的無形干擾，我在翻譯阿若優的這本《占星、業力與轉化》時，才明白原來土星進八宮意味著，「在這個階段許多人會經驗到深刻的痛苦，但原因很難清楚地指出，有人甚至把這個階段的經驗描述成『煉獄』。」他同時又提到，「最常見的現象是，人會在此階段尋求保護，以建立最深的『靈魂的安全感』」。這些心理現象上的精準詮釋，令我感到十分震撼，因爲長久以來我最不擅長的就是尋求保護（火象星座過多的人有逞強傾向），而土星進八宮正是我此生唯一積極向專家求救的階段。尋求「靈魂的安全感」，令我臣服於權威一段時日，甚至出現了月亮獅子座很難發展出的謙卑心態。但是當土星正式進九宮之後，我就釐清了過往種種精微體驗上面的認知，整理出了一套身心靈的鏈鎖觀點。如同阿若優所描述的，「土星進九宮乃是要消化多年以來的經驗，將它們和各種有意義的理想、哲學以及自我改善的攝生法連結起來。」

當土星推進我的本命十宮，分別與位置十分接近的月亮及南交點呈合相時，一對住在馬來西亞與我有宿緣的夫婦（兩個人的海、土分別與我的上升點呈合相，同時在星盤比對上竟然有六十多個產生關聯的相位），跟我們結成了莫逆之交。多年來我一直有種深層的「鄉愁」，好像我是一個異鄉人，很難碰到同一個「靈團」的夥伴，然而這對夫婦卻能讓我和金銘破例陪他們一同旅遊，我們也經常到他們在馬來西亞的一座熱帶雨林裡辦工作坊，分享「大家族」歡聚的喜悅，而這全是在土星與象徵前世業力的南交點，以及象徵家族或內在之家的月亮形成合相時發生的事（這兩位友人各自有日、月座落於月亮所掌管的巨蟹座）。由於這份經驗，我內心深處的無歸屬感和童年的孤獨充分被揭露，更重要的是我藉由不間斷的覺察突破了許多強烈的情緒幻相，而終於能落實無憾地生活在台灣這個環境裡。就在月亮代表的深層潛意識問題解除之後，土星便推進我本命盤十宮裡的冥王星形成合相。這時你很清楚地發現，土冥合相的確揭露了過往數十年的因果總結——我譯介的二十多本心靈書籍，開始繼個人傳記之後陸續在大陸出版，獲得意料之外的迴響，也達成了冥王星落十宮在社會影響力上面的正向作用。

我之所以鉅細靡遺地將自己的生命週期經驗與讀者分享，爲的就是要幫助大家具體了解本書的意義與目的。誠如阿若優所強調的，「占星學這個宇宙語言還有許多內在意義足以促進靈性上的成長，提升人們的覺知。」「占星學確實能論述不同層次的意識或經驗的不同面向，而且遠遠超過邏輯頭腦所能理解的範疇。」此外阿若優也同意，「人的確可以透過禪定、不間斷的修持以及把心倣開到立即覺知當下最核心的實相，來提升我們的直觀能力。」

占星學這門「業力科學」如果運用錯誤，很容易流於將焦點固著於劇情和外在事件，進行過度瑣碎的性格分析，或是將其變成一種自我合理化的藉口，而喪失了它最深的價值。榮格經常在他的著作裡指出：一個人若是無法覺知到內在的衝突，那麼外在世界就會逼不得已將那份衝突「演示」出來，並撕裂成兩極對立的情況。換言之，如果自我覺察的程度提升，業力就會顯現於更精微的次元。按照我親身的體驗，這樣的觀點是相當眞切的，不過精微次元的功課未必比粗鈍次元的功課來得容易，然而一旦學會了細膩的辨識與覺察，自我轉化與成長的確能幫助一個人變得更完整、更清明。靈修與占星學都是達成這項目地的最佳工具。

本書是我在衆多西方占星著作裡揀選出來的「必讀」之作。史蒂芬·阿若優本持著樸實而嚴謹的態度，統合了人本占星學、榮格心理學以及東西方的靈性教誨，發展出這本屬於現代占星學正向潮流的暢銷佳作，目前已經翻譯成九國語言，深受占星學界推崇以及西方讀者的推崇。希望本書能夠爲致力於成長和自我轉化的本地讀者，帶來一種對宇宙隱微秩序的讚嘆，以及因了悟這份秩序而必然生起的寧靜與安全感。

對占星學有任何疑問的讀者，可進一步與我聯絡。我的 e-mail: longjoe@ms47.hinet.net。

〔前言〕

占星學的眞義

不出戶，知天下；不闚牖，見天道。
其出彌遠，其知彌少。

——老子《道德經》

人生起了很大的變化時，我開始對占星學產生興趣，後來又深深地沉浸在榮格的著作裡一段時間，那時我已經知道還有許多東西是這些占星教科書尙未提及的。換句話說，我早已直覺地知道在傳統占星學的象徵符號與擬古式的語言背後，還埋藏著更大的智慧、更深的生命法則，以及能夠讓忠誠的占星學子在靈性層次上產生精純理解的洞見。因此當我一本又一本地吸收消化這些占星著作時，我立即發現自己已經在搜尋這些象徵符號更深遠的涵義了；我認爲這個宇宙語言還有許多內在意義足以促進靈性上的成長，提升人們的覺知。

當我開始進行我的研究之後，才越來越明白占星學確實能論述不同層次的意識或經驗的不同面向，而且遠遠超過邏輯頭腦所能理解的範疇。但顯然只有高等的直觀之心（也可稱爲「靈魂之眼」），才能眞的了解占星學的深層涵義與支脈。隨著年齡的增長，我發現人確實可以透過禪定、不間斷的修持以及把心敞開到立即覺知當下最核心的實相，來提升我們的直觀能力。

我早期在做研究時雖然不像西方文化裡的許多人那樣對占星學抱持懷疑態度，但我很快就對古代與現代占星學者的著作感到極度失望，因爲裡面的思想、辨識力、客觀性以及靈性上的覺醒均嫌不足。這些著作不但只聚焦於事件、預測或膚淺的個性分析，而且即便是所謂的「奧祕占星學」（esoteric astrology）——偶爾能精確地描述某些人的狀況——也多半是一些荒謬的論斷或說教；它們規避了占星元素核心意義的探討。〔註一〕基於這些原因，我覺得自己確實很幸運能快速地發現丹恩・魯依爾（Dane Rudhyar）的著作，甚而有機會深入於瑜伽、治療、東方宗教以及許多精神導師的教誨，同時還能以

〔註一〕我多年來一直在尋求了解占星元素主要意義的簡明方式，後來逐漸發展出了我希望的那種格外便利的指南書——《史蒂芬・阿若優之星盤解析指南》（*Stephen Arroyo's Chart Interpretation Hand Book*）。那本書是在本書出版十一年後問市的，即使是初學者也很容易上手。

多年的時間研究榮格無與倫比的科學探索。這一切的追尋，加上我自己對能量場與日俱增的清晰體察、長期以來對夢境啓示的研究，並直觀地將這些生命的各個次元統合到最核心的靈性典範上，才逐漸發展出一種令我欣慰的應用與理解占星學的方式。

但我並不是在說我已經發展出一套「詮釋」占星學的「封閉系統」，那樣的體系正好是我無法忍受的侷限，況且堅持己見的方式很快就會變得僵固與不恰當。其實我想表達的只是我目前的理解方向與諮商方式，因爲這種方式對我個人的成長很有幫助，也比較能爲我的案主和學生們帶來更富建設性的利益——遠遠超過傳統事件派占星學或奧祕占星學的那些無法驗證的理論與假設。這麼多的占星著作中有許多誤謬的、甚至是毫無根據的推測，若是將它們應用在個案的情況裡而不去敏銳地感應當事人的意識層次，將會造成極嚴重的傷害。即便我們以誠實不欺的方式去粗略地測試這些說法，也還是會發現它們大多是十分荒唐的見解，而且大部分與眞實的生活經驗毫無關係。

讀者也許有興趣知道，當初我開始研究占星學的時候，本命盤裡正好有下述的推運角度：土星與本命盤的上升點呈合相，海王星與金星也有角度，冥王星與天王星則正落在處女座，與我本命盤的天王星形成緊密相位，而這些全都是所謂的「緊張」或「硬式」相位。我提到這一點乃是爲了說明占星學對我而言不但是全職事業，更是一種追求眞理的思考方式，而且一向是也仍然是改善我的本性、激勵我在當下的經驗裡朝著更高典範發展的工具。這本書就是我在查證生命的統合法則與占星學的深層意涵時，所產生的想法之總結，其中包括我很難從占星教科書裡獲得了解的種種主題，甚至是根本沒出版過的一些東西。我無意撰寫出一本充斥著成套「詮釋」的「占星食譜」，而且已經假設讀者們對傳統占星學的基本定義、星座、行星或相位，都有了初步的認識。

在這本書裡我主要想闡明占星學的某些次元。占星學有各種層次的詮釋方式，但深層意涵、內在次元、以成長爲導向的經驗性詮釋層次，卻是一直被忽略的。如果你對那些公式化的預測、陳腔濫調的概念以及簡化的性格分析已經感到很滿足了，那麼本書將不會和你產生任何關聯，但是那些仍然在質疑以下問題的人，卻會覺得它很有用、很能增長見聞。譬如占星學爲什麼會產生作用？爲什麼某些人會有某些相位？眼前看似困難的人生階段究竟帶有什麼目的？爲什麼有些人能夠以實在的態度面對問題？

本書主要是根據個人經驗和臨床經驗撰寫出來的，而且我盡量做到讓它可以實用，但由於我們探討的主題太精微，範疇又太廣，因此某些主題只能做高度的推測；因爲我不能說自己在終極議題上已經有了一切答案，更不能聲稱自己是證入高層意識、有能力了悟生命更高次元的人。無疑的，本書絕不是一套詮釋本命盤的機械化法則，它必須配合個人經驗及直覺來加以應用。在我們研究占星學的前幾個階段裡，特定的法則也許可以帶給我們一些引領，不過逐漸就得把它們擱置一旁，因爲宇宙的一體性和愛自然會轉化那些仔細設想出來的法則與原則，而且會越來越成爲生活中啓發個人的當下實相，讓我們了解面對另一個人的迷思有什麼意義。

任何一種玄學上的研究，都可能令學生在層出不窮的次要現象裡迷失方向，使我們無法認清這些都只是終極實相反映出的某些面向罷了。本書前言一開始所引用的老子的話，優美地傳達了「素樸」的價值與眞實性，任何一個占星從業者若想把本命盤的衆多元素統合成意旨深遠、前後貫通的整體認識，就必須了悟老子的話中之話。高層意識的一體性反映成低層的存在時，勢必會從「大一化爲繁多」，人越是遠離實相，生命就越顯得矛盾及多樣化。但只要與那最高層的「大一」相應，你就會越來越清楚本命盤是一個統合的整體，而且這些象徵符號都是活的。人並不是由不同的元素組合成的，他是神聖潛能的一個活生生的單位，而本命盤所顯示的成長過程（推進和移位），也不是互不相干、重複發生的週期循環；它們是不斷在發展的意識的不同面向，而這些面向都同時在各個次元裡運作著。我覺得做爲占星學的從業者或學生，若想把這門知識當成是一項敏銳的、能夠饒益他人的個人化技藝，就無需擔憂目前正在氾濫的那些預測方式或詮釋技巧。我的學生們時常問我：「我到底該從何處入手去看一個人的星盤？」其實你如果能徹底了解星盤裡的任何一個元素，它自然會引領你進入那示現出萬象的核心部分。換句話說，一開始只要談你眞正了解的東西，將它和個案的眞實經驗連結，然後任其自由發展就對了。如同愛因斯坦所說的，如果能進入任何一個事物的核心，你終將遇上最深的實相與眞相。

我所指出的這些素樸的道理並不是一種無法了解的典範，它不是聽起來很美妙但完全無法被應用的東西；它是從我們對內在無限潛能的覺知以及對宇宙一體性的洞察，而發展出來的品質。東方的智者曾經說過，心智本是眞理的殘殺者，也是清明洞見的敵人。一個人的心智的確會迷失於本命盤的繁瑣細節裡，而再也看不見案主的整體性與價值了。若是有這種情況發生，那麼心智就成了眞理的敵人；它只會用令人困惑的細節來障蔽住當下的問題。或許案主會暫時被各式各樣的新奇說詞所吸引而覺得舒坦一些，但這種快感究竟能維持多久呢？此人很快就必須以專注而深入的態度面對眼前的難題了。

雖然如此，心智仍然可以當做高層自性的工具；它能協助我們領略奧妙莫測的生命實相以及個人的命運。占星時的對談品質，完全取決於占星師的心智純淨度、專注力的深度與其人生典範。那些企圖屏除哲學和靈性價值的人，往往會聲稱這樣的取向是不科學的、過於神祕的，或者與合乎情理的占星基本教義無關。以我的角度看來，這樣的說法幾乎是完全不了解他們在爲人諮商時所造成的影響。現今占星圈子裡顯而易見的混亂以及初學者揮之不去的困惑，只能藉由我們工作底端的哲學與靈性意涵來予以釐清。肯尼斯・內格斯博士（Dr. Kenneth Negus）寫過一篇傑出的文章：

占星學最好不要像科學那樣只著重在物質及能量的層次。只有更高的哲學途徑方能正確地論述這些至高無上的宇宙創造力——這才是最高層次的占星學真理，而它是不帶有科學性質的。

我們必須認清占星學的領域裡存在著一種高階知識。這意味著占星學中的哲學與人本次元不但是最主要的研究方向，同時我們也必須視其為一種帶著超驗性的優勢。（from *Astrology now*, Vol. 1, No. 11, p. 18）

雖然我試圖將讀者引至整全與素樸的方向，但我不認爲宣揚孰眞孰假會是我的職責。此書的本質乃是用我自己的理解和價値觀來提出合理的意義，同時提供一種對不同要素的辨識方向。此外我也經常論及所謂的星盤「主題」，以便呈現出元素統合之後的素樸性。這樣的方式被許多占星學家詳細闡述過，譬如吉波拉・都賓斯博士（Dr. Zipporah Dobyns）就不斷提及占星符號裡的十二個規則，它們幾乎可以涵蓋本命盤的所有元素；李察，艾德曼（Richard Ideman）也經常談到這些要素之間的「對話」，亦即將行星、星座及宮位統合成一個連貫的整體。我也時常採用「交替作用」〔註二〕這個字眼來描述這十二個規則之間的交互作用。我覺得任何一個研究占星學的人都可以藉由這個途徑獲益

——若是把這種觀察星盤要素的方式理解成一種哲學結論，便能徹底轉化好壞吉凶的分類詮釋方式。

最後我必須聲明的是，像這樣一本論及業力、轉世與自我轉化的占星書籍，必須奠基於某些假設之上，而這些假設與一般常識底端未說出的假定是完全衝突的，也跟大部分的占星詮釋類型相左。我會這麼做的原因是，我們一旦認清轉世與業力便是生命的事實，而且已經在依持靈性典範致力於自我轉化，那麼所有以事件為導向的傳統占星學之標籤、定義及詮釋，都會由裡向外翻轉過來。一旦選擇了這種範疇更寬廣的途徑，亦即以感官知覺範圍外的高層實相作基礎的途徑，就會發現最重要的解答都不是從外在而是

〔註二〕「交替作用」（interchange）也許是某些讀者所不熟悉的占星法則，所以我想說明一下。我們可以先舉幾個七與十的「交替作用」來加以說明：譬如土星落在天平座；土星落在七宮；金星落在摩羯座；金星落在十宮；金星與土星的所有相位；七宮與十宮的所有衝突相位（九十度），以及天平座與摩羯座的所有衝突相位。

另外一個例子則是四與十的交替作用：土星落在巨蟹座；月亮落在摩羯座；月亮落在十宮；土星落在四宮；月亮與土星的所有相位；四宮與十宮的所有對立相位，以及巨蟹座與摩羯座的所有對立相位。

一個人的本命盤若是有某種類型的交替法則以二或多種情況呈現出來，那麼這股動力就會構成所謂的生命次要「主題」。但如果本命盤包含了三或三種以上的情況，那就是生命的重要「主題」了。

由內產生的。與其執著於某種情境或某個生命階段的感覺是否輕鬆舒適，不如去洞察困境裡要學習的功課及成長潛力是什麼，同時在面對順境時也不宜失去平衡或變得過度自負。若是能以這種態度去面對人生，那麼物質次元的便利性或生活狀況的舒適與否，就不再是最重要的元素了；我們將會把自我成長的過程和內心的存在狀態，當成是首要之事。

舉例來說，假設一個人本命盤裡的金星與月亮、海王星、天王星或土星都成九十度角，那我們就不該把此人可能面臨的關係或戀情上的問題視爲首要之事，反而應該認清這些經驗在意識發展的大範疇內的意義是什麼、目的是什麼，或者究竟能讓我們學到什麼東西。因此我將嘗試爲讀者指出一種理解本命盤、推進法、移位法以及星盤比對的方向，這個方向是透過對星盤深層次元的解析來誘發內在的覺醒，從而讓一個人意識到自己的需求、潛力以及人生目的。這絕不是一個能輕易達成的任務，因爲人生是一種多次元的發展，雖然大部分人都能察覺某個推進相位所顯示出的表層現象，但那個現象底端同時還存在著深層的意義，而且這份改變或生命的發展方向很可能演變成種種的發展支脈。占星家最困難的挑戰和責任就是爲案主闡明其中的意義，幫助案主把注意力放在最重要的發展過程上，而不是只注重表面的改變。榮格在他的著作裡經常指出一點：你沒有覺察到的事情就會變成你的「命運」。如果你不爲這些發生的事負起責任，或者無法認清你也是促使它發生的原因之一，便可能會覺得事情是從外面來的。我們越是能帶著覺知去跟內在的活動產生連結，那麼占星學——不是一種操控命運的方式，也不是能帶來驚喜的把戲——便越能提供你一種理解自我發展階段的工具。我們應當善用這個機會來進行自我轉化。

〔第一章〕業力

人身上發生的事就是他人格的寫照。他代表的是某種鑄型以及可以接合在一起的個個碎片。隨著生命的進展，這些碎片將會按照既定的設計一一落回原處。

——榮格

許多的玄學家、占星家以及其他關懷宇宙法則的人，均以各種方式沿用過「業力」（Karma）這個名詞，因此在思考占星學與業力的關係時，我們必須先釐清這個名詞的意義。基本上它指的就是宇宙法則裡的因果律，與聖經格言「人種的是什麼，收的也是什麼」十分雷同，但是又比俗世因果概念的範疇更寬廣一些；很顯然的，一個播下薊花種子的人是不可能種出玫瑰來的。業力法則與牛頓機械定律「每個作用力必定產生反作用力」很近似，但其涵蓋範圍的廣度卻有差異。業力法則假定人轉世投生乃是連續不斷的經驗，而且絕不會在物質世界投生一次就了結了。從這個角度來看，業力法則可以被視為一種維持與達成宇宙正義及平衡性的方式；它其實是一個最單純、最能涵蓋一切生命律法的法則。它跟某些人所說的「機會法則」（Law of Opportunity）——為了讓我們變得越來越像神，宇宙必須帶給我們一些機會去學習我們最需要突破的心靈功課——是不可分的。

業力的概念本是奠基於兩極現象之上的，宇宙藉著這個律法才能維持平衡。這種平衡狀態並不是一種慣性，而是不斷地在動、在變化中的平衡性。這個概念之中有一種假設，那就是個人的「靈魂」（某些學派所說的「存有」）裡面有一種因力，會逐漸形成一種「果」，而引發這個過程的本能就是「意志」。這整個因力現象的結構便是所謂的「欲望」，欲望可以看成是用意志力來引導個人的能量，然後將某種衝動或想法示現出來。

當然有關業報的概念是無法與轉世理論區分開來的。有些作者認為業力與轉世本是用來象徵或隱喻某種宇宙作用力的法則，而這種作用力比一般人所設想的還要精微得多，不過大部分能接受轉世與業力之說的人，通常對傳統的顯明定義已經感到很滿足了。多數人都認為轉世的目的只是暫時投生為一個必朽的靈魂或存有，藉著肉身這個媒介來地球學習特定的功課，或是依照特定的方式發展自己，以便進入更高層的意識或存在。根據偉大的透視眼艾德格・凱西（Edgar Cayce）——通稱為「沉睡中的先知」（The Sleeping Prophet），也是傑斯・史坦恩（Jess Stern）的暢銷名著之書名——在「靈命解讀」（psychic reading）時所傳達的轉世理論，〔譯註一〕一切存有被創造出來之後就不斷投生於地球，爲的是學習最根本的心靈功課：愛、耐性、謙和、平衡、信心、奉獻精神等等。根據凱西的理論，人若是能了解宇宙的基本律法，諸如轉世、業力、恩寵、物以類聚、境由心生等法則，將會替心靈的發展帶來助益，其中的「恩寵法則」（Law of Grace）是凱西的靈命解讀中最重要的一環。

如同牛頓機械定律與現代量子物理學的顯明對比，業力法則似乎也比恩寵法則的層次粗淺許多。按照凱西的說法，一個人如果能敞開自己與內在的「基督意識」（Christ Consciousness）連結，那麼因果律就會被恩寵法則取代。所謂的「基督意識」指的就是人類經驗中如如不動的一體性，它不是在二元對立的運作層次裡發生的，因此我們若是接受了艾德格・凱西的恩寵法則概念，就會發現業力法則並不是我們生命最底層的驅力。雖然如此，能夠了解業力法則的運作模式還是很有幫助的。凱西曾經說過：「人類的每一世都是過去所有轉世的『我』之總合。」「過去所造作的一切，不論好壞，都包含在目前這一世的機會裡。」當他爲數千名個案做靈命解讀時，總是不斷地強調當人面對特定困難或壓力時，只不過是在「跟過去的自己相遇」罷了——換句話說，這個人現在必須面對他過去世裡造作出來的經驗了。

業力法則最粗淺的表現層次便是聖經格言所說的：以牙還牙，以眼還眼。〔註一〕我們絕不能忽視欲望的力量，因爲它就是引發業力的最深驅力，然而只有小我才有欲望，我們最核心的自性或本體並沒有任何欲望；它與萬物本是一體的。業力法則基本上要告訴我們的就是：「你終將嚐到你欲望的後果。」不過當然只有在經驗到這些後果時，我們才會明白自己欲望的支脈是什麼。

舉例來說，某個人很渴望世俗財富，因此未來的某世他終於誕生在一個奢華的家庭裡。他既然已經擁有了自己想要的一切，總該滿足了吧？結果卻並非如此，因爲其他的欲望又產生了。心的本質就是不斷地製造欲望，它是不會停歇下來的。事實上這個人或許已經發現他所擁有的這些財富不但無法帶來滿足，甚至變成了一種恐怖的負擔！至少他貧窮時沒什麼東西可以損失，因此是自由的，現在雖然擁有了財富，卻不斷地害怕會失去那些自己已經不再渴望但仍然執著的東西。接下來的問題則是：一個人要如何釋放掉這些鍛造出欲望的執著，以便再度獲得自由呢？（傑出的英國詩人威廉・布萊克〔Wil-

〔譯註一〕請參閱世茂出版社發行的《靈魂轉生的奧祕》。

〔註一〕讀者若想查看聖經裡有關業力與轉世的部分，請參閱〈約伯記十四：十四〉；〈傳道書一：十一〉；〈耶利米書一：五〉；〈馬太福音十七：九～十三&十六：十三～十四〉；〈馬可福音六：十五〉；〈路加福音九：八〉；〈約翰福音三：七&一：二十一及二十五〉；〈歌羅西書三：三〉；〈猶大書一：四〉；〈啟示錄三：十二〉。

liam Blake）稱這種執著爲「由心念打造成的手銬」）其實所有的解脫道與自我證悟法門追求的就是這份自由。

在許多心靈導師的著作與教誨之中，都可以發現對業力法則的本質以及運作上的洞見，這些導師大部分來自東方世界，因此他們的教誨多半根植於佛教或印度教。帕拉瑪韓撒・尤伽南達（Paramahansa Yogananda）可以說是第一位到西方世界弘法的東方大師，他寫過一本優美而富啓發性的傳記《一位瑜伽士的自傳》（*Autobiography of a Yogi*），以下是從其中摘錄出來的一段話：

> 命運、業力與定數——不論你怎麼稱呼它——指的就是一種正義法則，它決定了我們的種族、我們的肉體結構以及心智與情緒的特質。我們必須認清的是我們很難逃脫這些基本模式，不過我們還是可以學習如何去順應它，而此處就必須用到意志力了。我們在有限的理解之下仍然有選擇和辨認的自由，因此若是能正確地行使我們的選擇權，悟性自然會增長。一旦做了選擇，人就必須接納他的選擇所帶來的後果，然後繼續運作下去。

尤伽南達進一步解釋了如何有效地處理個人的業力，以及什麼才是面對命運的正確態度：

過往業力的種子如果被神聖的智慧之火烤過，就不可能再發芽了……一個人的自我了悟越深，越能運用精微的心靈能量來影響整個宇宙，而其本身也不再被無常的現象（業力）所染著。

尤伽南達對占星學也很熟習，因爲他的上師就是一位精通古老科學與藝術的大師，因此他對占星學的見解是很值得參考的：

一個孩子誕生那一天的時辰，便是天體射線與他個人的業力交織出數學上的一致性的時刻。他的個人星盤是一個深富挑戰性的圖像，裡面呈現了他無法更改的歷史以及未來可能發生的結果。只有那些具有直觀智慧的人才能正確地詮釋個人本命盤；但很少有人具備這種智慧。

偶爾我會要求某些占星家根據星盤擇出我最艱困的時段，不過最終我還是能達成自己所設定的任務，但是在那些時段裡，許多艱困的挑戰仍然會伴隨著我的成就一同出現。對神聖護持力的信心以及正確地運用上天賦予人的意志力，往往能幫助我克服所有的障礙；因此我的罪業終究獲得了寬釋。

在佛教傳統裡，解脫道與心靈修持最終的目標就是「涅槃」，許多追求佛家智慧的西方人都未能正確地詮釋這個名相。「涅槃」字面上的意思就是「業力之風不再吹襲了」。換句話說，唯一能夠讓心靈有所進展的便是覺醒（「佛」的意思就是「覺者」），或是把意識提升至超越幻覺或業力的層次。從這些教誨中我們可以得知，對治業力最根本的方式就是超越它。只要我們轉世到肉體中，業力法則一定會以某種形式影響我們；如果能夠對此生的業力模式有所了解，將會帶來極大的幫助，或者至少可以讓我們以毅力、接納及感恩的態度來面對我們的命運。

定業、今生所造之業與藏業

印度有一種古老的傳統把業力法則分析得很深入，它將業力分成了三種類型：〔譯註二〕

「定業」（Pralabd karma）乃是一個人在此生一定會面臨的定數、命運或業力。這種基本的業力模式是無法更改的，因此人只能在此生面對這些經驗模式。不過據說透過靈修、心靈導師的幫助或者靠著上主的恩賜，也許可以把特別重的業所造成的影響降低，如同把「刀傷」變成「針刺」一般。

「今生所造之業」（Kriyaman Karma）指的是我們此生造作出來的業，但是在未來世才會受到果報。某些修練途徑之所以會強調嚴格的戒律，就是要控制修行者的行爲，避免造出更多的業而阻礙了此人未來的心靈發展。除了嚴格的戒律之外，避免在今生造業的主要方式就是不執著、不產生強烈的欲望，同時要在履行每日的義務時培養出正確的心態與超然的態度。當然，維持正確的心態與超然的態度是非常困難的，因此大部分的靈修教誨皆主張，缺少了冥想的幫助是絕無可能達到那種境界的。

最後一種業便是所謂的「藏業」（Sinchit Karma），它指的是我們多生多世貯藏下來的業，在這一世裡並不顯得特別活躍。根據這些教誨的說法，我們已經有過成千上萬的轉世經驗，累積了無數的業力，因此不可能在一世裡面對所有的思想與行動的業果——我們的身體、精神和情緒都可能被擊垮——所以這些業必須被貯藏起來，不能完全派給這一世去面對。根據這些教誨，我們將會在未來世裡面臨這些業報，除非我們能碰到一個完美的靈性上師幫助我們釋放這些重擔。

〔譯註二〕以下不採用傳統在「三業」上的一貫譯法，主要是基於本書作者對這三種「業」的解釋與傳統所謂的三業有所出入之故。

梅爾・巴巴（Meher Baba）是一位旅居美國擁有眾多門徒的心靈導師，他也用類似的話語闡述業力的運作模式：

> 以一般粗鈍肉身示現的你，將一次又一次地轉世，直到你證悟了自己的「真我」為止。但是你的心卻只會誕生一次，死亡一次；若是以這個角度來看，你是不落入輪迴的。你的粗鈍肉身一直在改變，但你的心（心智體）卻始終如一、沒有任何改變。一切的印象都儲存於此心之中。這些印象將會在後續的轉世中被耗盡或完全抵銷。你將會誕生為女人、男人、窮人、富人、聰明人或愚笨的人，擁有了這些豐富的經驗，才能幫助你轉化所有的二元對立形式。

我想任何一個熟悉占星學的精確度與有效性的人，都無法否認本命盤（natal birth-chart）確實能揭露一個人的主要生命模式：潛能、才華、執著的焦點、難題以及主要的心智特質。若是能接受這個觀點，那麼本命盤很顯然透露出了一個人現世定業的藍圖或X光片。我在我的著作《占星、心理學與四元素》（*Astrology, Psychology, and the Four Elements*）裡面，曾詳細說明星盤可以視爲一個人的能量模式的藍圖，而這些能量會同時在各個次元裡顯現出來：身體、心智、情緒及靈性次元，同時也跟地、水、火、風四大元素有關。然而「藏業」卻不顯示在本命盤裡，因爲它們不會完全分發給這一世。同樣的，今生所造之業也不會顯示出來，因爲我們似乎還保有某種程度的自由意志，即使很有限，但還是能決定我們在這一世將造作出什麼樣的業。雖然眞相就是如此，可我並不想讓讀者留下「一切都是命定」的印象，好像我們對自己的業力是束手無策的，無法以正確的方式來改變我們的人生。其實情況恰好相反，雖然本命盤顯示出了我們的業力，並因而阻礙了我們的自由，造成了我們的束縛，但本命盤仍然可以讓我們認清生命的哪個領域需要被轉化，或者我們目前的表達模式有哪些需要改變。就像艾德格·凱西在他的靈命解讀中所說的「心即是建構者」，我們的心駐留在何處，我們就會變成什麼樣子。如果我們能以細膩的方式改變自己的態度及思維模式，或者經常能藉由靜坐來連結高層意識，不只是擁有並且能活出生命力，那麼或許就可以從束縛中解脫出來，和宇宙的律動調成一致。如同二十世紀最偉大的占星學家丹恩·魯依爾所強調的，發生在人身上的事件本身，遠不及人對事件的反應來得重要。這句話總結了我們在面對業力時的心靈與心理發展的可能性。換句話說，我們對經驗所抱持的態度才是最關鍵的要素。我們的態度本身就能決定在面對困境時將會受苦，或者將學會生命要教給我們的功課。

因此本命盤能顯示出我們的心智模式或過往的制約，亦即梅爾·巴巴所指的內心的「印記」。本命盤顯示的就是我們過往的思想與行爲所造成的現世業果。這些老舊的、根深柢固的模式是極不容易改變的，只是運用顯得有點老派的意志力，毫無疑問地將無法改變那些強而有力的模式。這些模式也不可能藉由時髦的「新時代」心理治療術語或是膨脹自我的流行哲學——「我創造我的現實；我終於明白是我一直在讓自己受苦；我現在已經能掌握我的人生了」——而輕易地改變。人類的心靈演化過程比這些觀念要精微多了。當我們面臨非常嚴重的挑戰時，這些老舊的、單憑意志力便能解決問題的方式，一定會遭到瓦解，而企圖合理化自己的衝突及靈性危機，也只能暫時遏阻生命的洪流，緊接著這股能量就會像奔放的急流一般無法控制地傾洩出來，而這只會赤裸裸地揭露膚淺的假靈修之中的逃避傾向。業力模式是既眞實又強烈的，這些習性不可能靠著一些鼓舞士氣的積極思考就在一夜之間消褪，這些生命驅力必須被認淸被接納，而且要充分地加以關注才行。

自我認識與自我了悟乃是證入神性的必要前奏，但是在前面的階段裡，一個追尋眞理或追求更高形式的占星學的學生，經常會因爲洞察到自己的諸多負面特質、情緒及習慣模式而感到挫敗。當一個人發展到這個階段時，身爲他的輔導者或引領者的占星師或其他角色，就勢必得付出更多的關懷了。諮商者此刻應該爲對方詳加解釋：門只要打開一道小小的縫，就會有一束光射進黑暗的屋子裡，這時空氣中所有的塵埃和髒東西都會顯現出來。換句話說，當你在自我認識的道路上跨出第一步時——也許是占星學或其他能帶來啓發的方式——你很快就會發展出一種對自己、對命運以及對本命盤的負面態度。同時我們還要進一步地說明，當那道光變得越來越明亮時，做學生的就更容易察覺自己的缺點、弱點或負面特質，但那份覺知是應該被欣然接受的，因爲它顯示出了更深的自我認識與更明確的發展階段。輔導者應該鼓勵學生善用這份洞見來採取富有建設性的行動，從而轉化個人的人生，不再爲自己的恐懼和焦慮找藉口。同時老師還要更進一步地爲學生們指出，當自我認識的程度提升時，業力往往會顯現於更精微的次元。因爲她或他現在已經敞開心門來認識自己，於是就不再需要靠外在的戲劇化事件或衝擊，讓自己從心靈的沉睡或昏睡狀態裡覺醒過來。如同榮格所指出的：

> 心理學的法則告訴我們說，若是無法察覺內在的情境，它們就會投射出來變成外在的命運，也就是說，一個人若是無法覺知到內在的衝突，那麼外在世界就會逼不得已將那份衝突「演示」出來，而且會撕裂成兩極對立的情況。（*Aion*, p.71）。

因此下面這個說法應該是很保險的，那就是，致力於自我成長與自我認識不但能幫助一個人變得整全、快樂及清明，而且採取這樣的行動往往能克服前期的困惑與挫敗，開始在每個當下減輕心中的痛苦。

我們會發現我們都受到了某些業力的影響，但過去曾經種下的種子終將變成我們的收穫。占星學可以提供我們一個藍圖，讓我們認清我們的執著、問題、才華與心智傾向，並且能提供我們一條道路——讓我們跨出成長的第一步——來了解我們的特定業力是什麼，同時能幫助我們面對這些內在與外在的挑戰，使我們得到一種對業力的洞見來超越它們的影響。艾德格・凱西靈命解讀的「#5124-L-1」，很明確地闡述了本命盤的確能反映過去世的業力：

從一個人誕生的時辰，可以發現其本命盤的行星座落的星座和宇宙之間的緊密關係，因為人就是上主造出來的創造夥伴。這些行星座落的位置顯示出一個人將如何完成上主在地球所行使的計畫。在人世的這段期間裡，人被賦予了一個進入物質世界的機會，但這些行星並不能顯示一個人是善良的或邪惡的。

因此，本命盤所彰顯的乃是過去世的力量到底是被誤用了，還是充分發揮了它的創造性。如果我們接受了這個有關個人心智與意志力的概念，就必須爲我們本命盤的定數、命運及問題負起責任。從某個關鍵性的角度來看，整張本命盤除了彰顯出業力之外，沒有其他的東西了。本命盤裡的每一個象徵符號都可以被假設成我們過去世的行爲、成就及欲望的業果；譬如土星一向被稱爲業力之王，不過這個假設也的確太簡化了些。占星學可以稱作是不折不扣的「業力科學」——一種認淸責任和接納它的方式。

本命盤的特定要素

在解析本命盤的過程裡，任何一種元素都可以被看成是業力的象徵，不過有某些特定的要素必須格外加以留意。這些要素在本書的後幾章裡將會詳細地討論，但概要的說明必須在這裡先提出來。

土星

在許多占星家的眼中，被稱爲「業力之王」的土星，代表的就是個人生命裡的主要業力課題。土星之所以被稱爲「業力之王」，並不是因爲它是個人星盤裡唯一象徵業力的元素，而是土星的位置和相位揭露了我們最特殊最具體的考驗，以及我們時常會經歷到的痛苦與挫折。由於一般人經常把業力看成是負向的、不易處理的問題，所以土星帶來的考驗也被許多人視爲一種「業」的作用力，不過當然這只是一種過於簡化的粗糙觀點，同時也曲解了業力眞正的意義。比較正確的說法或許是：本命盤中的土星（宮位以及〇度、九十度、一八〇度相位）代表著我們最「困難」的業報。這些困難的土星相位揭示了被固化的習性模式，而這些固著的行爲與思想往往會阻礙創造力的流動。因爲這些相位揭露了過去世曾經被誤用的才華或權力，所以此生必須將其導入更具建設性的正軌，亦即從根本上修正我們的態度和處理方式。這些相位（也包括一五〇度、四十五度及三十度在內）會造成內在的緊張而激發出巨大的能量；我們可以利用這些能量發展出更高的覺知和創造力。土星是形式與結構的行星，我們會發現與土星成緊密相位的行星，往往能帶來新的表達形式（參照第五章有關土星的探討）。

但土星並非本命盤中唯一象徵障礙的指標，幾乎所有被過度強化、缺乏能量或特別緊張的相位——不論涉及的是什麼行星——都是必須成長與發展的部分。占星學最重要的觀念就是生命的發展是帶著目的性的，我們面臨的各種難題背後都埋藏著正向理由。傑出靈媒亞瑟・福特（Arthur Ford）曾經說過：

> 肉體的障礙越大，靈魂越有機會償還宿債，而得以更快速地達成心靈上的成長。如果能以樂受的態度來克服肉體上的障礙，那麼此人的心靈成長甚至會超越擁有一切世俗福報之人；其報償不是物質形式而是心靈的拓展。在這一世裡克服的障礙越多，靈魂回返物質世界磨練性格的次數就越少。（from *A World*

Beyond by Ruth Montgomery, p45）。

相位與元素

有關相位（aspects）的議題將留待第六章詳細討論，現在我們只略爲提及幾個重點。從業力的角度來詮釋本命盤，所有的九十度與一八〇度相位都顯示出必須調整的複雜性格，而且要發展出覺知力來包容這些相互歧異的生命態度。〔註二〕九十度相位通常存有相互矛盾的目的性，並且會干擾彼此的表現，因此必須使其中的力量變得和諧，不過通常得花上多年的時間，才能緩慢地發展出新的行爲模式以及更深的自我認識。一八〇度相位則代表雖相反卻能互補的情況，而且會在與人互動時立即感受到這一點。這種對立相位特別需要注意的是他人的渴求、期待與觀點，但只有發展出對其中所涉及的力量與驅力的覺知，才能達成上述的和諧性。榮格在他煉金術的研究裡經常引用古老的煉金格言：**Tertium non datur**，意思是第三種元素（單憑它就能解決個人衝突與對立問題）並沒

〔註二〕我覺得人之所以會以「不同的方式面對人生」，或許可以合理假設為多生多世以來曾經有過不同的經驗。舉例而言，如果一個人在某一世被訓練成戰士，另一世又當過傳統的家庭主婦和母親，那麼這一世就可能出現牡羊座與巨蟹座的九十度角。此人感受到的內在張力，很可能源自於過去世在自我表現方式上的差異。

有被賦予。榮格進一步地解釋說，衝突一向無法在其固有的層次得到解決，必須提升至更高的層次與視野才行。因此，九十度與一八〇度相位雖顯示出最緊張的牽制力量，但也是最有成長潛力的領域，所以應該歡喜地接受此一事實。

另一個與緊張相位有關的要素，就是我一直在關注的四元素；你可以在其中發覺張力最大的行星是哪幾個。由於緊張相位通常被視爲必須調整和建立嶄新處理方式的性格特質，所以涉及其中的任何一個行星（尤其是個人行星）不但得根據其本質和基本原理來檢視，同時也要根據那個星座的元素來加以觀察。我在《占星、心理學與四元素》一書中曾詳細說明過四元素的議題：四元素揭露了個人可以立即體認到的能量水平和生命面向，而任何一個星座的元素如果包含一或多個張力過高的行星，就代表生命的那個面向必須加以調整及粹煉。行星座落的星座元素往往顯示出最強烈的執著與渴望、此生最重要的目的，以及哪一個領域會在此生繼續帶來必須被轉化的困擾。此外一個人本命盤裡的某個星座如果呈現合相或星群（Stellium）的情況，那麼它們就會跟另一個行星或數個行星形成緊張相位，而且這個星座的元素也必定彰顯出此人必須處理的生命面向——可能需要更和諧、更正向地表達那股能量，或是把其中強烈而粗糙的執著傾向琢磨得細緻一些。

某些實例或許能釐清最後這個觀點。如果被強化的行星是落在**水象星座**，那麼此人就必須琢磨其情緒以及情緒的表達方式，亦即此人可能在今生過度粗糙或衝動地表達他或她的情緒。某種程度的情緒管理（不是抑制）或許是必要的，如此才能帶來轉化這股能量的內在驅力。此人的本能反應也許是過度壓抑或掌控性過高，因此必須學習以建設性的方式來運用其情緒能量，並且要學會保護自己不受外界負面能量的影響，但又不致於封閉住自己的生命之水。此人可能會太執著於情緒上的滿足而將其置於一切事物之上。

如果被強化的行星或相位是落在**火象星座**，那麼此人就必須學會控制其自我中心傾向與衝動的行爲模式，並發展出愛、敏感度與耐性。細緻而節約地運用這股激烈的能量，將會比反抗或誇大自我更富有創造性。此人必須學會活在當下，發展出臣服於更高意志或神聖力量的謙沖胸懷。火象星座被強調也可能意味著必須學習接納，承認自己的弱點與更深的需求，在痛苦時懂得求助。火象人通常不願意承認自己有內在需求；這種傾向伴隨著執著於外在行動的生命態度，經常會阻礙他們當下立即覺知到內在的活動。

如果被強化的行星是落在**風象星座**，那麼此人就必須學會管理自己的思維以及對別人表達意見時的態度。幻想、心智上的逃避傾向、對未來不必要的投射、不實際的計畫以及把事情合理化的習慣，到目前爲止或許已經達成了任務，因此必須重建這整個生命領域，並試著去了解心智可以是非常好的僕人，卻是很糟的主人。此人可能太執著於理性知識、聰明的點子、「科學」的論據以及符合規則的概念。他或她應該記住的是，飽學之人如果無法將知識運用在現前的經驗上，就等於騾子馱了一整背的書一樣。知識很可能變成一種負擔，而人的心智也可能變成對「知識」有無盡渴求的怪獸。

如果被強化的行星是落在**土象星座**，就可能過於執著感官享受、世俗價值、舒適的生活、名望、財物及世智辯聰。此人毫無疑問的必須探索什麼能為其帶來最恆久最眞實的滿足。覺察目前的生存需求（金錢、食物、居所等等），可以令她或他選擇更深刻更具有啓發性的活動，而非不斷地試圖建立安全感——隨時會被摧毀——來彌補生活中缺乏喜悅與活力這個事實。土象星座過於被強化的人可能傾向於「實際」的思想和生活方式，而從不允許生活裡出現更富有超越性的思想與活動。

某位心靈導師曾經說過：「業力就是執著。」因此本命盤，尤其是被過於強化的那些部分，往往能顯示出我們的執著或業力。從這個角度來看一個人的星盤及生命特質，將會產生全新的了解和認識，這麼一來，對本命盤的特質作出「好」「壞」的評斷、批判或錯誤的分辨，就會因此而消融掉。本命盤、相位或人都不能以好壞來論斷，因為我們都是這場宇宙大戲的一部分；在這個物質次元裡我們都被捲入了自己的業網中。此觀點一旦被認清之後，接下來的問題就是：我們要如何才能脫離這些已經涉入的業力和受制的存在模式呢？我們從許多大師的心靈教誨之中得到的一致看法都是，無論你多麼渴望、願意或期待解脫，成效都不會太明顯。只有執著於一個更好的東西才能使人擺脫舊有的模式。舉例來說，如果一個乞丐手裡只有三分錢，而這些錢居然也掉了，那麼這名乞丐一定會匆忙地去找他僅有的這些錢。但如果在他掉錢時突然看見路上有張五元鈔票，他一定不會管原先的錢而趕緊去追那張鈔票了。因此，光是厭倦老舊的自我、老舊的存在模式、長期的內在衝突是不夠的。由於過往的習性會一直拖住我們不放，而我們也覺得脫離這些習性模式太遠是很不安全的事，所以必須找到某種強而有力的東西來擺脫掉這些業力傾向。唯一眞正有效而無限制的力量，就是某種形式的靈性力量，在這一點上，我想要讓讀者自己去找出合適的靈修方式。不論我們選擇的道路是什麼，有一則聖經格言永遠可以爲我們帶來不變的信心：「你們找，必然找著；你們敲，必然爲你們打開。」

代表「業力」的星座

現在必須探討十二星座裡哪幾個的特質與業力或轉化有關。許多優質的占星著作皆闡明過每一個星座必須學習和發展的態度，〔註三〕不過我還是要提出以下三個星座的某

〔註三〕尤其是丹恩・魯依爾的《占星三聯圖》（*Astrological Triptych*）與《占星學之星座》（*Astrological Signs*）；依莎貝爾・佩岡（Isabel Pagan）的《黃道十二宮的解析》（*Signs of the Zodiac Analyzed*）；瓊・哈吉森（Joan Hodgson）《從黃道看轉世》（*Reincarnation through the Zodiac*），都是能深入分析星座意義的好書。

些業力面向：處女座、雙魚座及天蠍座。在十二星座之中，這三個星座很顯然與業力帶來的危機有關。處女座與雙魚座被強化的人（不只是太陽，也包含這兩個星座的能量被過度強化的其他行星和相位），似乎必須負起超越其能力的重擔，包括肉體上的艱苦工作和責任（處女座），以及情緒上的困惑與擾動（雙魚座）。

原因是這些星座象徵著自我發展上的關鍵階段。發展和演化到這個階段的人已經不能不面對過往的行爲和態度的果報了（雙魚座代表的是生命一整個循環的截止，處女座代表的則是收成），因爲這兩個星座都象徵著淨化、爲下一步的發展做準備。處女座要處理的是自我的淨化，同時要了解明顯行爲背後的動機是什麼。此外天蠍座也是特別與業力攸關的星座。人發展到這個階段必須學習誠實地面對她或他眞實的欲望是什麼，也必須了解它們背後的驅力是什麼，因此星盤裡有強烈天蠍傾向的人，往往會被神祕學、玄學、經驗中的禁忌以及死亡的奧祕所吸引。這些人會意識到他們生命最負面的面向，由於他們深知自己的動機是如此不可信任、如此無情，所以他們自然會懷疑別人的動機，缺乏對別人的信賴。天蠍座象徵的是死亡與再生，星盤裡有強烈天蠍傾向的人時常會掙扎在老舊的執著與深切的重生渴望之間。

水象宮位

所謂的水象宮位（四、八、十二宮），一向被稱爲「靈魂的三位一體」或是「精神的三位一體」，它們組合成了與個人業報攸關的另一種要素。〔註四〕雖然十二宮在傳統占星學裡被稱爲「業債宮」，但「所有」的業都是令我們桎梏於物質次元和有限意識的債務，而所有的水象宮位皆與過去有關，均顯示出已經形成情緒直覺反應的制約力，也就是業力。從某個層面來看，這些宮位與靈魂最深的渴望息息相關，而這些渴望在本質上有一部分是覺察不到的。水象宮位的週期循環顯示出藉由吸收消化舊有的要素、放棄無用的殘渣，來獲得更高的覺知。情緒上的廢物與耗盡的情緒化行爲模式必須先清除掉，靈魂才能清晰地展現自己。

水象宮位被強化的人通常都活在自己的世界裡，而且很難被了解（尤其是太陽落在這些宮位裡）。他們有一大半的能量是在潛意識層次運作的；他們的動機有一大半是被非理性、無法解釋、令人不知所措的細微因素所左右。他們敏感的反應往往無法逆料，你永遠不知道有什麼東西會激起他們的老舊回憶、昔日的創傷，或者激化了他們某個惱

〔註四〕請參照《占星、心理學與四元素》中的第十六章〈元素與宮位〉。

人的心結。因此這些水象宮位提醒我們要擺脫縈懷的記憶，獲得心靈上的寧靜，讓過往經驗造成的恐懼浮現出來，然後充分意識到這些感受。

李察・艾德曼（Richard Ideman）這位占星家首創以心理學詞彙建構出占星學概念，他曾經表示水象宮位象徵的是不同形式的恐懼：四宮代表對回歸無助童年的恐懼，八宮代表對社會禁忌的恐懼，十二宮則代表對失序及不和諧的恐懼。然而這些恐懼到底源自何處呢？很顯然是源自於過往的經驗——可能是過去世的制約、特定的訓練、特定的創傷經驗或驚嚇。因此行星落在水象宮位往往會展現出業力模式、偏頗的情緒、無法被意識到的動機和恐懼。它們就像鬼魂一樣仍然在作祟，而且在某種程度上是無法被覺知到的，所以會在暗中破壞顯意識的發展方向。這些能量或驅力正等著我們的努力來獲得更新；除非我們誠實地面對它們，藉著勇敢的行動來釋放掉它們，否則是永無寧日的。

水象宮位的行星顯示出精微或無意識層面裡發生的事；它們揭示了此生的某些深刻經驗的源頭——雖然是源自於過去世，卻仍然活躍著，而且構成了此生主要的生命能量。只要我們對這些面向不知不覺，那麼水象宮位的行星所形成的精神作用力，就無法變成創造力或清醒的指令。這些部分一旦被我們覺知到，就能帶來巨大的活力。水象宮位裡的行星會透露出帶著轉化性、壓倒性或是被忽略的生命要素。自我意識經常會卡在受制的表達模式裡，因此週期性地面臨一些源自內心深處的挑戰，是應該被歡喜接受的事。

這樣的經驗可以為我們帶來重生。顯現在水象宮位裡的經驗所導致的自我消解、失序、自我迷失或人格的徹底消融，往往能激發一個人的洞見和心靈上的啓悟。一個人的水象宮位若是被強化，就代表其中的元素必須被「再度體認」（請注意，「再度體認」指的是目前已經遺忘或無法察覺、但必須重新加以認識的元素。）這些宮位裡的行星呈現出的緊張相位會帶來許多負面情緒，若是能清醒地察覺它們所象徵的生命驅力，就能夠加以改善，因此古人才會把行星視為值得崇敬的「神祇」（一種宇宙勢力）。他們認為人如果輕忽了這些宇宙勢力，必定會遭到「天譴」。

接下來我們要把這幾個水象宮位的意義大致說明一下。

•第四宮

第四宮透露的是跟今生的原生家庭、家、內在主權、家居生活的安寧以及安全感相關的種種因素。它攸關我們的童年經驗，使我們了解自己與父母或成長過程中影響我們至深之人的業力關係是什麼。第四宮也代表我們對寧靜的渴望；渴望一個能夠被保護被滋養的環境。第四宮被強化的人不但需要這樣的環境，而且他們本身也傾向於保護和滋養別人（請注意，四宮如果有天王星或火星，比較顯示不出這個領域裡的寧靜或祥和。）四宮被強化的人經常會尋求隱密的生活方式，或者會從父母關係帶來的情緒波動中抽離出來，也許是與他們保持距離，或者更細膩地跟這些對父母的感覺妥協。

・第八宮

第八宮同樣也顯示出對私密性的需求，不過此人通常不易親近，也不易了解。與四宮型的人相左的是此人不但想獲得隱私權，同時還渴望權力。她或他很想對世界產生影響力，又希望能擁有隱私權；這股動機非常強烈，而且會驅使此人追求與其業力相關的各種目標。八宮也代表過去世的某種侷限，這股業力有時可以被察覺到，但仍然是一股源自無意識底端的強大情緒能量，而且是以直覺形式在運作的。

八宮裡的行星透露出情緒上的衝動傾向，我們可能會試圖控制它們，不過通常會將其隱藏在內心深處。雖然冥王星、天蠍座或八宮被強化的人經常想消除這些衝動，但光憑意志力是無法辦到的；這些衝動只能藉由當下的自我轉化來加以超越和更新。光憑壓抑和自我控制，永遠無法有效地對治八宮的行星帶來的生命議題。此人必須涉入與他人的關係，不時地冒一點風險，才能讓其中的能量自由地流動，同時讓最深的感覺和驅力浮現到表面。因此八宮可以說攸關多生多世的性經驗、親密關係上的價值觀以及對別人的影響所涉及的責任。八宮也代表嚮往安寧的心境，這份安寧感能幫助此人釋放長久以來的情緒和本能衝動所導致的壓力。當然，這份安寧與滿足感與靈魂追求的終極保障和救贖是息息相關的，但只有從欲望和任性的衝動傾向中解脫出來，才能達到這種境界。可惜八宮被強化的人很少能領悟他們最深渴望的本質是什麼，他們通常會企圖滿足情緒上的需求——金錢、性、世俗權力、玄學知識等等——來建立內心的安寧。其實他們眞正應該超越的是情緒對他們的掌控性，如此才能體認寧靜只是自我轉化和心靈淨化的副產品。

•第十二宮

十二宮透露的則是完全在我們掌控之外的一些影響力。她或他終有一天會發現，藉由一般的世俗活動根本無法滿足這些內心最深的渴望，但這份體認往往得經由多年的痛苦才能發展出來。十二宮之中仍然帶著八宮的那種對寧靜的渴求，但另外還有一份對靈魂終極解脫的需求。十二宮裡的行星象徵著一股壓倒性的能量，只有將這股能量導向更高的自我認識、眾生一體的證悟以及更無私的服務和奉獻，才能有效地處理它。十二宮要消化的乃是生命各個面向的經驗，尤其是對其他眾生的一份責任。藉由某種形式的奉獻、靈性修持或無私的服務，此人才能從過去世的業報和伴隨而來的心理印記中解脫出來。全方位地與過去世的經驗連結，也能為此人帶來藝術創作上的無盡想像，以及對眾生之苦樂的一份深刻的了解與同理。八宮與十二宮都跟玄學、形上學及修行有關，也跟深刻的痛苦與再生、對當下的心理及精神真相的覺察有關。八宮和十二宮最大的不同就在於八宮裡的行星議題必須在當下立即面對並加以轉化，十二宮裡的行星議題則可以被超越。前者可能得透過當下所涉及的關係來覺察老舊的傾向，後者卻能屹立於問題之上。

・落在水象宮位的行星

我們可以從以上的說法得知水象宮位對存在的精微次元有很大的影響，然而它們的影響力並不容易解釋，也不很顯著。就我的經驗來看，本命盤中的四、八、十二宮是最難以說明的，因爲你永遠不知道這些能量是從哪個次元示現出來的。舉例而言，土星如果落在這些水象宮位裡，就會顯現出深沉的僵固傾向，一種無法被意識到的情感表達上的抗拒性。某些個案有時也會出現一種退縮的本質、明顯的恐懼，或是罪疚感、負擔及情緒上的沉重壓力。不過這類人往往會對無意識裡的驅力或玄學有甚深的了解，譬如佛洛伊德、占星家費雯・羅勃遜（Vivian Robson）以及通神學會的安妮・貝贊特（Annie Bessant），都有土星落在十二宮。

再舉幾個行星落在水象宮位的例子，或許就能把這個觀點闡釋得更清楚些。譬如月亮如果落在這些宮位裡，那麼此人的安全感或情緒上的支撐感就會比較含糊，或是無法被意識到。他們經常需要一種秩序來強化他們的安全感；這也是爲什麼許多占星師都有月亮落在這些宮位的理由。他們似乎能夠從這項研究裡發現一種秩序和支持的力量。如果水星落在水象宮位裡，那麼此人的心智運作模式就會比較傾向於直覺而非邏輯思考。他們的觀點和溝通經常顯得含糊不清，有時又極爲細膩而敏銳。他們的心智會自然傾向於深度思考——偶爾會出現過度思考——或者往往有玄學才華、感應力或靈性上的研究及寫作能力。如果火星落在這些宮位裡，那麼此人可能會被無法掌控的力量所驅使，其目標也無法輕易地加以定義。這股驅力有點像著了魔似的，譬如梵谷就有火星落在十二宮；或者此人會把他的熱情導向解決別人的困難以及對抗自己的負面傾向，甚至會過度嚴苛地對待自己。不過無可否認，火星落入水象宮位在自我發展上確實會帶來有效的激勵。

金星落在水象宮位則代表無法在表面的活動或關係裡得到滿足。這種傾向會導致此人向內探索，或者會利用靈性上的追求來滿足情感的需求。如果木星落在這些宮位裡，那麼此人在精神上的需求只能藉由更深的生命驅力來達成。他通常會有慷慨的心胸，可以幫助他度過艱難時期，並且能在一切都顯得很蕭瑟時仍然保有良好的士氣。外行星如果落在水象宮位則代表敏銳而顯著的直覺力，或是具有活躍的無意識能量。

簡而言之，落在水象宮位的行星通常代表比較難以滿足或不易體察到的深層需求，因此只有藉著深切的內在體悟方能得到滿足。其實落在任何一個水象宮位的行星都可以被解釋成個人本質的某個面向，或是生命經驗的某個向度，而且只能透過內在的追尋來得到滿足。換句話說，這個人必須變成眞理的追尋者或內在次元的探索者。在他對內心活動沒有足夠了解之前，是無法滿足心底的那份渴望的。如果此人在靈性上尚未臻於成熟，或者還沒採取實際行動去認識和面對內心的動機與本質，那麼這些落在水象宮位的行星就可能帶來很大的麻煩。她或他一旦覺知到這些渴望背後的目的，並了解了這種暫時性的挫敗和渴求最根本的原因是什麼，便往往會經驗到意識上必要的轉化。

月亮

一個人此生的人格乃是奠基於過去世的基礎之上的。因為四宮座落於本命盤的底端且構成了我們整個人格的基礎，所以月亮按傳統的說法也掌管巨蟹座及四宮——象徵著我們對自己最深的一份感覺。心理學家所謂的「自我意象」與月亮的性能十分類似，但月亮象徵的自我意象通常無法被充分意識到；它只能含糊地指出我們的眞相。傳統上，占星家總是把月亮和過去連在一塊兒，包括此生的童年環境以及跟父母的關係（尤其是母親），或是根據輪迴轉世的觀點而提出更寬廣的解釋。許多占星學著作都闡明月亮代表的是過去，太陽顯示的是現在的方向，上升星座則指出未來的發展方向。就大部分的情況來看，這樣的說法可能是正確的，不過一切的發生皆匯集於當下，而每一個當下都會影響我們的態度、行動和發展方向。我們如何感覺自己以及什麼是令我們最舒服的表達方式（月亮），都會對我們目前的生活模式產生巨大影響。

月亮代表的是**過去的經驗和行為模式殘留下來的一種意象**，因爲我們對其很熟悉，所以通常感到很自在。換句話說，月亮象徵——尤其要考慮其星座的位置——特定的心智與情感的業力模式，它可能會抑制或幫助我們表達自己，也可能影響到我們適應外在世界的能力。如果月亮的相位是和諧的，就代表源於過去的自發反應模式能幫助此人適應社會、生活以及其自我表現。如果月亮的相位呈現出緊張的能量，就代表此人無法自在地適應生活或負面的自我意象，而這種情緒上的傾向是必須革除的。我們需要注意的是，月亮象徵的自發反應和情緒模式在童年時會特別明顯，因爲那時人的行爲比較單純而不受壓制。因此，月亮的星座和相位對一個人的童年有最顯著的影響，但隨著年齡的增長，這些老舊的模式就可能逐漸被革除，即使本命盤裡的月亮相位顯示出某些情緒障礙也一樣。我指的並不是月亮星座不再有任何重要性，因爲它永遠象徵著一個人最根本的存在方式。我想要強調的是，與月亮相位攸關的問題和衝突確實有可能徹底革除，至少可以調整成比較健全的態度。

由於月亮是一個非常複雜的象徵符號，其定義又十分多樣化，因此最妥當的解釋方式就是做個綱要：

一、月亮象徵一個人與大眾互動時反映出的自我。月亮呈現緊張相位代表的是此人無法和諧地展現自己，以便別人以正向態度做回應。月亮呈現和諧相位，則顯示此人與大眾互動時有能力和諧地展現自己，而且能夠知道大眾的喜好是什麼（換句話說，一個人若是能以直覺正確地回應別人，別人就會以正向方式回應他。）因此月亮呈和諧相代表我們能夠在那個領域自然地投射出自己，以得到良好的回應。

二、月亮呈緊張相位代表錯誤的自我意象。奠基於老舊模式和身分感的自我意象，已經不再能正確地描繪此人目前的真實本質。這種錯誤的自我意象經常反射成下列行為：過度敏感，以錯誤方式看待事物，為瑣碎小事而過度反應，以無法展現內在本質和真實人格的方式修飾自己，或是過度自我防衛。

三、本命盤月亮座落的宮位，顯示出我們必須在那個領域裡得到更多的迴響，如此才能更客觀地看待自己，發展出內在的祥和感。

四、月亮的星座往往彰顯出自我防衛的方式。譬如月亮落在火象星座會有憤怒的反應；落在風象星座會有理性思考、爭辯或議論的反應；月亮落在水象星座會產生退縮傾向或輕易流露出情緒；落在土象星座則比較有耐力。

五、月亮星座也象徵著自然產生的表達模式，以及令我們感到安全的行為模式，因為月亮星座代表舒適自在的舊模式（除非相位太緊張）。舉例而言，月亮落魔羯座往往會在老成持重的行為裡找到安全感；月亮落金牛座通常會在粗俗純樸的行為裡找到安全感；月亮落獅子座則會在戲劇化的展現或受人矚目的行為裡找到安全感。

六、由於月亮代表某種存在模式的表現動力，而這股衝動是很自然又私密的，因此月亮星座也代表你必須表現出來的某種東西，如此才能對自己產生美好的感覺。如同格蘭特・路易（Grant Lewi）所言，月亮確實顯示出「內心最深的渴望」，月亮的相位則顯示出一個人表達這種存在模式的自在度，以及獲得幸福的能力。

七、月亮星座象徵太陽能量的運用及其目的，因此太陽與月亮呈和諧相、次和諧相或合相（或者太陽和月亮的元素相配），都代表穩定的力量和創造潛能，因為太陽的能量可以輕易藉由實際的方式展現出來。

從以上的論述我們應該很清楚地得知月亮的星座、宮位及相位在本命盤中如何揭示出業力訊息。本命盤的其他元素可能都不及月亮這麼直接地銜接過去世的行爲和模式，但我們還是不宜過度簡化地說：「你的月亮落獅子座，所以你在過去世是一名演員。」這樣的詮釋或許偶爾能生效，但通常沒有任何建設性，而且會帶給案主一種印象，好像占星師只會以聳動的方式引人注目罷了。眞正的重點是月亮所象徵的此生需求究竟是什麼。如果想從業力的觀點建設性地詮釋本命盤，就必須爲案主闡明可能感受到卻無法認同或認清的內在動機與壓力。

總結是，我們每個人都有機會達成內在的和諧性，而且也都有機會接納其他人，即使在人格層次上我們與對方並不相融。重點是我們該要求自己與所有的人或經驗都和諧共處嗎？我們能不能演化出一種成熟而抽離的意識，來幫助我們觀察自己在這齣宇宙大戲裡扮演的角色？我們能不能對自己的衝突、複雜性與反覆無常一笑置之？更重要的是我們能不能信任宇宙基本上是和諧的，而所有的紛擾皆源自於我們狹窄的視野？這些問題的答案將決定我們能面對自己的業報到什麼程度，以及目前我們正在製造出什麼樣的業力。〔註五〕

〔註五〕寬容與豁達的品質可以被看成是木星的影響，有了這些品質才能面對人生的起伏以及業力帶來的幽暗經驗。這些宏大的視野與接納的態度確實能帶來很大的幫助，不過本書對這點著墨並不多，因此讀者或許可以參照我的另外兩本書裡對木星的探討：《占星學在職業上的應用》（*The Practice & Profession of Astrology*）第一百五十七頁，以及史蒂芬・阿若優的《星盤解析手冊》（*Stephen Arroyo's Chart Interpretation Handbook*）第七十七頁。

〔第二章〕轉化

沒有任何一位占星家或心理學家能以超越本身層次的角度，來詮釋生命以及命運。

——丹恩・魯依爾

歷史上的某些時期人類曾迫害、放逐、刑求及騷擾過占星學和其他玄學的研究者。在這些階段裡此類研究者必須發展出隱密語言、密碼或象徵符號來進行彼此之間的溝通。玄學或隱密語言確保了這些人的安全，但是在二十世紀的美國，情況卻有了戲劇性的改變。雖然從事占星研究或靈療工作的人偶爾還是會被騷擾，不過民主體制下的人民的確有更多的自由去探索個人成長的種種方法。一般大衆對各種形式的玄學、靈修和通靈議題越來越感興趣，從此類書籍的銷售量、課程演講的參與人數以及媒體對這類議題的重視，都可以看得出來。不過這股熱潮一旦消退，或許又只剩下了一小部分認眞的學生在進行研究；這種現象在每個時代都出現過。

不論未來占星學領域裡會出現什麼，我覺得有兩件事是確定的。第一，許多認眞的學生都渴望見到一種新穎而現代化的占星語言，而且已經對那些發展出此類語言的人做出了回應。第二，許多對占星學好奇的人讀了幾本傳統著作或上了幾堂課之後，便失去了興趣；他們之中有許多人本來可以繼續對占星學保有興趣的，但不幸的是這個領域未能以現代化及富建設性的詮釋方式，來教導那些實際和正向思考的人。今日的占星學仍經常以古老的方式呈現出來，這些方式都根植於過多的信念而非眞實的知識和理解，因此人們必須靠著一股著迷的動力才能維持長遠的興趣。

把占星學維持在一種密學層次，在今日已經沒有必要了，我們可以藉由直接的體認來面對占星學的神祕向度，而這便是我在本書裡試圖做到的事。我覺得把占星學弄成一種神祕的東西，只是一種自我的把戲罷了，就好像在說：「你看我的見解多麼深刻，我竟然可以看透宇宙的奧祕！」另外有些占星師或即將成爲占星師的人之所以會把事情神祕化，主要是因爲她或他欠缺眞正的了解。其實越是能透過當下的體驗來產生眞正的了解（不是只憑著理論上的推演），你所表達的東西就越簡單實際。如同愛因斯坦所說的，如果你眞的理解了某個東西，那麼即使是小孩也能聽懂你的解說。如同我在前言中所說的，占星領域甚至整個世界觀都需要一種單純而統合的法則，換句話說，我們爲什麼要玩那種自我中心的占星猜謎遊戲，何不直接面對生命的原型法則呢？

但什麼是單純而統合的占星法則呢？首先我們應該認同的是，應用在個人生命上的占星學要處理的就是轉化問題。換句話說，占星學乃是對自然的變化、循環、成長及毀壞過程的一種洞察。同時我們也應該贊同的是，占星學能提供我們一種經驗性語言，而這種語言在描述個人的內在經驗及其連續不斷的變化〔註一〕上是很有幫助的。占星學並不必然象徵一個人的外在情境或事件，雖然它在許多情況下也能產生這種作用。其實占星學更能象徵一個人的內在經驗，以及這份經驗如何與此人的整個生命模式相融。舉個例子，某人在土星與本命盤的太陽呈九十度角時「墜入情網」，但占星師之中卻很少有人能從這個相位正確地推演出此人正在展開一段新的「愛情」關係，不過一個熟知土星推運深層意涵的占星家，就能夠比較深刻地闡述這份經驗的意義，以及此人在這個階段裡會有什麼感受，或者這份關係最富張力的時間會有多長。這個例子顯示出占星工作必須從案主那兒得到一些回響，而且以對談形式進行諮商會比單方面的「解盤」要正確得多。

我在前面的段落裡曾經闡釋過，應用在個人生命的占星學要處理的就是轉化問題。或許以概要的形式來加以說明會比較確切一些，譬如以行星位置為基準的占星諮商，通常可以闡明下列幾種個人性的轉化議題：

太陽：轉化身分認同與創造力的表現模式。
月亮：轉化對自己的感覺以及跟自己相處的舒適度。
水星：轉化思想、覺知模式以及心智的表達方式。
金星：轉化情感方面的價值觀、表現模式以及對親密性的需求的了解。
火星：轉化意志力的確立方式以及對自己真正渴求的事物的了解。
木星：轉化信念、抱負以及未來的長期計畫——這些都承諾了改善的可能性。
土星：轉化企圖心、優先選擇性及工作結構。
天王星：轉化生命的自由度、個人性目的與個人性特質。
海王星：轉化生命的靈性典範與社會理想。
冥王星：轉化內在力量與資源的運用，特別是跟心智和意志力的運用有關的轉化。

我們會在本書中重複提到這些不同類型的個人性轉化，而這些詳盡的說明應該能釐清這些轉化所帶來的意義與範疇。但若想以較為健全及和諧的方式來經驗這些轉化過程，

〔註二〕在《占星、心理學與四元素》的第七十九頁裡，我已經試圖從經驗的角度來解釋占星學的基本元素：行星是經驗的次元，星座是經驗的特質，宮位則是經驗的不同領域。

就必須具備正確的態度，並且要跟這些行星代表的能量與力量保持正確關係。我們必須有意識地跟存在的所有面向調和，才能徹底開放地面對不斷出現的轉變。這種開放度與和諧的心態，會直接影響到我們身心靈的健康。榮格派心理學家羅伯・史丹恩（Robert M. Stein）曾經說過：

> 身心症的研究幾乎完全是從因果律的角度來看身心之間的關係，但古老的非因果律巫醫典範，卻主張疾病是一種神聖作用力的結果。巫醫理論的基礎是，罰人生病的神祇既是致病亦是療癒的關鍵所在，因此它不像對抗療法那樣去跟疾病格鬥，反而與疾病建立起良好關係，一種與神聖力量之間的正確關係。
>
> （from "Body and Psyche: An Archetypal View of Psychosomatic Phenomena"; *Spring 1976.*）

古老的說法主張行星乃是我們必須崇敬的神祇，我們必須對這些內在和外在力量格外注意，才能活在健全的狀態裡。既然「處罰人的神祇既是致病也是療癒的關鍵所在」，我們就必須認清本命盤顯示出的任何一個生命難題，皆暗示著我們必須跟那股宇宙力量或法則建立更良好的關係。換句話說，生命的那個領域必須產生某種程度的轉變才行。

一味地假裝那個難題是一種可以被壓抑或忽略的困擾，乃是徒勞無益的態度。這樣的態度在一般流行的占星術裡經常會看到：「不必太擔心，只要這顆行星推進下一個星座時，一切就OK了。」給予這類建言的占星師所不了解的是，案主目前沒產生什麼困擾，可能是因爲他藉由過去的經驗已經學會或消化了某些問題，進而得到了正確的洞見與統合；但如果目前面臨的衝突或必須下的決定未能有效地處理，問題就會在未來重新浮現，不過出現的形式與目前的或許有些不同。

在許多古老的文化裡，行星一向被視爲天界的神祇，或至少是某種靈力的示現。印度教的某個支派就認爲行星是上天派來管轄各種創造領域，以及執行種種業報的主宰。如果我們能夠將神祇視爲宇宙法則的神力的顯現，那麼從古人的角度來看待這些行星就會變得很容易了；我們會將其視爲宇宙法則和神聖力量的象徵或反映。進一步地研究東方的各種古籍，也能夠讓我們了解宇宙結構和占星元素的眞實意義及模式。譬如吠陀哲學就主張，任何一界天的法則所掌管的乃是低於這界天的一切存有，因此不論我們有沒有領悟到這一點，占星學其實就是一種掌管低等次元的高等法則。但願藉由對這些高等法則的了解，我們可以更和諧自在地適應眼前經驗背後的宇宙旨意。

日月法則

古吠陀哲學進一步地指出，在物質界與心智次元之間還有許多亞次元；它首先提到的就是太陽世界，然後是月亮世界，接下來還有無數的次地帶。它同時還指出肉眼能見的太陽與月亮，只是精微次元的日月能源的反映。吠陀經與啓願詩（Shastras）是印度最古老的經典，沒有人知道這些教誨出自何處，不過它們都主張**個人的靈魂是從靈界沿著日月之光來到物質世界的**。也許這就是爲什麼太陽和月亮在占星學中會這麼重要的原因，而且一個人本命盤裡的所有元素都跟太陽、月亮的星座及相位息息相關。假設靈魂眞的是神聖力量的核心單位，那麼其本身應當是完整而圓滿的，但是當靈魂轉世到二元世界之後，便有了所謂的好壞、日夜或男女的兩極對立。靈魂似乎是根據日月的位置而呈現出兩極性的，換句話說，它會反映成存在的兩個面向，示現成意識與無意識、積極與消極、男性與女性。但這麼一來完整性就不見了，界分也於焉產生。在大部分的情況下，女人確實跟她們的月亮特質比較相應，男人則跟他們的太陽特質相應，不過我們必須了解我們現在所講的乃是原型法則，此法則不可能在活人身上示現成純粹的形式。因此確實有許多男人（譬如巨蟹座、金牛座與雙魚座被強化的人）比較能表達月亮的特質；有許多女人（牡羊座、寶瓶座與天蠍座被強化的人）則比較能自在地表現出太陽的力量和獨立性。

雖然科學觀點認爲太陽比月亮大得多，但我總覺得日、月的相對直徑和距離是很有趣的一種象徵，因爲從地球來看兩者的大小幾乎是相同的。這不只代表太陽與月亮的勢力在我們的生活中是同等重要的，同時也很清楚地顯示從地球來觀察天際，即使是一度之差也十分巨大。〔註二〕此外太陽與月亮既然在視覺上的大小是相同的，那麼占星學家就更有理由將月亮星座的重要性與太陽星座的重要性等同視之，而且做綜合性的詮釋時，也必須考慮太陽與月亮的相位。

然而日、月到底有哪些法則呢？我們仍然可以在榮格的著作裡看到它們在心理意義上所代表的最清晰的詮釋。榮格將月亮的勢力與原型式的女性法則連貫在一起，將太陽的力量與男性法則連結在一起，幾千年來的占星家和煉金士也都是這麼主張的。榮格更進一步地將女性法則定義爲「愛洛斯」（eros），但並不是現代觀點認爲的那種純粹的肉體吸引力，而是以更寬廣的角度來看人與人之間的關係。同時他又將男性法則定義爲

〔註二〕這樣的認識可以促使占星家採用行星相位上較小的容許度，因為他們會發現太陽和月亮即使是一度之差，都會令它們的直徑增加一倍。一般經常採用的日月相位的十度容許度，往往會造成這兩者的直徑擴大二十倍！

「拉格斯」（logos）。

女性心理是根植於愛洛斯法則的，一種讓事物結合與鬆解的力量，而自古以來男性一向是被拉格斯法則所掌理的（from "Woman in Europe"; Collected Works, Vol. 10; par. 254）。因此男人形諸於外的態度通常是邏輯與客觀性，或者可以說是觀念導向的，女性特質則偏向於感覺導向。但是就靈魂而言，情況剛好相反：在內心裡男性偏向於感覺，女性則偏向於思考。因此一個可能令男人徹底絕望的情境，女人卻可以在其中找到慰藉和希望；基於這個理由，男人比女人更容易輕生自殺。雖然有許多女人是社會情境的受害者，譬如妓女，但男人也經常是無意識的衝動的受害者，例如酗酒和其他惡習（from *Psychological Types*; C.W., Vol.6; par. 805）。

女性意識具有一種月亮特質，它發出的光是一種溫和的月光，能夠將事物融合成一片而非造成界分。它不像烈日那樣暴露出事物殘酷無情的界分性，而能夠以欺人的微光將遠近的事物都融為一體，也能神奇地將渺小的事物轉化成巨大的東西，把高的轉成低的，為所有的色彩罩上一層朦朧的藍光，並且將夜晚的景緻調和成一種無可猜疑的整體性。

> 若想把差異性極大的個人結合成一個大家庭，就必須有月亮般的意識才辦得到。依照這種意識來說話和行動不但不會干擾到局部之間的和諧，同時還能促成它們的統合。因此何處有深淵，月光均能將其撫平（from *Mysterium Coniunctionis*; C.W., Vol. 14; par. 223 & 227）。

雖然各個文化及世代在性別角色的表現模式上有很大的差異（許多占星師都經常忽略這個事實！），但追求個人的完整性已經成爲許多西方人最關心的事了。榮格以短短的幾句話闡述了我們對整合陰陽兩面（太陽與月亮）的需求；這種朝向完整性的發展，正是占星學可以帶來利益的生命領域。

人際關係會引領我們進入精神世界，或是理智與靈性的中間地帶——它既能含容這兩者，又不會讓它們喪失自己的特質。男人若想跟女人和解，就必須冒險進入這個地帶。外在情境迫使女人追求各種男性特質，這樣她才不會停留在老舊的、純屬本能反應的陰性特質裡，或是在男性世界裡迷失方向。因此男人也將被迫發展出他的陰性面向，開啟他對心靈及愛洛斯的認識。這是他無法逃避的一項任務，除非他甘願以小男生的方式尾隨於女人身後，遠遠地暗自崇拜著女性，但又十分懼怕自己將成為一個藏身於女人口袋裡的東西（from "Woman in Europe"; par. 258）。

個人的陰陽整合顯然是心理與靈性發展的理想方向，但卻不是普遍可以見到的現象。事實上，兩性之間的諸多問題都跟缺乏這種完整性有直接關係。讓我再引用榮格的一句話：「女人被徹底阻隔於她先生的精神世界之外，男人被徹底阻隔於他妻子的情感世界之外，這幾乎是經常在發生的事。」（from "Marriage as a Psychological Relationship"; C. W., Vol. 17; par.331c）

如果我們逐漸能意識到自己的完整性，那麼我們所運用的占星學也應該能反映這份正在發展的完整性才對。一旦透過自己的經驗認清了文化裡的性別角色，我們就會把案主視爲一個能突破性別角色侷限的個體。在我們尚未發展出這份洞見之前，還是經常會以主觀的態度看待我們的案主，或是以無益於求助者的性別偏見來提供建言（在許多占星傳統裡也有各種性別上的偏見，但並不像某些極端分子想像的那麼離譜；某些人之所以認爲占星學對女性有性別上的歧視，乃是因爲占星學時常談到原型式的男性與女性法則，但是他們並沒有了解其潛在的完整性）。舉例而言，將十九世紀占星學的僵固婚姻觀用在現代年輕人身上，顯然是不妥的做法；但若是將適用於年輕人身上的假定或說法，運用在老一輩生活模式比較傳統的人身上，也同樣是不妥的做法。

日月位置反映出我們與父母的關係

本命盤裡日、月的位置也能反映出我們跟父母的關係，以及我們體驗到的他們。在這一世裡，父母構成了我們的人生、我們的身分，以及我們性格的顯明與具體根源。早期的許多占星著作留給我們一種印象，好像我們可以從本命盤一成不變地推演出父母相處的情況以及我們和他們的關係，譬如他們離了婚或其中一人早逝等等。但是我發現要推演出這些確切的洞見並不容易，也許偶爾能從星盤的數據猜測出一些正確的事實來，不過即便是如此，也不能眞的證明什麼或提供任何有用的洞見。這只不過是一種猜謎遊戲罷了。然而我們爲什麼要花時間和精神去猜測詢問一下案主便能得到的解答呢？在我看來，太陽和月亮的位置，尤其是它們的相位，通常象徵著一個人的內心所體認到的父母，或者父母在此人心中代表著什麼，譬如他們之間的關係是不是正向的，此人與他們的關係所帶來的感覺是什麼等等。我們應該弄淸楚的是，本命盤主要顯示的是我們的經驗，而不必然是某種情境的客觀事實。舉例來說，我曾經見過許多個案的父母經常吵架，甚至最後以離婚收場，但這孩子的星盤卻顯示出太陽與月亮的和諧相位，而且並不像傳統的說法那樣經歷到家庭生活的瓦解；此人似乎並沒有因父母失和而受到嚴重影響。我也曾見過其他人的星盤裡有太陽與月亮的九十度相位，還有幾個顯示出父母「情結」的指標，然而這些人的父母卻和諧愉悅地相處了四十年。就這些個案的情況而言，你不妨假設此人眼中的父母代表的是衝突的存在方式，以及矛盾的自我表現模式（特別是太陽與月亮呈九十度角），而這種情況造成了此人與父母相處上的某些問題，或者在其內心裡製造了主動與被動、掌控與接受之間的衝突。大部分人的星盤裡的日、月與其他行星多少都會有和諧或緊張相位，仔細地分析這些要素、與個案探討其最深的感覺，往往會揭露此人雖然與父母之中的一人有某種程度的和諧關係，然而在其他層面上所經驗到的，卻是極大的挫敗與衝突。譬如一個人的月亮若是與水星呈和諧相，卻跟金星成九十度角，那麼此人就可能與母親有良好的心智交流，但是會缺乏身體上的親密感，或是不易產生愛的感覺。

透過星盤認清我們獨特的表現模式

透過星盤來分析一個人早年生活的心理狀態，最有用的方式就是認清我們獨特的業力與自我表現模式，無可避免地會引發他人的反應，尤其是跟我們朝夕相處的人。我們自己的問題不該怪罪到父母身上，而且把自己的責任投射到別人身上是沒有任何建設性的。我指的並不是親子關係不需要仔細檢視或不需要接受心理治療，情況剛好相反！親子之間經常存在著特別嚴重的業力。如果親子關係確實有嚴重問題，那麼我們不但要檢視個人本命盤，還要觀察兩張星盤比對之下的細節。有些人因爲先天本質截然不同而完全無法相融，在這種情況下再怎麼努力也無法使兩者相像。他們或許可以學習如何更完整地接納彼此，並給予對方足夠的自我表現空間，但他們可能仍舊不想待在對方身邊太久。

孩子必須生活在父母的能量場裡面，換句話說，父母會創造出一種氛圍，而孩子就在這種氛圍裡生活與呼吸。等到一個人越來越成熟獨立之後，便可能逐漸發現自己眞正的本質與父母的氛圍並不相融，但這種氛圍仍然以心理慣性的形式存在於他的心中。如果是這種情況，那麼此人就必須發現以及發展出自己的氛圍，一種有益於他眞實本質的生活和關係的模式。通常四宮宮頭的星座象徵的是能夠令此人感覺舒服的氛圍。如果拿父母的星盤與此人的星盤對照著觀察，而不僅只是分析他個人的本命盤，那麼我們往往可以看出他是否能在父母的氛圍裡感覺舒適健康，以及與此氛圍相關的制約模式是否能幫助他的自我表達。每個人都必須對這個問題有所領會，才能發展出一種抽離的觀點來客觀地看待自己的孩子，體認到他們也需要獨立空間。如果這份客觀性無法發展出來，那麼此人通常會無意識地重複父母的錯誤。如同榮格所言：「重蹈原生家庭的覆轍可以說是一種心理上的原罪，或是代代相傳的『亞翠德斯詛咒』（The curse of the Atrides）」 （from *Mysterium Coniunctionis*; C.W., Vol 14; par.232）。

美國文化缺少一種徹底脫離父母的成年啓蒙儀式，因此人們只能在漫長的發展過程裡不斷地說服自己：我已經是個獨立自主的大人了。在這個冒險轉化自己的階段裡，年輕人除了得到含糊的承諾與開車飲酒的執照之外，並沒有足以保護他或她的神話或聖典。因爲這個國家缺乏一種可以讓人從某種生活模式進入另一個階段的啓蒙儀式，所以這個過程通常會拖延到近三十歲左右，而且往往無法徹底完成；個人根本無法擺脫童年的模式與需求。美國的文化典範是如此高超而不切實際，幾乎沒有人可以達到那些標準，因此這個國家裡的孩子們往往變成了假扮成人的懦弱之人。這個國家裡沒有眞正的王者，除了我們自身之外沒有絕對的權威，因此一切都只能仰仗自己了。這是非常令人驚駭的事，而我們的反應往往是急切地向外追求安全感，匆匆扮演起社會、職業或家庭角色，這麼一來我們就避開了自己應負的責任而試圖去取悅別人，並且逃脫了那份與自己的理想達成協議的負擔。有許多人的內心已經逐漸死亡，到了中晚年才發現心底有一股隱約的怨懟感，但是又沒有明顯的對象。我們不但不能領會我們怨懟的就是自己的無知、愚蠢及懦弱，反而將這股怨恨投射到某些定義不明、公開漠視社會壓制性價值的團體身上，或是投射到一些具有壓制性結構、束縛住我們自由的團體上面。

在一個社會裡我們必須尋找屬於自己的啓蒙與轉化工具，在這一點上占星學的確扮演著某種富有價値的角色，不過我們必須記住占星學並不是一種與生活有別的東西。它既不是信仰，也不是一門包羅所有知識的科學，而是許多工具中的一種；我們可以藉由各種方式來運用它。在個人生涯裡，占星學可以領導我們穿越種種的轉變、艱苦的過渡期與草創期。它能提供我們一種宇宙性的框架和目的，爲每一個重要經驗注入深刻的意義，這是大部分宗教無法做到的事。若想把占星學當成一種專業諮商工具，就必須洞察社會角色、父母的影響力與制約力，以及個人必須穿越的原型式轉化階段，才能達成有效的諮商。社會或宗教若是無法提供理解的工具來認識這些重要的過程和需求，那麼就必須尋求其他的方式。占星學可以說是無數人都在尋求的理解人生的方式之一。

高層意識

在這本書裡我經常用到「高層意識」或「高層覺知」這類名相，尙未探討到占星學的某些特定元素之前，我們必須先釐淸這些名相。某些占星家曾公開表示從本命盤可以看出一個人的意識演化階層——根據某些相位和行星的位置，可以得知一個人的靈魂演化是否很高，或者是不是「老靈」等等。我覺得這是一個嚴重的錯誤。這不但會誤導一個人在自我認識上的方向，而且會導致與別人相處時的自我合理化態度，尤其是那些經驗不足尙未發展出深刻認識的占星生手。我們都是朝著愛與光明在發展的掙扎中的靈魂，或許我們各自所處的位階有所不同，但都是走在同一條路上。此生的本命盤象徵的就是我們在這條路上所處的特定階段。丹恩・魯依爾曾不厭其煩地解釋本命盤如何揭示生命的構成模式，〔註三〕但本命盤並不能顯示此結構裡的內涵和意識階層。雖然一個有靈性傾向、對心理層面敏感的占星師往往能直觀到別人的意識階層（若想幫助案主認識自己，就必須有能力細緻地描述個案的意識階層），不過這樣的洞識主要是源自於占星師本人，而不是憑著本命盤就能夠看出來的。理想上一個人確實可以直觀眼前的案主來達成深度的了解，並能直覺地綜合本命盤裡所有的能量模式，但即使有足夠的敏感度可以感應到對方的意識階層，也必須在下論斷時十分審愼地運用這份直覺。本章一開始便引用魯依爾的一段話來說明爲何要如此審愼；因爲我們每個人都是有限的，我們的理解層次和我們的價值觀，往往會限制住我們的客觀性以及諮商的有效性。

從本命盤推測案主的意識層次或靈性發展的程度，是一種十分受制的諮商方式。難道我們無法在此生讓自己的意識有所成長嗎？但願我們能夠！我很幸運有一對比我小十歲的同卵雙胞胎妹妹，我一直看著她們成長，發展出屬於自己的生活方式。她們出生的時間非常接近，她們的本命盤也幾乎完全相同，連上升星座都只差一又二分之一度。根據某些占星家的說法，這兩個人的心靈發展應該處於相同層次才對；雖然兩人的本命盤都能正確而概括地描繪出她們的心理特質，但其實她們的心靈層次是截然不同的。其中之一是素食者，對占星學感興趣，很能自省，特別有靈性傾向；另一個則非常外向，完全不像她姊姊那樣對這類事物感興趣。

我們不但得知道占星學能產生什麼作用，同時也得知道它的侷限是什麼，因此我必須在此強調，我們不能只根據占星學的論據來判斷一個人的意識層次。此外，雖然本命盤清楚地彰顯出原型式的業力模式，但我們仍然無法從星盤中看出這些模式的明確示現方式，也無法知道一個人將會遇見什麼樣的業力，我們只能把本命盤看成是一面鏡片，藉由它我們的注意力以及感應力可以集中；當然某些人確實有能力藉由感應力來覺察特定業力經驗的細節，不過這跟單純地運用本命盤是截然不同的方式。

因此到底該怎麼解釋「高層意識」呢？我所能想出的最佳類比就是電力與燈泡的關係。意識能量（電力）流動得越強烈，覺知（光度）就越清醒。一個不知不覺的靈魂就像是一支十五瓦特的電燈泡，而一般人大概是六十瓦特的燈泡；高階禪定門徒也許能達到兩百瓦特的亮度，但一個完美的靈性大師卻可能接通無限量的光源；即使用一兆瓦特的燈泡都不足以象徵這種層次的意識。當我們的意識能量專注和純淨到某個程度時，覺知之光便可能在此生中從七十五瓦特提升至兩百瓦特的層次。或許這個類比有點笨拙，

〔註三〕在《占星、心理學與四元素》的第四章裡可以找到這些結構的複雜解析。

但重點是我們的本命盤確實顯示出被我們這個層次的覺知所照亮的潛能結構。這覺知之光若是能加以培育、滋養以及獲得發展的機會，那麼本命盤所彰顯的能量形式的輪廓，就能夠在日常生活裡以更正向更融通的方式展現出來。我們若是能夠讓這種情況發生，便是眞的有所成長了——心理與靈性的成長——而這也是一種眞實的自我轉化。

〔第三章〕

轉化的關鍵——第一部分：天王星與海王星

……開心起來吧！我兒，我們的狂歡已經結束了。我們的這些演員，我曾經告訴過你的，原本都只是一些精靈，而現在已經消失了蹤影。如同幻影虛妄的構成一般，那入雲的樓閣、瑰巍的宮殿、莊嚴的廟堂，甚至地球本身，抑或地球上的一切事物，同樣終將消失蹤影。就像是一場無實質性的野台戲，不曾留下任何影像。我們皆是夢中人物，我們渺小的一生都是在夢中完成的……。

——莎士比亞的《暴風雨》

過去十年裡有許多占星著作均闡明過土星之外的行星——天王星、海王星及冥王星——的意義，但是我不可能將這些意義全部濃縮在一兩章裡，而且這也不是我最主要的目的。在目前這個章節裡，我將試著釐清三王星的運作有什麼意義，譬如這些行星帶來的個人性轉化和生命的動力特質是什麼，而這些能量與經驗層次都是個人可以立即感受到的。占星學的著作或講演經常告訴我們，三王星也跟群體特質、世代差異或「集體業報」有關。雖然三王星確實與上述的因素攸關，但任何一個以心理學為導向的占星諮商師，都必須從實際的、經驗性的觀點，來認識土星之外的行星對個人生命有何意義，但這些力量畢竟只能透過其世代族群的組成分子才能產生作用。我覺得大部分的占星著作對天王星及海王星的解釋都比冥王星要淸楚，所以下一章將整個用來深入探討冥王星，而本章將著重於天王星與海王星，不過這三個外行星仍然是彼此相關的轉化力量。藉由這些帶著超越性的力量，人類往往會經驗到思維模式、意識層次、生活方式以及自我表達能力上的巨大改變。

影響個人心靈最深的三王星

我的感覺是，三王星會立即影響到個人心靈生活最深的面向，但這些巨大的力量本是從超自然次元爆發出來進入物質世界的，因此它們也會示現成物質世界的改變。現代占星學有一派（從靈魂成長的角度來看人類的發展）主張，三王星只能強而有力地影響那些在靈性上已經覺醒的人。根據其說法，三王星的能量確實會影響我們的精微體，但只有當一個人達到演化的某個階段時，這些精微體才會被意識到。此學派有一個理論認為，隨著寶瓶時代的進展，越來越多的靈魂將受到三王星的影響，它們會促使一個人朝著更高的次元旋進。我當然比較贊同三王星——而非古老占星學所說的前面七個行星——

與高等能量有關（至少與更細緻更富有穿透力的能量有關），我也同意個人的意識階層確實會決定三王星帶來的影響將如何被經驗到，但我仍然覺得只強調那些「高度演化」的靈魂才可能對這些行星能量產生反應，是一種過度籠統的說法。更正確的說法或許是，一個覺知力比較高的人往往能成爲這些行星力量最純淨、最細緻、最富有建設性的表現管道，就其他行星而言也是如此。不過我們絕不能武斷地說具破壞性的革命分子不易感受到天王星的作用力、黑手黨成員不易感受到冥王星的作用力、有毒癮者不易感受到海王星的作用力——其實這些人也都在展現三王星能量的某個面向，雖然其展現方式顯然不是最佳的。

天王星、海王星與冥王星象徵的是不斷促使我們的意識改變的力量（但願是一種成長）。傑出占星學家丹恩・魯依爾稱這些外行星爲「銀河系的大使」（ambassadors of the galaxy），他在《占星觀點》（*Astroview*）這本雜誌裡發表過一篇文章：

> 任何一個有機系統或宇宙單位都受到兩股力量的影響。其中的一股力量會把此系統中的每一部分拉向中心（譬如地心引力），另外還有一股來自外太空的引力；這是一個能容納前者的更大系統。太陽系的行星以及地球上的生命多少都受銀河引力的影響，同時我們也受我們這個系統裡太陽引力的反向影響。

土星代表的就是這兩股相反引力之間的基本界線。土星軌道之內的行星主要是太陽系的受造物與屬下；土星之外的行星則是我多年來一直沿用的「銀河系的大使」。這些銀河系的星群將所有能量灌注於太陽系上面，它們並不全然屬於太陽系。它們只是在太陽系的勢力範圍內產生作用，將我們這個小系統與銀河這個大系統連結起來（太陽是中心，土星的軌道環繞在其周。）

三王星象徵著宇宙或銀河的推進力量（實際經驗上是一種逐出力量），它們能促使個人成長，令個人意識與更大更富有包容性的生命力結合，而這些勢力各有不同的示現方式。從地球的角度來觀察這些外行星，你會發現它們運行的速度十分緩慢，因此每一個行星停留在黃道某星座的時間往往有好多年。我們會發現一整個世代的男女會經驗到相似的改變，雖然改變的焦點因人而異，而且得根據宮位和角度來決定。

再者，我們也可以在星盤比對中發現宇宙的演化驅力如何藉由人際關係在運行著。恆久以來的「代溝」問題便是外行星促使個人成長及拓寬意識的實例。與不同世代的人深入接觸往往會帶來痛苦的覺醒經驗，從而促使我們發展出更開放的心胸以及更整全的人生觀。把兩個出生時間相隔數十年的人的本命盤做個對照，你會發現個人星盤的三王星不但各自落在不同的星座上，而且經常落在對方星盤的不同宮位裡。換句話說，假設我把我二宮裡的本命冥王星（就說是獅子座二度好了）放在我父親本命盤的獅子座二度上，那麼它可能會落在他星盤裡的任何一個宮位，卻絕不可能落在他的冥王星座落的那個宮位。我們因此而發現，不同世代的人因緊密關係所造成的重大改變，將會帶來嶄新的秩序，並且會以嶄新的方式影響這兩個人，促使他們轉化，或是急遽地改變他們對生命某個特定領域的態度。

沒有一種覺醒是不帶著痛苦的

讓我再進一步地釐清這一點。假設有一位比我年長或年輕二十歲的人，他的三王星都落在我的第九宮，那麼此人就極可能強烈地影響我的信念、理念、宗教傾向與自我改進計畫（九宮議題），而且是帶著天王星的革命性、海王星的精神性及練達度，或是冥王星的深刻轉化力道。在這種情況下，三王星的能量就會以嶄新而富挑戰性的方式影響這兩個人。因此和不同世代的人互動比同輩更困難，因爲這樣的關係必定會讓我們跳脫老舊的思想與行爲模式，這樣的關係勢必會讓我們朝著更寬廣的方向成長（可以說是一種更「宇宙化」的方向），所以跟不同世代的人互動經常會威脅到我們，而且必須付出許多努力。因此我們必須面對那個宮位所顯示出的某種痛苦，同時也可能在面對轉化時產生某種形式的焦慮，但誠如榮格所言：「沒有任何一種覺醒是不帶著痛苦的。」當然我們之中也有人是很樂意學習及接受挑戰的，特別是從擁有不同人生觀和經驗的人身上學到一些東西。如果我們可以對人生與學習保持開放態度，並且認清他人經驗裡的價值，那麼與不同世代的人互動所產生的挑戰就能夠被接納，甚至樂在其中了。

每個人生命裡的基本要素都是相同的，這些基本力量或生命次元自始以來一直存在於所有人的身上，它們會促使人往特定的方向發展，至於這些力量能夠被意識到什麼程度，則多半取決於星盤的相位所顯示的要素之間的關係，同時還要看特定時空背景裡有些什麼來自環境的影響或文化規範。在占星學上，這些力量乃是由太陽、月亮、水星、金星及火星所代表的。〔註一〕木星和土星代表的則是個人行星與三王星之間的中段，通常攸關於我們與社會規範、信念及目標之間的關係。這七個行星的星座、宮位及相位，往往顯示出這些力量如何在個人身上產生作用。在某種程度上，這七個行星象徵的諸多因素是可以藉由對當下經驗的覺知和凝聚的意志力，來加以修正的。

三王星則完全在我們掌控之外，個人根本無法控制這些行星的能量，但還是能控制自己受它們影響時所產生的態度。個人可以調整自己對這些巨大力量的覺知方向。前面我們已經說過，三王星的作用力一向能促成被影響的那個領域的改變，如果三王星與其他七個行星呈「輕鬆」相位，那麼帶來的改變將是和諧的，不會造成太大的分裂。但三王星若是與其他行星呈緊張相位，其改變就比較難以「應付」了，也就是說我們會很難控制眼前的情況而被這些力量擊潰。因此，三王星象徵的能量遠比其他行星有力量得多，單憑意志力和決心絕不足以應付這些能量。

三王星為人的生命帶來集中焦點的改變

舉例來說，如果三王星之一與另一個行星呈九十度角，那麼這兩股力量就會不和，這時其中之一必須退讓才行。我們有時會長期地抗拒改變帶來的壓力，但其實只是在抗拒讓自己變得更整全罷了，因此這份抗拒力最終只是一種自我打擊傾向。讓我舉梅爾．巴巴的例子來說明本命盤的緊張相位。梅爾．巴巴是一位被追隨者視為神人的印度精神導師，有人曾經問過他是不是神，他的回答是：「我還會是誰呢？」梅爾．巴巴本命盤的太陽是落在第一宮，與座落於四宮呈合相的冥王星及海王星成九十度角（冥王星與海王星合相，同時與九宮的月亮成一五〇度角）。因此梅爾．巴巴的自我身分感（一宮的太陽特別強而有力）與冥王星及海王星（落於代表存在根源的四宮）所象徵的巨大力量互不相讓。這個緊張相位激發出的巨大能量意味著其中的一方必須讓步，而最後讓步的

〔註一〕在《占星、心理學與四元素》的第八十六頁，我概略地說明了行星所代表的個人、集體以及超個人要素。

乃是分裂出來的小我意識。如此一來太陽元素便成了更大力量的體現管道，月亮則變成讓這些力量集中及散播的要素。如果我們能認清海王星有一部分象徵的是神祕意識，冥王星象徵的是心靈的再生潛能，我們就會發現這位偉大的精神導師之所以能體現宇宙力量的關鍵所在。太陽與月亮的宮位（能夠讓這些力量運作的管道）揭示了這些影響力所顯現的生命領域。太陽落在一宮（自我身分的宮位）代表此人完全認同生命的創造性，月亮落在九宮（宗教及追尋眞理的宮位）則提供了成爲精神導師的符碼。

這個例子揭露了三王星的詮釋方式。由更大的力量所造成的「渴望見到」的顯現，將會替一個人的生命帶來集中焦點的改變，這個現象可以藉由三王星的緊密相位而精確地指出。因此，三王星會活化由土星、木星、水星、金星、火星、太陽及月亮所代表的心理要素，就好像能源本是來自天王星、海王星及冥王星，其他七個行星則是可以讓這些能量流通的管道。三王星與其他七個行星形成的相位決定了這些能量流通的方式。

由於三王星在黃道運行的速度十分緩慢，因此它們的確會對人類的某些世代產生特定影響，這些影響也會因某個區域盛行的文化而改變。本命盤裡顯現出的三王星相位透露了一個人對待內心深處的轉化力量的態度，同時也揭露了他對那個特定時代的態度。由於這些相位和社會環境有關，因此在觀察它們與某個時期的社會潮流的關係時，可能得提出一個問題：此人到底是保守分子，還是徹頭徹尾的革命分子，抑或是溫和的改革派?他與其時代的改變力量能不能協調一致,能不能開放地接納「銀河系的大使」捎來的信息,還是會忽略或對抗嶄新意識造成的陣痛?

除了本命盤的宮位和相位之外,三王星推進的相位和宮位也非常重要。這些細節將在第九章裡詳細討論。我在此要提醒的是,三王星推進本命盤時所形成的敏感相位將會帶來最深遠最持久的影響。接下來我會簡短地描述三王星的個別意義,以及個人將如何體認這些行星的推進力量。

天王星:偉大的解放者、覺醒者與啟蒙者

天王星象徵著生命模式的突然改變、意識上突然產生的變化、掠過心頭的洞見、快速浮現的新觀念以及原創的想法。天王星可以被看成是一個管道,強而有力的能量會以閃電般的速度藉由它而進入個人意識。天王星同時也示現成一股獨立、叛逆、不合常規、原創、非傳統、無法逆料的衝力。天王星帶來的影響不會讓一個人變得穩定,卻會讓一個人變成新觀念的誕生管道。如果一個人本命盤裡的天王星十分強而有力,那麼與天王星形成相位的行星所象徵的因素就會被磁化、活化及強化;如果一切都運行得很順利,還可能因此而獲得天啓。所以我們通常把天王星看成是突發衝動的象徵,這股力量會穿透土星的自我防衛傾向和意識心的思維障礙而爆發出來。我認爲天王星並不像某些人所

說的那樣一定會帶來破壞性的行為，只有當我們抗拒它的影響時才會示現成一種破壞力。不過由於抗拒經常存在，尤其是天王星呈現緊張相位，因此天王星推進時往往會讓我們體驗到混亂。

在推運上，天王星會在相關的領域裡革除掉老舊的模式，大肆改造一個人的存在方式。它會帶來勢如破竹的轉變，讓一個人的意識重組（一開始可能會攪亂秩序）以達到新的成長。在心理上，它會讓一個人的下意識產生某些概念、感覺及領悟。在行運上，它會跟任何一種形式的壓抑相互牴觸。如果一個人一直活在壓抑的態度裡，而且本質裡的活力元素受到了忽略、漠視或阻礙，那麼幾乎可以確定的是，天王星與個人行星一旦成合相、衝突相或對立相，勢必會立即為此人本質裡的這些部分帶來一股相互牴觸的張力。天王星一向會讓自然的韻律加快速度，於是此人就可能經驗到一股緊張的、興奮的、焦慮的驅力，一種極度想獲得自由與改變的動力。從最佳的角度來看，天王星是一個偉大的解放者、覺醒者與啓蒙者，它會擾動一個人的內在與外在，從此以後事物就變得截然不同了。

以革命性的衝動來突破老舊的結構

這個行星可以拿神話裡的普羅米修斯（Prometheus）來類比；他從天神那裡盜火讓

人類拓寬他們的知識。大部分的人在天王星推進時都會渴望付諸行動，以滿足他們對自由、實驗及刺激的需求。他們經常會採取激進的行動來改變令他們窒息的生命情境，但是有一小部分的人會在天王星推進時經驗到純屬內在次元的轉變，譬如他們會在內心裡隱微地改變自己的態度、理解的方式與自我表達的模式。他們的外在生活也經常會跟這份嶄新而覺醒的態度相互輝映，但變化並不十分明顯。當天王星推進時，個人經常會想從拘束或挫敗的生命情境裡逃脫出來，不過有時也會示現成更富有建設性的處理方式，譬如此人可能會假設目前的生命情境在根本上是健全而帶著彈性的，因此他可以在舊有的制約，譬如婚姻、工作或其他領域裡，帶來一些根本的改變。藉由這樣的挑戰來拓展對自己的認識，經常比拋棄舊有的一切、急切地投入於完全陌生的情境要好得多。當然這並不是在否定徹底改革或跳到另一極有時也是必要的。

許多人會把天王星看成是一種文化上的影響力，因爲土星結束之處便是天王星的開始。土星標示出了自我意識的界線，也象徵著集體文化的標準或規範（佛洛伊德所說的文化上的「超我」），因此土星是僵固而緊縮的；天王星則剛好相反，它是以革命性的衝動來突破老舊的結構。土星僵固的界線遇上了天王星，通常會分崩離析。個人在心理上經驗到的天王星驅力不但很容易領會，而且對一個能夠接受新奇事物的人來說，甚至是充滿著鼓舞力量的。

在古老的占星學裡水星一向被視爲神的使者，這聽起來和魯依爾所說的「銀河系的大使」非常近似。那個時代的占星學通常把水星與人類的創造才能連結在一起，不過據我們所知，古時候的占星家並不曉得有天王星的存在，但仍然有許多煉金士發覺在理性思考的底端還有一股更深更高的創造力。那些煉金士把這股創造力與玄學裡的水星結成了一體的兩面，但是從現代觀點來看，我們懷疑他們指的或許就是天王星的作用力，只是他們沒有這個象徵符號可以表達自己經驗到的東西。此假設背後的事實很可能就像無數的現代占星學家所認爲的——與希臘古占星學主張的水星擢升位置在處女座這個版本相左——水星擢升的位置應該是寶瓶座，天王星的主宰星座。

宇宙靈性源頭的創造力

丹恩·魯依爾在他深刻而富啓發性的《占星學三聯圖》這本書裡，將天王星詮釋成「宇宙靈性源頭的創造力」。魯依爾將天王星看成是個人發展階段裡的一種「質變」，而一個經過質變之後的人往往會成爲宇宙意識創造能量的集中點。他同時主張天王星可以被視爲「神的聲音」，「根據印度傳統的說法，這是宇宙神祕之聲的創造力，它瀰漫在所有的空間裡……」，伴隨著天王星所形成的相位，宇宙意識的創造力會以極快的速度被覺知到。這是因爲心靈的敏感度提升了，故而能夠從高等次元裡獲得知識及洞見。

天王星代表的是直觀式的洞見以及超越時空侷限的理性運作。天王星之所以會驅使一個人去進行實驗，是因爲它令人意識到認知是沒有界線的；這是一種內在的信心，使人相信自己有能力以更富包容性的方式來了解生命，而且也有權利追求這些知識，不論世俗觀點的指令是什麼（當然也有許多天王型人會過度融入於探索及實驗的興奮感中，他們經常會有極端的態度和意見，因此被視爲狂熱分子、漠視傳統之人以及意志力超強的頑固分子）。不過天王型人所擁有的直觀力並不違背邏輯。格蘭特・路易（Grant Lewi）三十年前就指出天王星的運作是非常合乎邏輯的，不過由於這份邏輯運作的速度十分迅速，所以看起來就像是一種直覺似的。他同時也說明天王星象徵的是拓展到超意識層次的視野，因此我們可以把它詮釋成「通往宇宙意識原型次元」的一份認知能力。一個人若是能超越土星的界線而探入天王星與海王星的次元，那麼一切因邏輯所造成的二元性及界分形式都會消失。到了這個階段人就能超越二分法，**同時看見事物的兩面而不再是非黑即白了**。換句話說，物化的邏輯思考裡面的二分法，將會被更富有包容力以及更整全的當下洞識所取代。天王星座落的宮位則揭示一個人可能會在哪個領域裡經驗到這股能造成覺醒的潛能。在這個領域裡，此人會體驗到突發的改變、洞見，以及想要拓展自由度的種種感覺。此人會想在這個領域裡脫離傳統規範，自由地表達自己，而且往往會在這個領域裡排拒傳統和無用的累贅。

如果一個人的天王星落在基本宮位（一、四、七、十宮），她或他就會有付諸行動的強大驅力，並且會以明顯而生動的方式突破傳統。反之，如果天王星落在固定宮位（二、五、八、十一宮）或變動宮位（三、六、九、十二宮），那麼此人還是會有強烈的衝動想要改革傳統，但可能是在日常生活裡以隱微的方式將這些感覺付諸行動，而且表面上顯得有點保守。

海王星：超越任何界線，與宇宙合一

海王星象徵的是完全在我們掌控之外的力量，因爲它超越了邏輯思考的理解範疇，眞正能了解海王星的方式就是臣服於它；在定義和運作上它是超越任何界線的，只有與它融爲一體、變成沒有疆界的狀態時，我們才能認識它。所以海王星一向與神祕主義、奧祕事物、宇宙一體性、靈性發展以及靈感有關，同時它也象徵著無相、幻覺、消融力、想像力與理想主義。我認爲最有用的描述方式，就是把它定義爲想要消融於另一種意識狀態（可高可低）、從各種侷限之中逃脫出來的衝動，此侷限包括物化的存在方式、乏味無聊的生活形式，以及人格與自我的種種侷限。因此我們可能藉由自我破壞的行動或建設性的行動來尋求出路。海王型人可能是有逃避傾向和難以捉摸的，但也可能是能夠洞察精微次元或慈悲的（或兩者兼具）。

個人所經驗到的海王星的「影響」，包括本命盤裡的宮位、相位及推運，經常帶著一種困惑、不確定性、「飄在半空中」以及精神恍惚的感覺。當一個人開始有意識地面對海王星，但尚未落實下來平衡自己的精神狀態時，是經常會有這種感覺的。這份困惑部分是源自於一種慣性態度，亦即要求任何一種新的經驗都要「符合」既定的思維類別。然而一個人永遠不可能為海王星設下界線，你怎能把一個無界線又無相的東西納入有限的概念和生命結構裡呢？換句話說，我們會經驗到海王式的困惑或恍惚感，主要是因為我們人格的某個面向或生命的某個模式遭到幻滅或消解時，我們對其產生了抗拒。一個人若是沒有落實到物質世界，海王星負向的一面就會變得十分明顯。我們可以說，除非一個人能夠與土星帶來的壓力、現實性及責任達成和解，否則是不足以用落實態度去面對三王星所帶來的強烈擾動的。換句話說，我們必須採取天王星的洞見與自由精神、海王星的靈感和理想主義，然後以踏實的態度體現它們，將其整合到日常生活裡，看看這些陳義甚高的意向是否能落實。〔註二〕若是無法以誠實勤勉的態度來整合它們，它們就經常會帶來巨大的不滿足感或心理上的攪擾，進而造成人格上更嚴重的分裂。

〔註二〕如果一個人的本命盤裡有土星、天王星或海王星的緊密相位，譬如合相、衝突相或對立相，那麼就格外有必要做到這一點。

落實於大地的錨

有一個很好的例子可以拿來說明爲什麼人在心理或精神轉化的階段裡要落實到現實世界，這個例子就是榮格的傳記《記憶、夢與反思》（*Memories, Dreams, Reflections*）。在這本書裡榮格描述當年他如何經驗到最強烈的「與無意識的對質」（confrontation with the Unconscious）——他遇上了好幾個原型人物及存有，與它們產生了神交——唯一能夠讓他穿越這場意識上的徹底轉化的，就是他始終還能回過頭來眷顧他在現實世界裡的某個位置，一份他所熟悉的專職工作。若是缺少了這個讓他落實於大地的錨，他覺得自己很可能會像一艘小船，在大海的暴風雨裡無助地載沉載浮，遭逢到心理上的瓦解。目睹許多人在迷幻藥上的實驗，便可以了解這種瓦解帶來的破壞性是什麼了；以人爲力量強行打開心靈通往三王星所象徵的強烈能量管道，是十分危險的事。這些人之中確實有人體驗到靈性與精神層面的實相而經歷了生命的深刻轉化，但是他們之中大部分的人年紀都還太輕，並沒有現實世界及職責上的紮實基礎，因此很難將這些洞見與尚未成形的人格切實地統合在一起。將這種對高層實相的驚鴻一瞥統合到尚在發展中的人格結構裡，乃是轉化意識與生活方式必要的努力，許多案例都證實這樣的做法才能帶來創造性與最終的成果。但是在集體無意識的大海裡載沉載浮並不是一件容易的事，而且廣泛地做過這類藥物實驗的人都會告訴別人說，他們發現這類人之中有許多根本未曾到達過彼岸，而且經過多年的努力之後，到現在還在企圖抓住一些東西讓自己穩定下來。

透過幻滅來認識更高的實相

在任何一個本命盤裡，與海王星呈緊密相位的行星所象徵的要素，其敏感度與精緻度勢必會提高。不過這份敏感度往往會示現成幻覺、自欺、困惑，甚至會示現成那個生命次元的分裂，因爲海王星可能會在生命的某個領域裡造成不實際的理想或幻想，不過這些困擾通常也會促使一個人尋求解決辦法。在尋求解答的過程裡，此人其實是在透過幻滅來認識更高的實相，如此一來海王星的這些相位就會讓那些被理想化的事物及心靈傾向，呈現出正相意義。在第六章裡我們會進一步地解說海王星在個人靈性追求上的意義是什麼；由於占星學的教科書裡很難看見對海王星正確又淸晰的解說，所以在此我要先說明幾件事。我在前面已經提過海王星會消融掉意識裡的僵固模式，而這會讓我們察覺我們慣常想法的侷限性，發現還有更大更寬廣的東西是我們從未臆測過的。涉入一個更整全、更無實質性的東西，會被某些人看成是一種深奧的神祕經驗或是蒙受了「恩寵」。我自己的經驗則是，海王星與個人行星或上升點呈合相、衝突相、對立相的人，通常會積極地追尋某種靈修之道做爲他或她人生的主要工作。對求道者而言，顯然這些

「緊張」相位並不是「壞」相位。由緊張相位激發出的能量會促使一個人將自己的靈性傾向付諸行動，並且會在那個生命領域裡付出極大的努力。卡特（C. E. O. Carter）也發覺到，海王星的緊張相位比輕鬆相位更能揭示藝術上的創造性和靈性上的進展。我認爲他的《占星學的相位》（*The Astrological Aspects*）在相位這個議題上比任何一本書都更富有洞見。下面這段話是卡特對金星與海王星呈不和諧相的解說：

> 從某方面來看，這些緊張相位比和諧相位、次和諧相更能帶來明確的結果，因為它們會賦予一個人心靈上的不滿足感，並且會促使一個人不停地追求在現實世界不易實踐的理想，尤其是跟愛有關的理想。這種相位顯示出的理想的確非常高超，因此可能會有持續性的對人事物的不滿，進而顯現出不易取悅或暴躁易怒的態度，但也可能擁有崇高的志願或是有能力達成更整全的內在體悟。
>
> ……許多偉大藝術家的本命盤裡都有這種海王星與金星的不和諧相位。雖然這兩個行星呈和諧相比較能帶來快樂與順利的情境，但不和諧相似乎在成就、道德及藝術能力的發展上並不比和諧相要差；事實上，它們也許更能製造出高能量。

卡特提到的這種「心靈上的不滿足感」——，確實會在個人本命盤的海王星與個人行星或上升點呈合相、衝突相、對立相的情況裡，發現到這一點。這份不滿足感源自於海王星提高了人對未知實相及非物質勢力的敏感度。如果一個人能覺知到更精微更高超的次元，就很難再有耐性活在感覺如同監牢般的物質世界裡。以我看來，若想與生命中的海王能量形成正確關係，就必須體認到不斷向外尋求理想或解脫是不可能如願的。只有接受了土星的責任意識之後，這些願望才能達成，因爲我們的理想必須藉由自己的創造性和貢獻方能落實。換句話說，我們必須向內探求、活出心中的理想。不停地想讓外在情境變得更完美，包括更完美的工作、更理想的婚姻或是更美好的居家環境，乃是徒勞無益的事。海王星會驅使一個人執著於心中的完美形象，令人想逃脫日常生活的痛苦。極度敏感的人顯然必須活在一個不會剝奪他或她心靈能量的適意環境裡，而且工作的型式也不能太緊張，但執意要讓每件事都變得完美才能全心全意地生活，乃是一種永遠無法帶來安寧的態度。

靈性理想的誤解及謬用

某些占星著作認爲海王星象徵的是我們對社會及他人的一份責任義務，在極端的情況下甚至會以罪疚感的形式呈現出來。無可置疑的，這確實是許多人會經驗到的海王式能量，你甚至可以說呈現出這種情況的海王星相位，顯示出我們必須償還過去世裡對他人欠下的業債。不過這種有關海王星的說法只對了一半，因爲這些感覺背後的動機並沒有解釋清楚。對他人的這份責任感難道沒有其他的理由嗎？難道所有的情況都代表對別人欠下了業債嗎？或者這只是一種籠統的解釋罷了？以我看來，這份對人類、社會、受苦的人以及動物的責任感，乃是源自於我們感受到了我們與衆生的一體性。如果一個人強烈地感受到自己與其他人都是相同的（甚至在本質上與其他動物都是相同的），那麼此人怎麼會吝於幫助那些有需求的人呢？這份給予的精神並不是一種慷慨的態度，而是體會到了別人與我們在本質上是相同的。這是一種當下自發的責任感；如果我不把這份責任感付諸實踐，我眞的可能會覺得十分內疚。這份認同所有人的傾向無疑地是一種美好的心靈品質，但還是必須連結現實因素才行，否則此人就可能被別人操控、利用，甚至爲滿足別人的需求而耗盡所有的能量。極少有人不需要任何形式的幫助或援助，只因爲我們感覺自己與衆生是一體的，並不意味我們內在有足夠的力量可以支持一切衆生。我們必須意識到上主在這裡也有角色要扮演。不論我們做了什麼，祂還是有祂的角色要扮演，因此我們不需要負起祂的責任。我們經常發現海王型人會耗盡他們的精力，企圖滿足他們對別人的那份永不知足的責任感。這是一種對靈性理想的誤解及謬用，裡面經常伴隨著各種形式的自欺，以爲自己的靈性發展已經很高了。海王星的運作模式可能是所有行星中最隱微的，而海王星與個人行星所呈現的緊張相位，往往顯示此人有某種隱匿的「靈性上的自我主義」（spiritual egotism）。〔註三〕

宇宙合一性的支撐與治療能量

從以上的解說我們可以發現海王星帶給每一個人的影響，完全取決於我們對它的態度、我們賦予它的價值，以及我們如何把這些精微次元的經驗納入自己的生命結構裡。如果能以開放的心胸迎接海王星帶來的衝擊，便可能體驗到心靈視野、想像力與靈感的提升。我們可能會見到原型意象，感受到無時間性的實相。如同丹恩・魯依爾所說的，海王星「在任何層次上都是宇宙合一性的支撐與治療能量。」魯依爾進一步地指出：

……如果一個人已經把他的靈魂轉化成讓上主居住的聖殿，那麼他的意識

〔註三〕如果太陽與海王星成合相、衝突相與對立相，往往很容易出現「靈性上的自我主義」，因為太陽象徵的是一個人的自我與身分認同。任何個人行星或上升點與海王星呈上述相位，也會示現成明確的「靈性上的企圖心」，尤其是本命盤裡有海王星與這些行星成九十度角，因為九十度角的本質就是某種類型的企圖心。當然企圖心既可能導向徒勞無益地追求靈性上的權力，或是在靈性團體裡追求世俗權力，但也可能藉著持之以恆的心靈修練而非追求個人榮耀，來達成某種精神境界。

範圍就會擴張到整個宇宙，他心智的運作也能消融掉所有的對立性，讓一切事物都含攝在它的多次元邏輯之內——對他而言，上主的回應便是一種恩寵。

（from *Astrological Triptych*）

本命盤裡海王星座落的宮位，顯示出一個人會在哪個領域直接受到恩寵或接收到轉化心靈的影響力，同時也顯示出一種體認恩寵與心靈實相的潛力。人的確可能經驗到非物質性的力量、提升正向的心靈敏感度，威廉・戴維森醫生（Dr. William Davidson）稱其爲「天使降福」（angelic benediction），指的是一種高層的庇祐與引領，但也可能示現成一種自我破壞傾向（例如著魔、自欺或能量的耗損）。精微的海王能量及其相位將如何統合到整個生命結構裡，就取決於我們有多誠實、多勇敢以及多落實了。我們必須**以土星的現實性做為基礎**，才能充分運用和賞識海王星帶來的提升。前面我們談到榮格如何以落實於世間工作及職責的態度來面對無意識裡的挑戰，因此一個人若想在不混亂的情況下開放地領受海王星的影響，就必須統合土星與海王星的特質，形成一種面對生命的健康態度。若是不能在明確的範圍內建立起人生的運作模式，又如何能意識到無限性的價值呢？

符合海王星最高形式的法則是極爲罕見的事，畢竟有幾人能聲稱自己已經擺脫了想逃離殘酷現實的各種自欺、不實際的妄想或欲望呢？基於這個理由，本命盤海王星座落的宮位通常代表過度理想化的生命區塊和經驗領域，而且問題經常源自我們所不了解的無意識和超意識。我們會在那個領域裡尋找理想典範，相信我們想要相信的東西；至於爲什麼會逃避這個生命領域，我認爲往往是源自於下意識的恐懼，因爲當下立即揭露它會迫使我們面對心中的空虛，因此我們寧願駐留在黑暗裡，維持著那份神祕感，而不願去覺察那些長久以來被我們理想化的事物其實並不如我們想像的那麼有價值。我們經常把精神性的渴望投射到世俗性的事物上，結果是造成了許多困惑。我們必須有敏銳的辨識力（處女座對應於海王星主宰的雙魚座）——才能認淸什麼是眞正的心靈成長，否則我們可能會終身投入於某個生命領域，總想藉其來滿足我們的渴望，解除心底的孤獨。

我時常懷疑本命盤的三王星是否跟過去世或兩世之間的經驗有關。譬如天王星代表的是洞見、原創性與才華，然而這份洞見和新知究竟出自何處呢？海王星揭露的則是預知力和想像力，以及與日常的物質世界距離甚遠的神祕合一境界。本命盤裡與海王星有關的相位代表的是一種與生俱來的心象，或許也包括兩世之間其他次元的經驗。與天王星有關的相位則代表過去世裡早已吸收的知識，今生只是將其表達出來罷了。我認爲本書第十一章的內文將會爲讀者帶來一些啓發，因爲艾德格・凱西的靈命解讀廣泛地探索了兩世之間的靈界經驗與行星的關係。

土星之外的行星代表超越個人性的意識層次，它們涉及的是轉化的能量與生命的精微次元。這三王星全部與直觀、超感能力以及類似的敏感性有關，但每一個行星都不太相同，而且每一個都不能被單獨視爲直觀或感應能力的行星。從心靈的角度來看，三王星涉及的都是高等次元，其差別如下：

天王星：代表的是對高層意識的理解力。高層意識指的是能統合二元對立性的活絡眞理。

海王星：代表的是在情感上與高層意識相應的能力，一種對高等次元的渴望與著迷。

冥王星：代表的是將心靈轉化的渴望付諸實踐的能力。它可以把高層意識與眞實的存在結合，使我們了解所有的欲望和執著都必須被淨化、被揭露，而且所有的動機都必須加以面對。處在這樣的意識層次上，你已經不再滿足於高等知識或是對高層意識的迷戀；你會想在轉化過程中直接體驗所有的念頭和情緒。

〔第四章〕

轉化的關鍵——第二部分：冥王星

大海看似兇殘，實則仁慈；

我對它們的詛咒是缺乏理由的。

——莎士比亞《暴風雨》

大部分的占星學家都認為冥王星象徵的是生命複雜而深奧的面向，因此本命盤的冥王星在定義上總是帶著一股神祕的氛圍。自從它被發現以來，許多人都試著替它下過定義；雖然占星家們想出了一些有用的定義，許多文章也闡述過冥王星在「集體業報」與世俗事件上的「影響力」，但我尚未發現任何與冥王星有關的定義可以用來周全地解釋一個人的心理結構。冥王星似乎總有一些隱微而難以用邏輯概念說明的部分。與冥王星相關的每件事都有點不尋常及古怪，並且暗示著一個無法思議的浩瀚次元，不但行星的運作如此，這個行星本身的運轉方式也是如此。

冥王星的軌道與其他行星的軌道一樣都是橢圓形的，不過其軌道比太陽系任何一個主要行星的軌道都顯得更橢圓。這是因爲其他行星的軌道距離地球的軌道，或稱爲黃道，均在七度之內，而冥王星的軌道卻距離黃道整整十七度。這個行星與太陽的距離大約是四十個天文單位，「天文單位」指的是地球與太陽之間的平均距離。一個天文單位大約是九千三百萬公里，因此四十個天文單位的距離大致是三十七億公里。由於冥王星的軌道是如此之橢圓，因此它與太陽的距離差異可以大到十八億公里，最小的距離也將近有二十八億公里，稍微短於太陽與海王星的距離；它與太陽之間最大的距離則大約是四十六億公里，比太陽與海王星的距離多出近六十五個百分比。如同其他的行星一樣，它也是以反時鐘方向從西至東環繞著地球運轉。它繞太陽公轉一周大約是地球的兩百五十年，因此在冥王星的世界裡一年等於地球的兩個半世紀。冥王星現在正接近它軌道上的近日點；〔譯註二〕它會在一九八九年經過近日點，那時它與太陽的距離將會比太陽與海王星的距離（二十八億公里）稍微近一些，屆時冥王星與地球及太陽的距離都是最接近的，我們可以從地球清晰地觀察到它。

如果冥王星的軌道與海王星的軌道處在同樣的平面上，那麼冥王星入近日點時就會稍微進入海王星的軌道。雖然這兩個行星的軌道平面是如此接近，但是它們的軌道不會有任何交集，因此冥王星最靠近太陽時會比海王星更接近太陽。根據紐約海頓天文館的法蘭克林博士的說法，一九七八年十二月十一日那天冥王星的軌道將會比海王星更接近太陽，而且會一直停留在那個位置直到一九九九年的三月十四日。許多占星學家都對這個時期做出了某些評論，他們認爲世界的文化發展這時會有重大改變。丹恩・魯依爾特別指出，當冥王星比海王星更接近太陽時，將會爲人類集體意識的深層面向帶來「播種」效應。他寫道：

> 從某個角度來看，我們可以說冥王星象徵的是種子落在年尾分解及施肥後的殘餘腐質土裡（海王星分解後的產物）；也可以看成是基督復活前的「地獄經驗」。當冥王星切入海王星的軌道時，人類會從過往的歷史裡釋放出來，並且會藉由對未來的深刻洞識而象徵性地受胎。因此在冥王星環繞太陽的週期裡面，這些階段可以說是極為重要的。
>
> 這些階段會經常出現集體無意識以及人類理想的再度極化，而這多少會強化人性底端的某些元素，並且會普遍出現在人類當中。

馬克・愛德蒙・瓊斯（Marc Edmund Jones）曾經說過，歷史上的這些冥王時期「在

〔譯註一〕本書當時在美國的出版日期是一九七八年。

地球上促成了事物全面而徹底的改革」。吉波拉・都賓斯（Zipporah Dobyns）進一步地闡明了她對這些階段的觀點：

本世紀最後四分之一的時段裡，天蠍座的特質將會被再度強調……從一九八〇年中期至一九九〇年中期，冥王星將會落在它自己的星座上。人類會發現在這段期間必須學習分享地球的資源。占星學裡「八」這個數字，不論是冥王星、天蠍座或第八宮，都代表我們必須藉由親密同儕來認識自己，並且要以尊重別人權益的態度來學會自我克制。

冥王星的影響力會在這個階段裡增強，這樣的說法在本世紀初艾德格・凱西的靈命解讀裡就出現過：

……冥王星的這些影響乃是要促成宇宙或地球一帶的成長——冥王星的影響力會逐漸增強，並且會促成未來的某些明確的活動或人類的成長，使人類更能朝靈性層面進展……。我們可以說目前有些人正在逐漸覺醒。

未來的一兩百年內，冥王星將會為人類在靈性上的躍昇帶來巨大影響，因為居時它最接近地球上的活動，不過要說明的是，其影響力是逐漸在增強的，並不是已經確立了。（Reading 1100-27; quoted in Margaret Gammons's *Astrology and the Edgar Cayce Readings*, p.46）

冥王星最不尋常的一點就在於其意義包含了許多相反的特質，在後面我們會詳加叙述。單從天文學的觀點來研究這個行星，不可避免地一定會面臨測量上的問題，從最微小到最巨大的都有。舉例來說，冥王星的亮度大約是第十四等級的行星，這意味它的亮度是月黑風高的夜晚裡肉眼可見亮度最微弱行星的一千六百分之一。這樣微弱的亮度再加上它超小的體積，很容易使我們忽略掉它的力量。**任何一個與冥王星（或天蠍座及第八宮）相關的事物都不易從表面得到正確判斷，也不易從表面的特質來加以理解。**自從發現冥王星之後，我們對浩瀚行星系統的概念以及對人性本質的了解便有了巨大進展。以前天文學家總認爲我們的太陽系至多是六十個天文單位，現在他們卻認爲全部直徑是八十個天文單位，甚至更大一些，因爲太陽的重力場範圍其實延伸至冥王星之外。科學家現在認爲，若是以光速在太陽系的面積內旅行——以每秒十八萬六千公里的光速在眞空中旅行——大約要十一個小時才能從這一端抵達另一端。最近有越來越多的占星學家主張，冥王星在**個人本命盤**裡象徵的意識擴張潛力，與冥王星被發現後所促成的對太陽系廣度的進一步認識，可以說是相匹敵的。

冥王星運作的深度與精微度不可能藉由幾個名人的星盤就能有所認識，畢竟這些人的內在問題和經驗的深刻面向絕不是我們可以輕易得知的。因此若想對冥王星進行最深入的研究，就必須借助我們自己的以及親友的星盤才行。從冥王星來看個人經驗或集體現象，其所象徵的永遠是一股極為集中的力量；因爲這股力量是如此地集中，所以冥王星現象的形式與大小就無關緊要了。譬如原子彈就被視爲一種冥王式力量，雖然原子彈的體積並不大，但是它釋放出的能量卻如此地驚人。如同前面所說的，此行星本身就帶著這種特質；它的體積雖然比地球小，但是對地球生命的影響卻比其體積要大得多。因此冥王星的能量是從超越物質形式的某個源頭發射出來的。這股先驗的能量是很不明顯的，而且一向以對立形式示現出來，因爲先驗性的能量只有透過其反面才能被了解：光明與黑暗、快樂與痛苦、壯觀的演出與其後座力。此外核能與化學殺蟲劑的大量運用也被視爲一種冥王現象，兩者都是巨大的力量，而我們也都見識了它們帶來的一些成果。不過它們也造成了許多具有破壞性的負面後果，譬如基因上的損害、放射性毒害，以及爲土壤、食物及水源帶來的化學污染。因此，運用冥王星能量的人必須具足精神修爲，才能善用這股深遠而巨大的力量。我們可以說深度治療與心靈進化的活動，乃是讓冥王能量不至於變成負面後座力的兩個重要經驗領域。

冥王星的推進

冥王星能量的運作方式，可以藉由冥王星推進本命盤形成重要相位時的意義來加以觀察。雖然第九章將會探討到這些推運的細節，但現在我們必須先說明一下，才能釐清冥王星代表的核心法則是什麼。冥王星推進時通常會顯示出死亡與老舊事物的毀滅，因爲老舊事物毀滅了之後，新的東西才能生長出來。卡特曾經寫道：「所有的淘汰過程都是由冥王星造成的，包括自癒力促成的汰舊過程在內。」在治療上鼓吹自癒力的人都主張療癒必須先從排毒著手，體內的毒素以及使能量阻塞的障礙物必須先排除掉，才能夠讓自然的療癒力更新我們的身體。卡特說「沸騰」也是一種小規模的冥王能量運作模式，因爲它會使一些必須被排除掉的東西浮到表面。當冥王星被發現時，就是冥王星的勢力以大規模形式運作的時期。當時佛洛伊德創立了深度心理學（把所有壓抑的心理問題揭露出來），納粹主義也是在那個時期興起的（讓埋藏在「文明」底端的魔性浮現出來）。當冥王星推進時也會帶來同樣的影響，它會使那些應該被淘汰或摧毀的東西浮出表面。

幾年前我的一位案主因精神瀕臨崩潰而來見我。他平日極爲矜持，那時卻變得既偏執又歇斯底里。他說他對他的愛人充滿著各式各樣的偏頗想像。我們翻開天文曆查看當時他本命盤的推進行星究竟形成了什麼相位，於是他所經驗到的事情立即有了清晰的解釋。原來他的冥王星與金星正形成九十度角。接著我向他解釋冥王星推進時會摧毀老舊的思想和行爲模式，淘汰掉阻礙他成長的心靈殘渣，而且由於冥王星與金星呈衝突相，他的經驗很自然會影響到他的情感生活與親密關係。似乎他在親密關係上的所有恐懼、理想、幻想及期待全都被逼上了檯面，不論他所期待的是什麼，這些心態全遭到淘汰與肅清。這些說明讓他對心底深處發生的事有了一些了解，不過他仍舊得徹底體驗這些情緒才行。占星諮商令他獲得了一些紓解；幾天後他告訴我他已經和某位心理醫師敲定了諮商時間，爲的是進一步了解內心深處的一些感覺。這個相位過後事情變得和緩了些，但是當冥王星逆行回來再度與本命盤的金星成衝突相時，同樣的經驗又出現了，不過這次的力道已經小了許多。冥王星第三次與他本命盤的金星成衝突相時，這段艱辛的情感轉化過程便結束了，那時他才認清他跟女友的關係的眞相，於是他決定暫緩婚事；他似乎對自己每天的情感生活更知足了。除此之外，他一切的價値認同，不論是攸關愛、婚姻、金錢或審美上的偏好，都經歷了徹底的轉變。到了幾年後的現在，從更成熟的眼光來看當時的經驗，感覺上雖然旣痛苦又充滿著困惑，卻開啓了一扇門，使他產生了嶄新的洞見。那份截然不同的人生視野到現在仍影響著他的生活態度。

從不再對心靈有用的形式及內容中解脫出來

這一點說明了三王星無法被過分強調的原因：這些關鍵性的變數帶來的影響並不是那麼明顯，必須透過時間才能產生清晰的洞見。在這些階段裡出現的改變是那麼凝聚和強烈，它們為整個人生帶來的弦外之意又是那麼精微，因此大部分的人都不可能在短時間內認清這類推運的完整意義是什麼。可能得花上十年的時間，才能徹底了解這些轉化階段裡自己的深層意識究竟發生了什麼事。當三王星推進正相位時當事人並不知道發生了什麼，他只是覺得腳下的地毯被抽走了，頓時失去了方向。舊有的一切已經不能再挽回，腳下又沒有立足之地；沒有熟悉而明確的路標可以依循，所以是一種非常不安全的感覺，此外還會出現生理或心理上的各種瓦解徵兆。我時常發現三王星推進任何一個行星時的眞實經驗並不會帶來太大的壓力，不像後續的結果那麼令人緊張、恐懼和焦慮，因爲人畢竟是習慣的動物，很少有人會放棄老舊模式帶來的安全感。人們經常會抗拒這些改變——其結果是更加強了內在的緊張與壓力。唯一能讓我們度過這些階段、維持住某種程度的平衡性的，就是對生命本有的智慧和秩序的一份不可動搖的信心，但是這份信心必須奠基於對宇宙律法的眞實認識。當源自於恐懼的假信心面臨眞正的挑戰時，不可避免地一定會瓦解，而這便是占星學最能產生價值的地方，因爲它能引領一個人去發現模塑我們的宇宙律法裡面，有哪些眞實可靠的知識足以帶來高度的洞察力，或是一種會逐漸發展成智慧的超然性。

雖然某些占星家堅持主張冥王星推進時將帶來某種形式的分離——與人、事物或活動的分離——不過從上述的例子可以看出冥王星運作的方式非常深奥，遠比無常的現象深邃多了。我的意思並不是說大規模的外在事件不會隨著這類推運出現，我其實要強調的是不論當時有沒有明顯的外在改變，那份經驗的意義從來就不是明顯的；因爲這些在最深的精神層面產生的改變會延續很久的時間，而且是那麼地深刻，因此理智心根本無法領略它們眞實的目的是什麼。前面提到的那個例子，分離的情況的確發生了，不過是在很深的情感層面發生的。藉由淘汰舊有的生命模式，當事人擺脫了阻滯其內在發展的一些障礙，他和那些會帶來阻礙及破壞的心理模式「分離」了，但是跟某個女人的關係卻變得更深刻更親密，而且對自己情感需求的了解以及和另一個人的連結能力，都有了快速的增長。因此，冥王星推進時往往會令陳舊的外在活動或自我表現模式徹底了結，而且不可避免地會爲我們的內心帶來一種提示，要我們放掉老舊的心理模式或不再能帶來創造性的生命態度。

丹恩・魯依爾在他的《占星學三聯圖》這本書裡也闡述了同樣的觀念，他把冥王星的影響描述成「從不再對心靈有用的形式及內容中解脫出來……」。因此冥王星的推進相位，象徵某個恆久的東西從短暫的事物裡解放了出來，如同死亡的那一刻靈魂從肉體裡抽拔出來，或者個人的自性從人格及自我的舊殼子裡抽離出來。冥王星的推進會把潛存或深埋的侷限帶到表面，爲的是讓這股能量從老舊的殼子裡釋放出來，轉化成一種可以被清醒運用的能量。冥王星推進時的行動一向跟黑暗與光明、新與舊有關，因爲它會讓老舊的東西浮到表面以便淘汰掉它們，也會讓我們發現內在的自我究竟學到了什麼，同時會讓永恆的存在本質示現出來。

轉世與業力

從轉世與業力法則的角度來觀察，或許才能認清冥王星帶來的影響是什麼。冥王星推進時往往會摧毀及消除老舊的心理模式——可以被視爲從過去世殘留下來的思想和行爲模式。如果每個人（或靈魂）都有過許多世的肉身經驗，那麼這些世裡的行爲及思想所形成的記憶和印象仍埋藏在今生的無意識裡，似乎是很合理的事，而且這些思想及行爲造成的潛意識模式，很可能在日常生活裡被激活，進而干擾到我們的運作，使我們無法保持自由或完全清醒。因此，冥王星推進時會加速我們的演化，使我們脫離老舊模式，騰出空間給新的經驗。根據榮格的說法，這些無意識裡的聚結物的確具有自己的「精神能量」，也就是一般所謂的「情結」。這些情結不但還活躍著，而且仍然藉由種種隱微的、甚至帶著強迫性的感受，影響著個人的意識。這些集中的精神能量可以看成是過去世的思想、欲望及行動的業果。冥王星的推進似乎經常會消除掉某個特定領域裡的業力殘渣，讓個人表達自我的可能性變得更多元化，在心理上更自由一些。隨著冥王星而出現的幻想、偏執傾向及幻覺，便是這種精神殘渣被擾動後浮上表面的結果。

在神話學裡冥王星一向與冥府相關。如同冥王在冥府裡拘留波希鳳（Persephone）一般，冥王星的能量在個人星盤裡也象徵著困住我們的一些老舊模式，以及精神上的廢物。〔註〕在希臘神話裡，冥王星則等同於海德斯（Hades）或戴奧尼索斯（Dionysos）。其實如同學者克蘭依（Kerenyi）所言，海德斯與冥王都被視爲戴奧尼索斯的「代號」。其實酒神戴奧尼索斯等同於冥王這件事，恰好給了我們一個線索，使我們了解爲什麼人在酒精的影響下會變得如此衝動；因爲酒精會激起無意識裡的驅力，一些老舊的記憶。克蘭依曾經寫道，「波希鳳被她的父親——地府裡的宙斯、海德斯或戴奧尼索斯——所誘拐……」這位地府裡的宙斯就等於是冥王，而這位神祇之所以被稱爲宙斯，正是因爲他擁有懾人的力量。

在希臘人的眼裡，冥王星與太陽神阿波羅是對立的，因此冥王一向被視爲所有新生命的不共戴天之敵。這個詮釋方式也可應用在占星學上；因爲個人星盤裡的太陽代表的是我們吸收進來的東西，以及最深的自我會在哪個領域裡展現出來，而冥王星彰顯的卻是人格的哪些面向必須先淘汰掉，然後自我才能成長，同時也代表我們會在哪個領域顯現老舊與衝動的存在模式。如同前面提到的，冥王星與地府裡的神聖力量（戴奧尼索斯）有關，後者掌握了富饒之鑰，同時也能賦予或奪走一切存在於自然形式內的生命力。這種生與死、光明與黑暗、新與舊的兩極對立，透露了冥王星如何與最深奧的生命進程相連，如何在生命經驗的最深層面活動。

地底的力量

從這個角度來看，冥王星也可以被視爲榮格所謂的「地底的力量」（chthonic power）——壓倒性的，非個人性的大地勢力；與冥王星相關的無情與殘暴特質，也可以在大自然的優勝劣敗、強者恆存定律中瞥見一般。生命歷程中確實有一種超自然定律在

〔註〕當冥王星推進某些位置時，人們經常會有冥府經驗，譬如某些事或某個人突然從眼前消失了，就像被帶進了地府似的。另外有些情況則是舊有的人或事突然再度出現；當冥王星重複地推進某個特定的點時，往往會有消失之後又重新出現的情況。某些人也會在這個階段裡跟犯罪活動產生關係。派翠西亞・赫斯特（Patricia Hearst）〔譯註二〕就是最好的例子，因為當冥王星與她本命盤裡的月亮接近合相時，她突然消失到地下游擊組織裡。如果一個人本命盤裡的冥王星與太陽或其他個人行星呈緊張相位，此人也可能會跟地下犯罪組織有關係。

引領著一切，但處於物質次元的我們，仍經常感受到那股非個人性的殘酷力量，而且往往會形成無法減輕的恐懼和驚慌。冥王星與大地的深層力量相關這件事，或許就是凱西所指的：冥王星與地球的活動是最接近的。

如果有人想要更貼近地去感受這股屬於地底的力量，我建議你不妨依照希臘神話的指示，去找個有大型無花果樹的地方，體會一下樹底下的那股冥王能量。千百年來無花果樹一向代表的是大地的創造力，因爲它甚至可以在沙漠裡生長。我以前常去北加州某座山丘的某棵巨大的無花果樹下靜坐。我一向被那個區域散發出來的強烈能量所吸引，那種感覺猶如回到了史前時代——當人們還有能力直接體驗宇宙力量或能量的那種時代。即使外面的溫度高達華氏一一〇度，這棵無花果樹下的溫度仍然十分清涼。這棵老樹的直徑超過四英呎，而整棵樹的高度起碼有五十英呎。最奇特的是，我從未聽過希臘神話裡有關冥王星與無花果樹的事。後來當我得知這段神話故事的時候，才開始覺得這段古老的傳說應該不只是根據現實能量的一種體驗，因爲我當時的月亮正推進本命盤的八宮，與冥王星成正相位。

冥王星的弔詭性之一就在於它不但象徵著應該被淘汰的老舊生命形式，同時也象徵著可以摧毀這些老舊形式、帶來心理或情感上的開刀手術的一股力量。冥王星的能量是包含在老舊形式之內的，而且只有被激發（譬如被強而有力的推進相位所激發）之後，才能快速地把老舊的東西帶到表層。此外種子萌芽也可以拿來比喻它；因爲種子堅硬濃縮的形式確實會因發芽而遭到破壞。當種子受到水的滋潤和陽光的照射時，它潛存的能量就會示現出來，這時種子會開始破裂，然後我們才能享用它的養分來促進生長。我們可以從這個比喻裡學到一件事，那就是生命的老舊形式或模式在冥王星推進時會被摧毀，繼而從目前的生活模式裡消除掉；從這種轉化（即使是以極爲痛苦的形式呈現出來）中釋放出來的能量，往往可以滋養我們，使我們繼續成長。

冥王星的宮位

因此我們可以說，冥王星在個人本命盤裡的位置，透露了仍然活躍的老舊自我或人格的舊殼子，而且仍含藏著不可忽視的濃縮精神能量。只要這股能量不被意識到而仍然與生命的老舊模式連結在一起，那麼它就會以心理情結的形式表現出來，進而在我們的

〔譯註二〕一九七四年二月四日，美國報業鉅子赫斯特的十九歲孫女派翠西亞在柏克萊大學校區遭到左派暴力游擊組織「共生解放軍」（Symbionese Liberation Army）綁架，即使家屬已經繳清贖金，依舊未被獲釋。同年四月十五日，派蒂赫斯特被一家舊金山銀行的監視器拍到，她手持自動步槍，穿著共生解放軍制服，與綁架她的恐怖份子一起搶銀行，之後還具名在地下報刊上面，撰文支持共生解放軍推翻美國資本主義政府的主張。

意識裡促成衝動的、揮之不去的思想及行爲。反之，這股能量若是能從那個舊殼子裡釋放出來，我們就可以清醒地運用它來幫助我們把太陽星座的本質展現出來，而這個新的存在形式乃是我們的發展不可或缺的。因此冥王星在個人星盤上（包括宮位）象徵著過去世的欲望及行動所導致的深層精神印記；它們在今生會示現成隱微而無法解釋的執迷和衝動。換言之，我們已經弄不清楚這股欲望的眞實本質是什麼了，但仍然受它擺佈著，而且經常令我們十分痛苦。因此，冥王星座落的宮位也代表老舊的欲望或行爲模式所顯現的領域，而這股壓倒性的衝動帶來的後果往往是痛苦的。

另外還有一種解釋，冥王星座落的宮位象徵著我們會嚐到最深業報的領域。土星常被形容成「業力之王」，但土星揭露的乃是**特定**的業力試煉以及必須學會自律的部分，冥王星的宮位顯示出的經驗領域，則是我們會跟老舊的自我或過去的欲望相遇的地方。與這個老舊的自我相遇經常會帶來必要的痛苦，而這也說明要活出古老格言：「認識祢自己」有多麼困難了。個人本命盤裡的冥王星透露出我們在深層意識裡必須進行的轉化工作，同時也代表必須放下、淘汰或拒絕的存在模式。冥王星代表火星的「高八階」（higher octave）行星能量，兩者都有極強大而獨斷的影響力，同時也都透露出其能量應該發展的特定方向。火星代表的是我們在現世應該努力的方向，冥王星代表的則是我們最深層的精神結構裡應該轉化的業力。不論冥王星落在哪個宮位都會強化那個宮位的能量，你會在其中立即接觸到一股深埋的濃縮力量。這股巨大的力量可能被用來確立一個人的欲望，而且方式是一意孤行的、無情的、不愉快的；或者也可以將其導正爲正向的意志力與心力，來幫助我們提升到更高的層次。本命盤裡冥王星座落的宮位，代表我們會在那個領域裡將自己的意志強加在別人身上。但這個生命領域也是個人成長會產生戲劇化進展的地方。

換言之，冥王星座落的宮位暗示著一個人可以運用的巨大能量，這股能量往往會帶來深度、周密性、洞見與專注力，不過前提是我們必須以清醒的方式運用這股能量。冥王星的宮位同時也代表令此人感覺孤獨和孤立的生命領域，我們可能會在這個領域裡埋首於自己的興趣，而這會彰顯出一種反社會特質，因爲我們對這個領域經常感到焦躁不安或要求過高。這股焦躁傾向乃是源自於身分遭到威脅而生起的深切感受，因爲每一件與這個經驗領域相關的事物都在瓦解中，個人的存在基礎也遭到了破壞。在這裡我們會看到太陽（一個人此生眞正的身分）與冥王星（過去世的老舊身分，不過現在仍活躍著）的兩極對立。這個老舊的身分必須被摧毀，此人才能經驗到嶄新的存在方式。

過去世帶到今世的生命模式

舉幾個例子或許能更淸楚地說明冥王星與過去世的關係。本命盤的冥王星落在第一宮眞可說是冥王星最辛苦的位置了，因爲此人會在他此生的第一個二十五年或更長的時間裡持續地經驗到認同危機，這種經驗往往會嚴重地影響這個人的自我形象。但這種感覺究竟是怎麼產生的呢？我覺得只有輪迴和業力之說才能解釋得淸楚。譬如我有兩個朋友，根據一位可靠的通靈者的說法，這兩個人過去世裡經驗到的某種作用力，在此生仍然相當活躍。兩人的冥王星都落在一宮——代表個人身分的宮位。其中的一人據說曾經是奴隸，可想而知這份被貶抑的經驗當然會造成她缺乏自信，以及從童年起就顯現出的階段性認同危機。另一個人據說曾經在亞特蘭提斯的時代裡被殘酷地當成科學實驗工具，而這當然也會嚴重地影響她的身分感，造成她在自我認同上的一些問題。另外一個人的冥王星則是落在本命盤的第五宮，據說她過去世曾經是某個大家族的主事者，在別人身上濫用過權力，這種傾向一直延續到今生，導致她總是忘記別人也有自己的欲望和主權（第五宮通常與獅子座的貴族氣息相關）。此外，艾德格・凱西也透過對自己的靈命解讀而得知他曾經是古埃及時代的一位大祭師，憑著對社會的影響力，他模塑了成千上萬人的生活。這個解讀很符合凱西冥王星落入十宮所代表的權威性，而且任何一位讀過凱西傳記的人都會發現，他經常與他那個時代裡的權威人物起衝突。

由此而知冥王星座落的宮位代表的是從過去世帶到今世的生命模式。從過去世帶來的力量仍然存在著；但顯然必須以新的方式加以運用。那個老舊的生命模式必須死亡，新的存在方式才會開展出來。此刻你可能會問說，我們該如何在老舊模式下開展出新的存在方式呢？我只能說你必須帶著覺知放下老舊的模式，並敞開心胸接受別人的影響，這樣才能學會在那個生命領域裡發展出新的態度。然而對冥王型或天蠍型的人來說，「放下」是格外困難的事，因爲他們害怕放下之後的敞開狀態會令他們變得十分脆弱，而且可能把自己的權利拱手讓給了他人。如果一個人根本不信任別人，也不信任自己的動機，甚至不相信上帝或生命本身，又如何能放得下呢？任何一個人的冥王星、天蠍座或第八宮被強化的話，都會面臨這兩難之局，因此我們可以說，對治這類問題的第一步就是要學會信賴，尤其是要冒點險，不時地敞開心胸，並且要領會無論發生任何事都有辦法處理。冥王星被強化的人有一種矛盾的天性，他們對外在的活動和挑戰帶來的痛苦毫無所懼，卻對自己深層的感受帶來的痛苦恐懼萬分。

這個學習新的存在方式的過程，乃是要讓我們的自我表現模式或意志力的運用變得更練達，這個過程通常被稱爲一種「重生」。因此我們可以說，冥王星的宮位透露出我們必須在那個生命領域裡獲得重生，這種重生往往把原先的衝動、無情與任性，轉化成有能力清醒地運用這股集中的能量，來發展出洞見、對精微勢力的理解（經常會示現成超時代的認知）以及運用意志力來促成創造的行動。冥王星的能量也可以轉化成一種治療管道，事實上，以徒手治療或是以其他系統的接觸治療爲主的人，本命盤裡都有顯著的冥王星能量。我必須強調的是，冥王星的能量在治療上之所以會如此有效，就是因為它既是一種外放的強勢能量，也代表一種帶有接收性的敏感度。接下來的段落將提供一些指引與提示，來詮釋冥王星在本命盤座落的宮位所顯現的意義。請務必謹記在心：這些詮釋只是一個引子，為的是導引出你自己的洞見。至於這些不同的潛力究竟是正向還是負向的，就必須由你自己去判斷了。

冥王星在一宮

一宮是自我身分的宮位，冥王星座落於此宮，顯示這個人的自我身分感必須徹底改變。雖然他具有透析式的理解力，但他的缺乏安全感，往往會阻礙他自在地展現自我。他強制性地需要聽取別人對他的看法，才能產生對自己的嶄新感受，而他的防衛性也經常阻礙他敞開心胸。與人深入合作對他而言是極為困難的事，因此他時常感覺孤獨，甚至與家人或朋友逐漸疏離。如果冥王星的能量能夠被創新地運用，此人就可能展現出強大的專注力、對更高的精神層次或社會理想的奉獻，以及對生命深層意義的真知灼見。

冥王星在二宮

冥王星落於此宮，顯示出對物質資源不可遏止的掌控欲，目的只是為了藉此來達成內心的平安；其實這種掌控或占有傾向就是內在擾動的亂源。此人對人事物的占有態度必須轉化，才能夠在價值觀上獲得重生。冥王星落於這個宮位也顯示此人在金錢的花用上有強迫傾向，因此必須學會自制，不過在建立物質安全感上卻十分有策略；他能夠了解金錢代表的深層能量是什麼。

冥王星在三宮

冥王星落於此宮，顯示此人在攸關溝通的種種事宜上有過度周密的傾向。他需要確知自己的想法有沒有清楚地傳達出來，而這會示現成一種急躁的說話方式，但也可能轉化成深度溝通上的創造性。同時他也可能有徒手治療的能力，在各種形式的研究上也有天分。

冥王星在四宮

冥王星落於四宮，顯示此人的強迫傾向通常會在內心深處或家庭裡示現出來。他有一股想要追求安全感的強大驅力，而這會促使他不斷地尋找一個可以完全掌控的棲身之所。同時也代表他的家庭生活可能會因爲他的任性頑強而產生劇變或爭鬥，所以他必須在安全感、內在的祥和與知足上徹底改造自己。不過冥王星落於此宮，也代表對他人的情感需求的一份洞察力，以及有能力透視無意識裡的活動。

冥王星在五宮

此人有一股想成爲重要人物或是以更宏大的方式表達自己的驅力，但這股想要出人頭地的欲望卻經常遭到橫阻，故而迫使他必須重新評估自己的欲望爲何如此強烈。若是能將這份驅力轉成清醒而實際的運用方式，那麼此人將可能在創造的領域裡發展出非凡的洞識。他的這份創造工作可能遠遠領先其時代，從其中發展出的力量和周全性一定會讓他逐漸被時代接納。與孩子或愛人的親密關係也會幫助此人對自己產生深刻的認識，然而他在此類關係裡展現出的強制性卻必須去除掉。此宮位的關鍵就在於必須學習知足常樂，並且要學會運用這股強大的能量做出某些特殊的事情，而不是總想被人當成特殊人物來看待。

冥王星在六宮

冥王星落於此宮，顯示此人若不是非常想幫助別人或爲人服務，就是想讓自己成爲一個有用的人。但是他雖然有服務別人的驅力，卻往往不被那些接受他幫助的人所感激。此人最佳的工作方式就是單獨作業，或是將那股改革的能量用在自身的轉化上。冥王星座落於這個宮位，也代表個人的健康議題或者某種嚴重的疾病可能會是一個媒介，令此人達成人生態度上的重大轉變，並因而淨化了自己的價值觀。有的個案還會展現出治療天分。

冥王星在七宮

冥王星落於此宮，顯示此人會在婚姻或親密關係上產生真正的個人性轉變。他經常會在親密關係上出現強制性的痛苦或情緒。雖然此人很想給別人自由，也很想被愛，可就是不易親近。他一旦發現對方在他的生命裡握有大權，跟對方合作就會變得十分困難。此宮位可能會有長久的婚姻，但只有在願意改變自己的情況下婚姻才會順利。

冥王星在八宮

冥王星落於此宮，顯示此人急於想運用權力來影響世界，譬如藉由社會認可的管道、深刻的心力或玄奧力量來達成目的。他也可能傾向於操控別人或堅持要別人按照他的價值觀來改變自己。如同冥王星在六宮的人一樣，此人最好學會讓別人做自己，並且要運用冥王星的能量來轉化自己，同時也經常會有強制性的性經驗，而且是痛苦的。轉化這些複雜情結的關鍵就在於重建權力的運用方式，包括肉體、心智、社會、情緒及心靈等各個層面。

冥王星在九宮

冥王星落於九宮，顯示此人會展現出強烈的信念和理想，也會擁有足以引領人生的信念和理想。若是以負面方式示現出來，則可能帶著教條主義、自以爲是、想要說服別人或改變別人信仰的傾向。若想改革這份傾向，就該領略榮格所說的：某個人的救贖，很可能是另一個人的詛咒；他應該放下那股想藉著向別人說教來證明自己的信念的欲望。此外我們也經常發現，這類人在多年後也許會徹底改變自己對上帝、眞理或人生價值上的態度。

冥王星在十宮

冥王星落於十宮，顯示此人對權威人物缺乏耐性；他會厭惡那些大權在握的人，或者急於想成爲傑出人物以得到別人的認可。此人經常能達成他所追求的社會地位，不過通常會涉及長期而痛苦的自我價值與動機上的重新評估。此人必須徹底轉化他對外在成就、權威及聲望的態度。理想上，冥王星落於此宮象徵著有能力看穿外在形式的權威，發展出更深刻的行使權威的態度。

冥王星在十一宮

冥王星落於此宮，顯示此人很想被人接納，而且想發展出某種程度的客觀性與清明度。此人的某些固著想法必須改變，才能達成他最終極的目的和願望。此外他也可能過度強調未來而忽略了當下。冥王星落入這個宮位的人應該學習靠自己而非他人來達成滿足，並且要認清只有在社會需求的框架內完成他在自我轉化與淨化上的創造性目的，才能滿足他最深的期許。

冥王星在十二宮

冥王星落於此宮，顯示此人必須藉助某種信念或具有超驗性的眞理來轉化自己的情緒，如此才能從情緒的困境裡解放出來。這種再教育的過程往往需要長期獨處或減少與社會的互動；因爲與他人互動經常會激起老舊的、惱人的情緒反應。他應該小心不要讓偏狹的罪疚感或自我迫害傾向佔上風，而關鍵就在於建構對生命的超世俗態度。這種心靈上的轉化一旦有了顯著的進展，此人便可能體驗到外在形式底端的宇宙合一性。

冥王星座落於任何一個宮位，都可能帶來非個人性的——但是可以控制的——高層意識，並且能夠將意志力導向創造性的活動上。跟土星一樣，冥王星的負面特質一向是被過度強調的，不過只有在干預它的運作時，這股能量才會轉成負向。

冥王星的相位

在我的經驗裡，冥王星涉及的相位是一個星盤裡最難理解的元素，因爲你永遠不知道其中的潛力將如何示現出來。雖然天王星的本質經常被描述成「無法預料」，對我而言冥王星的活動似乎更難逆料。在許多情況裡，那些所謂的和諧相位與不和諧相位之間也沒多大差異。事實上，當你開始去探究這三王星的相位時，你會發現所謂的緊張相位往往是最富有創意和最具有心靈傾向的，因此當我們在衡量這些相位的意義時，眞的只能仰賴自己的人生哲學以及我們最重視的生命目的。如果我們此生主要的目的只是想活得輕鬆，沒有煩惱（也可能因此而失去成長及開創的機會），那我們不妨多少採納一下傳統所謂的緊張／輕鬆、好／壞、硬式／軟式等相位的說法。但若是有能力以更複雜、更深刻的角度來看生命的可能性，我們就很難依照這種簡化的分類法去定義人的各種經驗。對我而言最明顯的事實是，假設我們認爲宇宙間確實有一種創造性的智慧，而一切生命都是從其中示現出來的，那麼生命的每一種經驗都應該是由這更高的智慧所引領的，而且帶著特定的目的。我們能質疑這份目的性嗎？質疑它只會透露出我們的無知。認爲我們比這個宇宙建築師懂得更多，乃是一種膽大妄爲的態度。在第六章裡我會以更具有建設性——與一般占星教科書相較——的方式來詮釋這些相位。前面的某些問題，尤其是有關冥王星相位的議題，我們將會在第六章裡進一步地探討，不過在此我們可以釐清一些有關冥王星特質的論點。

冥王星與其他行星形成的相位，往往會揭露一個人能不能輕易地運用冥王星的能量，或者能不能輕鬆地通過冥王星帶來的重生過程。雖然行星之間的和諧相及衝突相都會帶來類似的發展與轉化，但衝突相比較會令一個人抗拒改變。如果相位比較和諧（一百二十度或六十度），那麼案主就會有一種內在的認知，知道這種改變乃是必要的，進而準備好去接受這份改變。尤其是冥王星與太陽或月亮呈和諧相的人，特別有一種與生俱來的對成長與轉化的自然過程的了解。他們理所當然地認爲應該放下老舊模式、敞開心胸去接受新的可能性，但這並不意味他們不會體驗到冥王星帶來的痛苦，他們只是把這份痛苦視爲生命必要的經驗罷了。

冥王星的困難相位帶來的張力

以下的例子足以描述冥王星呈緊張或輕鬆相位，將會帶來什麼類型的轉化。多年前我曾經爲一位三十歲的男士諮商，當時我們談到他的情緒反應與貫常的情緒狀態，他的說法是：「我發現我永遠都在改革自己的情緒狀態，而且是有意識地在改變我每一個當下的反應。」此人在那個階段裡對占星學的了解十分有限，對冥王星相位的意義也很陌生，但只要看一下他的星盤就會明白是什麼原因了。原來他本命盤裡的冥王星與月亮剛好是一百二十度角！還有什麼象徵符號更能貼切地描述我們經驗到的現象呢？但眞正的重點是，他完全能意識到自己持續地帶著覺知在影響這一部分的轉化和改造。他對這個部分沒有任何抗拒，也不覺得有什麼困難，他認爲這只是日常生活裡一直在進行的轉化過程罷了。然而同樣的經驗若是發生在冥王星與月亮呈合相、衝突相或對立相的人身上，那麼他雖然也覺得有必要改變自己的情緒反應以適應日常生活的挑戰，但還是會把這件事看成是一種困難，而且不太願意做這種改變。

冥王星與個人行星呈現出任何一種相位，都代表此人會在那個行星象徵的議題上產生某種認識或重生。如果形成的相位是合相、衝突相、對立相或掙扎相（一百五十度），那麼這份認識在個人成長上就應該被看成是必要的。換句話說，凡是與冥王星形成相位的行星，都象徵著那個層面的經驗必須被轉化成更高或更清明的表達形式。在比較緊張的相位裡面，合相、衝突相及掙扎相代表的是內在的張力與挑戰；我們可能會把它看成是必須全心面對的議題，但也可能選擇逃避或閃躲。此外與冥王星呈對立相的行星，通常代表的是我們在某份關係裡呈現出來的衝動、強求與任性傾向。與冥王星形成相位的行星及宮位往往能提供我們足夠的訊息，讓我們知道這份特定關係眞正的問題是什麼。

在我的經驗裡，冥王星呈對立相的人很少能認清其關係裡的問題乃是源自於他們的隱微要求——要求對方變成完全不同的人。事實上，就因為冥王星的本質帶著某種強制性的情結或無法被意識到的傾向，所以我接觸的個案若有冥王星的強制行為模式而無法立即接受此一事實，也就無足爲奇了。只有那些已經能誠實——甚至是無情地——檢驗自己眞相的人，才會意識到自己最深的感受和動機，然後才能了解他們星盤裡的冥王星有什麼意義。冥王星的困難相位帶來的張力，通常會讓人以特別具有爆發性的方式來展現冥王的力量。

和諧相位可能帶來的創造性

一百二十度與六十度相位，則意味著冥王星的創造力可以輕易地表現出來；但這一點並不是必然的。這些相位的確代表有一個開放的管道可以表現這股能量，不過這股能量若是不夠精煉或尚未獲得更新，那麼此人就會輕易地展現出負向與衝動的冥王力量。

譬如，有一位我曾經諮商過的女性案主，她落在九宮的冥王星剛好與月亮呈一百二十度角。冥王星落在九宮代表僵固的、強制性的意見及信念，而且是從過去世帶到今生的；這是冥王星落九宮的一般定義，除非此人的根本信念已經轉化了。這位女士對那些僵固信念的執著，不斷地讓她的成長遭受打擊。她的想法既沒有邏輯，也不是奠基於個人性的啓示或直覺上的。她的信念模式以及從中產生的意見，似乎是過去世的制約所造成的，而且她覺得從其中解放出來是很困難的事。不論她有多麼不滿意今世的生活，不論她得到了多少面對今世的解決方法，她總是有辦法建立起某種僵固的信念，並利用這些信念來合理化自己的不敢冒險或不願改變。因此即便她的冥王星與其他行星呈和諧相，也只代表她會輕易展現出自我挫敗的態度和意見罷了。只有當她轉化了這個領域所代表的特質，成功地釋放掉這些強制性的傾向，這種一百二十度的和諧相位才能展現出創造性。

冥王星的相位也可以帶給我們一種線索，讓我們知道一個人會如何運用自己的意志力與腦力。雖然將一般通則用在個人身上是必須留意的事，不過我還是很確定合相、衝突相及對立相，的確代表經常將自己的意志無情地用在他人身上。但這些相位也代表有潛力發展出極大的勇氣和內在力量，不過前提是此人必須察覺自己如何在誤用權力，並且要學會控制這種傾向。冥王星的力量若是能以富創造性的方式表達出來，此人可能會展現出極高的自制力、對靈性發展無可動搖的奉獻精神以及應變的才智。

冥王星、第八宮及天蠍座的深層本質

某回我從李察・艾德曼——著名占星學者與演說家——的談話裡，得到了另一種對冥王星相位的洞見。他認爲冥王星與「社會禁忌」有關，冥王星被強化的人對社會禁止的領域往往懷有一種恐懼。這個攸關禁忌的概念是很有用的，因爲它清楚地闡釋了冥王星、第八宮以及天蠍座的深層本質。譬如我越來越發現天蠍型及冥王型的人特別會有某種程度的偏執傾向，原因之一是這份深層的內在恐懼，如同我早先提到的，其實是源自於這類人並不相信自己或別人的感覺及動機。但另一個理由卻是，這類人之所以會有這種恐懼，往往是因爲他們對打破社會道德或家庭禁忌懷有罪疚感。

冥王型人對生命的禁忌領域有極強烈的愛恨衝突。他們要不是在這些禁忌領域裡直接付諸行動來滿足自己的興致，否則就會在腦子裡嚮往這些事或壓抑住想付諸行動的欲望，因此他們經常會被罪疚感所困擾，甚至覺得自己可能因違犯這些禁忌而遭到報應。以我的觀察，那些拒絕透過直接行動來面對自己眞實欲望的人，最容易形成負面反應、偏執傾向或喪失活力等種種痛苦。當一個人把他最深的欲望付諸行動時，至少內心的禁忌和情感上的執著會被揭露出來，繼而讓此人可以開始爲自己最深的感覺負責。

但我們如何把這個「禁忌」概念運用在冥王星的特定相位上呢？冥王星不論呈現出合相、衝突相或對立相，都會讓一個人在面對禁忌議題時感受到壓力。這些禁忌領域可能是性、宗教、倫理道德、家庭、社會，有時也同時包含兩個領域或所有領域。大部分人的第一個反應就是想藉著壓抑來控制這份傾向，但有些人也會逐漸發現這股幽禁的轉化力量能驅使他們面對禁忌，突破自己的制約。某種程度的突破似乎是必要的，然後才能發揮那個相位的轉化潛能。因爲精神上的垃圾、恐懼、執著及負面傾向必須被帶到表層意識，才能得到質變或成長。若是不了解監獄的結構是什麼，每道門的鎖要怎麼開，警衛何時下班，又如何能逃出這座監獄呢？因此每件事都必須在當下面對才行。

某些有冥王星與個人行星呈緊張相位的人，由於能意識到這股揮之不去的潛藏力量，而對其產生了巨大的恐懼，甚而失控（他們以爲自己可以控制這股力量，其實是辦不到的！），因此他們經常會無情地操控別人，以高度的意志力壓制住自己的情緒，並且否認這股力量是實存的，來因應心中的恐懼。這樣的反應當然只會強化心中的那股緊迫感，進而讓問題變得更嚴重。這種壓抑傾向時常會示現成「著魔」式的衝動行爲，就好像被一股完全無法意識到的能量所掌控似的。其實這個人眞的是被這股能量「附身」了；他被一股強烈的驅力迷住了，卻又拒絕面對它，但只要他繼續裝出「用意志力便能解決問題」的態度，就可能會帶給他無止境的麻煩。爲什麼冥王星、天蠍座及第八宮會跟轉化有關，原因就在於它們都和欲望攸關，而這些欲望又會形成我們的執著，讓我們產生衝動的行爲。深入於這些感受的核心或探入這些欲望的動機及源頭，不但能爲我們的日常經驗帶來啓發，同時也能讓我們照見此生的業力模式。

〔第五章〕

土星的本質與週期

忍一時之氣，免百日之災；小不忍則亂大謀。

——中國諺語

長久以來，土星在大部分的占星著作中都被視爲一種「邪惡」的影響力，是多數人不願面對的一個經驗次元，而且除了隱忍之外似乎也找不到什麼正向目的。但是在過往的一、二十年裡，現代占星學發展出了一種富建設性的風潮，其中的許多作者開始以更正向、更有成長價值的方式來定義土星。〔註一〕由於這種正向途徑已經廣爲人知，所以我不覺得有必要再以過多的理性分析來說服讀者，雖然如此，我還是覺得土星的某些作用力，尤其是當它推進不同宮位與其他行星成相位時，的確有許多內涵需要釐清。尤其要釐清的是土星在心理及靈性轉化上產生的影響。首先讓我們略爲陳述一下土星最重要的意涵：

一、代表自我保護與自我緊縮的特質，往往會以防衛或懼怕的態度呈現出來，或者會示現成追求世俗成就的野心以及責任義務的達成。因此它標示出了一個人會退縮到哪個領域，以便發展出更堅強的內在力量和仰賴自己的能力。

二、代表形式、結構與穩定性的法則；因此土星與法律、文化、社會傳統、父親以及所有的權威象徵有關。

三、代表藉由生命不斷重複的課題在每個當下達成學習的目的，同時也跟時間法則有關。這些法則會帶來許多經常被提及的土星特質：嚴肅、謹慎、世智辯聰、耐性、經濟現實以及保守主義。土星在希臘神話裡一向與時間之神相關，這位神祇總是以無情及大公無私的態度行使正義。同時土星也跟「固著化」有關，譬如生命與人格的老舊模式會隨著時間而變得越來越僵固。漸進式的學習方式可能令有土星傾向的人封閉自我，進而變得不敢嘗試新穎的事物，也不敢透露自己真實的感覺，甚至充滿著疑慮和自我壓抑。但同樣的經驗卻可能讓另一個人發展出對恆久價值的敏感度，或者更有能力展現出效率、秩序及穩健的特質。也有人會發展出安祥和抽離的智慧。

四、代表對個人生命結構和尊嚴的守護，或者想透過現實成就來獲得安全與保障。

五、根據丹恩·魯依爾的觀察，土星與一個人的「根本本質」或「真實自我」有關，因為大部分的人只是活在時尚、社會模式、傳統及自我的把戲裡，並沒有活出自己最深的本質，所以土星才會在許多占星家及學員們的心目中變得如此負面。土星經常被體認成嚴重的羞辱或命運的挑戰，目的是要促使我們開始留意自己最根本的本質是什麼。土星確實是一個會帶來重大考驗的老師，尤其是當我們脫離了自己真正的本質時，其考驗往往顯得格外艱難。

六、在心理上，土星代表的是自我情結的某個面向，這個面向通常會隨著年齡的增長變得越來越僵化——換句話說，這些根深柢固的行為模式和態度往往會讓一個人鬱結在恐懼裡。同時土星也跟榮格所說的心理陰影層有關，裡面充斥著畏懼和罪疚感；我們通常會把這些特質投射到別人身上。還有人拿土星來象徵阿基里斯的腳踝，一種退縮本能。〔譯註〕但誠如魯依爾所指出的，土星同時也象徵著想實踐先天潛能的深層野心。在感覺上，這股企圖心就像是一種內在壓力，會促使我們依照內心的潛力模式來達成某種明確的成就。

〔註二〕帶有正向意味的著作如下：馬克・羅伯森（Marc Robertson）的《土星的推進》（*The Transit of Saturn*）；諾亞・泰爾（Noel Tyl）《星盤與身分認同》（*The Horoscope as Identity*）；另外麗茲・格林（Liz Greene）的《土星：以新觀點看老惡魔》（*Saturn: A New Look at an Old Devil*），我認為是一本能洞察土星在心理上的象徵意義的好書。

〔譯註〕阿基里斯的腳踝（Achilles heel）一般的解釋是「致命的弱點」。

土星最重要的定義是集中焦點的經驗與學習，而且只能在肉體和物質次元裡達成。透過物質的阻力與肉身帶來的存在壓力，我們才有機會發展出更深的理解和更大的耐性。因此土星經常被描述成掌管粗鈍物質次元的法則。當一個人轉世到物質世界時，他的能量場會遭到壓縮，進而變成一種凝固狀態，這就是爲什麼塵世生活才是最佳學習經驗的理由，因爲在這裡我們可以藉著深度的體驗、聚焦的工作以及在當下立即看到行動的結果，來達成這場學習。因此，塵世生活的痛苦、緊張與壓力往往具有演化及發展的目的，如同詩人艾略特（T. S. Eliot）的描述：物質次元就是時間與永恆的交叉點。土星是一顆有時間性的行星，透過物質世界的土星經驗——裡面的一切事物都運行得十分緩慢，而且必須艱苦地努力才能讓事情發生或發展——我們才能達成最高層次的心靈進展。這裡的一切似乎運作得太緩慢了，因此我們的耐性在過程裡一直遭到試煉，但若是能將內心抗拒物質世界的那層阻力降低，堅持地運作下去，我們就會發現什麼是持久的、什麼是短暫的，或者在何處遭到了挫敗、何處通過了試煉。土星的活動清楚地顯示出我們的欲望與執著的代價是什麼；它嚴厲地彰顯出我們的自我侷限，同時也讓我們認清當死亡來臨時唯一可以帶走的東西，就是我們對這個世界的深刻了解和濃縮的省察。它讓我們認清了工作的價值，因爲美好的信念或理想若是不能透過努力來應用在日常生活裡，也是沒有多大意義的。因此土星帶來的壓力應該被視爲一種推動力，幫助我們去完成那些必須完成的工作，這樣我們才不會企圖逃避那些令我們畏懼的事物。

土星：物質次元的真正本質

土星帶來的壓力與熱惱，可以幫助我們發展出佛教所謂的「金剛心」或「金剛不壞之身」，而這便是我們最根本、最深刻的本性。但若是只注重土星的發展而缺乏愛與輕鬆的態度，也可能變得僵化、死寂。心智與情感如果受到土星法則的影響而極端地展現出固著和窒礙的生命態度，那麼這些堆疊的負面特質將會排擠掉生命力與眞愛的本質，然後我們的靈魂便開始感到飢渴、衰萎，因爲它的生命之水不見了。因此與土星互補的乃是木星（有時也包括海王星）。我們不但需要努力（土星），同時也需要上天的恩寵（木星／海王星）；不但需要當下的經驗以及被證明的事實（土星），同時也需要信心（木星／海王星）。努力與恩寵是同時運作的，它們是一體的兩面。藉由努力我們可以打開一個通道，讓上天的恩寵貫通進來。缺少了努力，恩寵是不會降臨到個人生命裡的。不過有一點必須加以說明的是，在個人的靈性成長上除非上天的恩寵降臨其身，否則是很難付出任何努力的。因此缺少了努力，恩寵不容易出現；缺少了恩寵，我們也不會付出任何努力。我們會發現木星與土星或海王星與土星象徵的是一對互補行星，在觀察一個人的本命盤時必須參照這兩者。

然而土星還是不該被過度強調，因爲土星之外的三王星比土星的轉化力量更強大、更深刻。土星代表的是物質次元的眞正本質、促使我們完成必要任務的影響力，以及從客觀的現實角度所看到的事物眞相。土星之外的三王星卻代表凌駕於物質世界之上的意識層次與存在次元。土星能帶領我們去經驗物質世界的侷限，因此本命盤的土星力量被激活時，都是一個人必須面對生命某個次元遭到侷限的時段。換句話說，你在物質次元是不可能擁有一切的，也不可能變成每一個你所幻想的狀態，反之，土星之外的三王星卻能幫我們朝著存在與經驗的無限性發展。它們是浩瀚無邊的；它們承諾了無止境的成長。

從靈性淨化的角度來看，土星會帶來兩種最大的貢獻：第一，它會非常緩慢而確切地讓我們明白物質世界的現實眞相是什麼，不過前提是我們必須先釐清自己的希望、願望、幻想、自欺以及所有的欲望。第二，我們在物質世界裡的土星經驗，會爲我們發展過程中的每一個步驟帶來試煉；土星是不允許任何自欺、逃避或強辯的。土星讓我們看見在靈性成長上我們有多專注或多凝聚，因此面對土星帶來的經驗，我們必須回答以下這個問題：「目前我的運勢很差，那麼我所認爲的自知之明或靈修基礎，能不能讓我以溫和、接納或堅忍的態度面對現前的業力呢？」有許多靈魂似乎在兩世之間的過渡期裡體驗過精微次元的光輝與壯麗，然而一旦轉世到地球，隨著年齡的增長以及人格的發展，這些屬於高層實相的覺知就會逐漸沉潛到意識底端；只有那些把生命能量完全集中於靈性典範上的人，才能夠跟這些高層實相產生清晰的相應。只有那些真正獻身於靈性面向、開始轉化自我及執著傾向的人，才能在物質次元的壓力下維持住高層意識。大部分的人都還保有一些屬於高層次元、「夢中世界」及「天堂」的記憶，或者還記得一些比目前更理想、更美好的境界。但是這份記憶通常已經失焦了，而且只會令人感到不滿足、不愉悅。根據古往今來的各種靈性教誨，似乎只有透過專注禪定才能清晰地覺知那種理想的境界，因此我們應該在此生就開始持續地修持，如此方能增加對高層意識的覺知。我們可以說，海王星代表的是對物質次元侷限性的逃避傾向，或是與更精微的一體性融合的渴望，但真正能促使我們朝著一體性進展的卻是土星！

本命盤的土星

個人本命盤裡的土星是非常複雜的，不過有關土星的星座和宮位還是可以概略地加以說明，至於土星的相位，我們將會在後面的章節裡加以探討。根據土星落入的星座之特質與元素，可以很容易地分析出土星帶來的意義。以下是土星落入的四組星座的概略解釋：

土星落在**基本星座**（牡羊座、巨蟹座、天平座、山羊座）：土星落入這些星座跟組織力和個人性的能量運作有關，但能量主要的表現模式（不論是地、水、火、風任何一種元素）似乎受到了阻礙或帶著保留態度，這暗示著此人渴望自我表現的模式能變得穩定，但必須透過努力才能發展出這份品質。

土星落在**固定星座**（金牛座、獅子座、天蠍座、寶瓶座）：土星落在這些星座一向代表的是高度的意志力以及會障蔽住愛的僵固模式，因此必須重建最核心的生命力、最深的自我與基本元氣。這種位置通常會顯現出缺乏信賴感、愛或不能寬恕的傾向。這些問題固然可以找到補救辦法，不過這類傾向絕對是存在的。這些話聽起來或許有點籠統，但你不妨問問自己有沒有遇見過任何一位土星落在固定星座的人，是眞正能給予、能自在地表達熱情，或者在面對別人的需求時能展現融通反應的？你眞的很難遇見！

土星落在**變動星座**（雙子座、處女座、射手座、雙魚座）：土星落在這些星座的人必須重建自己的心智模式與思維的運作模式。這些人頭腦裡的想法經常是負面的，並且容易擔憂或堅持己見。這些傾向很可能是從過去世的訓練和偈限裡產生出來的，因此這些人必須重組自己的思考模式，改變他們在理解日常經驗及操控日常經驗上的心力運用方式。

我們可以藉助一些特定的法則，來進一步探索土星落入的星座及宮位的意義。以下所有的概念都可以運用在個人本命盤裡，尤其是在分析土星落入的宮位時特別有價值，因爲每一個宮位都可以指出大部分人的特定經驗領域。但若想把這些原則運用在土星落入的星座上，則必須對一個人的深層心理本質和心靈能量的流動，有更深的洞見和認識。

一、土星在星盤中的位置顯示出你可能會過度執著，或是以自我為中心的領域，而且往往會在那個領域裡用極端過分的方式控制自己；你會在那個生命領域以自我防衛的方式產生反應，因為你已經被綁在一個負面的糾結裡。因此你必須體驗過那個領域的許多艱難的功課之後，才能拆掉那些自我中心與自我防衛的藩籬。

二、如同某位精神導師曾經寫過的：「義務與責任（土星）乃是牽制住心智的水閘。」因此本命盤裡土星落入的領域，就是我們會經驗到特定業力與責任義務的領域，而它會幫助我們發展出心智活動和欲望上的紀律。這份紀律也能反過來幫助我們為自己的行動、欲望以及這個領域裡的困難負起責任。這份紀律也許會在某個階段裡被體認成挫折或壓制，但是每一位諮商師或治療師都應該知道，挫折會把一個人扔回到自己身上，進而帶出發展內在力量的機會。

三、在本命盤裡，土星象徵的是非常敏感的關鍵點，在這個生命領域裡，個人可能會藉由認真的、周全的、有效的方法來克服侷限（也可能在那個領域的四周築起藩籬來保護自己，故而發展出了更深的負面傾向）。土星顯示出會產生自卑感、自慚形穢或壓抑傾向的領域，如果其中的挑戰沒有被妥當地面對，往往會形成尖酸刻薄的反應。但若是能接納土星的挑戰而建立起新的結構，以及那個生命領域的正確態度，那麼土星的位置將會透露整個人生最深滿足的實現之處。

四、土星的位置揭示出讓你覺得沉重或重要的經驗，你經常會覺得你必須在那個領域裡努力工作、建立起穩定性。同時你也必須在那個領域裡學會現實中的必要事物，方式是付出額外的努力和額外的責任，雖然你對這個領域經常感到恐懼或焦慮。

五、土星的位置顯示出特別令你覺得受傷的社會規範和期待，你會很想在這個領域裡得到贊同或活出某種成就。另外有許多個案則會在那個特定的領域裡，徹底拒絕扮演社會角色或遵守規範。其實這些人只是害怕在那個生命領域裡遭到失敗，因此這樣的行徑不該只從表面來判斷。由於此人感覺那個生命領域是如此的重要，所以才會想徹底拒絕或逃避它，而不願面對心中的恐懼、承擔起這項艱難的任務。

土星的相位

本命盤的土星相位顯示出一個人能否完成生活中不得不完成的事。這些相位透露出此人是否能適應社會生活、當前的現實、必須完成的事，以及文化上的規範和標準。土星是教導我們有關現實及地球法則的良師，因為它必定會讓我們體認到耐性、節制、不走極端、負起責任以及努力工作的眞諦。這些相位不但使我們了解一個人將以何種方式投入社會，同時也代表此人在這個生命領域的自我表現，是否會受到妥當感或受歡迎的程度的限制。換句話說，此人對社會接納度的看法也許是不正確的，他可能會覺得自己不妥當或不被接受而自閉於某個領域裡，但客觀情況並沒有對他的表現方式加諸眞正的制約。換句話說，我們所感受到的社會壓力很可能是過去世的業力造成的制約，不過這份內在制約也會促使一個人成長。土星的緊張相位確實會彰顯出一個人與約定俗成的標準的對立，包括感覺與行爲上的對立，但我們必須深入地檢視這些相位在心理及靈性上的意義，才能理解這些感覺與行爲的原由是什麼。

或許你可以說土星法則示現出的負面傾向只是一種恐懼罷了。因此土星呈緊張相位代表此人可以藉著清明的紀律，以及將土星相位展現出的能量穩定下來，而跟某種特定的恐懼和解，至少此人必須學會適應或排除掉這份傾向。透過實際地面對那份恐懼和障礙，我們可以開始在那個生命領域展現出不同的態度與習慣模式。一旦有膽量面對恐懼，並且心甘情願地付出努力來轉化我們生命的那個面向，我們懼怕的那份黑暗的本質就會消散，繼而揭露出另一個存在的面向或另一種生命的挑戰，而裡面的焦慮和過度小心的傾向往往是我們習以爲常的。下述的一些困難相位可以用來說明以上的觀點。

土星與月亮或太陽呈合相、衝突相、對立相

經常出現一種害怕展現眞實自我的恐懼。由於害怕遭受批評、犯錯或表現，經常會導致這些人不敢嘗試新穎的事物，因此他們必須以嶄新的方式來穩定和建構自我感與自我形象，而且必須借助目前的能力、成就及毅力來達成，而非強調過去的錯誤、侷限或過失（一個人的業果）。這些人必須以嶄新的勇氣爲自己負起責任，並且要學會在自我表現和生活形式上冒一點險，如此才能深入地發現自己眞正的能力或表達力。此外，呈對立相位的人經常會把恐懼投射到別人身上。

土星與火星呈合相、衝突相、對立相

這些人可能會懼怕性愛、確立自己或是在這些領域裡冒險，但也可能過度強調野心或性能力來得到補償。這些人在運用和展現這股獨斷的本能驅力時，必須學會自律和重整自己。也有許多人會因此而獻身於某種高度專業化的工作，藉由這樣的工作他們可以把大量的性能量昇華。

土星與水星呈合相、衝突相、對立相

這些人會相當執著於智力和知識，也會強調自己的心智能力。這些傾向是起因於害怕被當成是愚蠢、反應遲緩或說話含糊的人。雖然這些相位可能顯示出嚴重的心智障礙，譬如語言障礙、學習與閱讀緩慢或沒有能力精確地使用語言，但是從我的經驗看來，更常出現的情況卻是會努力學習某種技藝（而且經常會成功），來證明她或他的能力及智力。不過這份能力也可能發展得過於極端而導致此人變得思想僵固，有心智上的傲慢傾向，與他人交換意見時甚至會顯現出更嚴重的水星問題。關鍵就在於這些人必須重建和穩定智能以及心智的表達模式，而不再固著於受制的概念或意見。

土星與金星呈合相、衝突相、對立相

這些人可能害怕太自在地給予別人關愛，會讓自己變得脆弱易感。這種傾向也許跟早期的家庭經驗有關，譬如父母之中有一人的態度過於冷淡，但也有許多情況是從過去世帶來的業果。這些人經常與人保持距離，似乎在確保這樣的孤獨狀態將延續到下一世。還有的情況則是下定決心要面對人際關係的所有面向，尤其是愛情關係，故而展現出強烈的責任感與可靠性。但即使是這樣，他們仍然會顯現出一種冷淡或疏離的態度，進而誘發拒絕的行爲。有這些相位的人必須學會重建或重新定義施與受以及愛，而且通常必須歷經失望和痛苦的愛情關係，方能促使這些人重新檢視這個生命領域。

土星的和諧相位

我們論及的這些土星相位都是傳統占星學所謂的緊張相位，仔細地探討這些相位確實比談論和諧相更有必要，也更能帶來幫助，因爲它們代表一個人必須調整及付出努力的經驗領域。不過土星的和諧相也得加以留意，雖然這些相位通常不會出現僵化和懼怕的態度。基本上我們可以說，土星的和諧相位大多展現出與土星成相位的那個現實領域的適應力，雖然此人仍舊可能示現出某種程度的小心與保留，不過通常會是一種正向的審愼態度或常識性的理解力，而非令人癱瘓的壓抑傾向。有這些相位的人似乎具備極佳的時間感和運用精力的能力，而且會把自律視爲生活的必要事實而非強硬的制約。與土星呈和諧相的行星能量往往可以和諧地運作，雖然其中帶有某種程度的謹愼與現實感，而這種傾向通常會讓此人的速度放緩，對這個生命領域抱持著實事求是的態度。

由於土星法則在定義上剛好與信心呈兩極對立，因此任何一個土星的相位（不論是和諧或不和諧）都代表缺乏信心的生命領域。土星呈任何相位最正向的意義（尤其是涉及到個人行星或上升點），代表的都是我們可以在那個領域發展出嶄新的信心。我們可以藉由試煉、工作及經驗本身來發現自己眞正的能力是什麼。換句話說，藉由實際地評估努力的結果或看到多年的努力成果，我們可以客觀地決定是否誤判了自己的能力，或是過去的潛在才華現在已經被證明是事實。時間的考驗與經驗可以幫助我們發展出眞實而持久的信心，這份信心乃是奠基於當下的事實，不再是基於期望、幻覺、自我膨脹或空泛的概念。透過土星帶來的壓力我們可以發展出強大的內在力量，這股力量部分是來自於我們知道自己已經完成了必須完成的工作，而且徹底地爲自己負起了成長的責任。

從以上的論述我們可以做個總結，那就是有關本命盤的土星詮釋，永遠都應該注意到時間的重要性，因爲土星的相位目前呈現出的意義與幾年後的意義不一定相同。目前看來它可能是困難的，幾年後同樣的能量卻可能帶來極大的助益。雖然許多著作都帶給讀者一種觀念，好像土星不可避免地一定會令人感到憂鬱或障蔽住所有的信心，事實上土星在一個人年輕時造成的信心缺乏，很可能在多年後爲此人帶來無可動搖的自信和穩定度，但這完全取決於如何面對土星爲我們帶來的挑戰。

土星的推進

許多玄學與宗教傳統都十分強調七年一個週期的循環，包括身體的生長、心理的發展、世界大事以及靈性上的進化。艾德格・凱西的靈命解讀充滿著這種七年一個週期的論點，特別是與健康有關的議題。根據這些靈命解讀，人類可以在七年的週期裡改變身心靈大部分的情況，不過前提是他們必須眞的想有所改變。如果凱西的這個觀點就像他的其他觀點一樣被證實是正確的，那麼人類在身心靈的更新或再生上就幾乎是沒有限制了。以下是艾德格・凱西的靈命解讀裡的一些可以說明這些週期的摘要：

你難道沒聽說過人體每七年就徹底更新一次嗎？在這段期間是不需要有任何焦慮不安的，因為常識告訴我們一切自有安排。但你的心若是執著於眼前的問題，它就會變成一種苦惱！如果你認為你的胃或肝出了問題，這個問題就會繼續存在！

即使是這種情況，身體——包括身心靈三個層面——還是會把問題排除掉，不過前提是你不能執著於那份焦慮！（#257-249）

有一份解剖學與病理學上的報告，是用第三眼的功能做出的攸關七年週期的研究報告。我們可以從其中發現，那些靠著精神食糧而活的人，往往能利用內在之光照亮所有的陰暗角落。那些純粹藉著物質事物而活的人，卻會變成「科學怪人」（Frankenstein），因為他們除了物質和心智的影響力之外，其他層面的影響就一無所知了。（#262-20）

這樣的情況（肌肉緊繃）是不可能在一天、一週或一年內解除的，它必須經過七年才能活化、改變或消散。（#1710-10）

在這個案例裡，我們發現他必須運動、照料自己、時時檢視身體的活動……，身體的表現會不斷地改變。當七年的週期循環結束時，身體在七年前的狀態已經完全被汰換掉了，然而換上的又是什麼呢？是老舊的傾向變本加厲，還是被連根拔除了？（#2533-6）

丹尼爾・樂文生博士（Dr. Daniel Levinson）也做過有關七年週期的研究。他是耶魯大學醫學院的心理系教授，在一次由曼寧格基金會（Menninger Foundation）主辦的研討會上，他提出了一份報告；他發現沒有任何生命結構可以持續七或八年以上。由於樂文生是一位心理學家，因此他的計算方式是以數百人多年來的心理發展做基礎的。

樂文生博士的發現後來被蓋兒・希伊（Gail Sheehy）採納而完成了她的《旅程：成人生活可測的危機》（*Passages: Predictable Crises in Adult Life*）。在這本書裡她採訪了數百人的心智狀態，以及在不同階段裡的生命價值觀。她概略地舉出了容易呈現重大改變、重要抉擇或快速發展的生命階段。對大部分的占星家而言，這些受訪之人的重要生命階段，不足爲奇地幾乎都跟土星呈合相、衝突相或對立相的時段有關。如果再加上天王星推進本命盤所形成的衝突相及對立相在內，你就能更完整而精確地指出這些人的重大改變階段。這對占星家來說已經不是什麼新鮮的事了。一九四〇年格蘭特・路易發行了他的占星著作《大衆占星學》（*Astrology for the Millions*），書中他率先提出了對土星週期的解釋，因而爲讀者提供了一個可以運用在個人生活裡的有力占星工具。在那本書中路易清楚地描述了土星推進的旅程，那些觀點正是讀者可以在希伊的著作裡讀到的心理學上的重大「發現」。此外榮格在多年前也指出過，最重大的心理危機往往會伴隨著土星或天王星的推進而出現，但我並不是在藐視樂文生和希伊的貢獻，因爲任何一種能進一步證實生命週期的觀點都符合這種正向趨勢。事實上我覺得所有的占星家皆可從希伊的著作中獲益，因爲它清晰地闡明了男女在危機時段裡的反應的差異，這樣的認識會讓占星諮商師特別著重女人在特定時段裡的某些經驗面向，以及男人在其他生命領域裡的經驗歷程。事實上希伊不時地在書中闡明這些危機時刻在經驗上的意義是什麼：

> 我們跟某些外殼特別堅硬的甲殼類動物並沒有什麼不同。龍蝦必須藉由褪掉堅硬的外殼才能成長。它每一次從內向外擴張時，監禁它的外殼都必須先卸脫掉。在過程中它會先暴露在毫無保護的情況裡，然後新的外殼才會長出來代替舊有的。

人類成長階段的每一個旅程也同樣得卸掉外在的保護結構。我們也會變成毫無屏障的脆弱生命——回歸到胚胎狀態可以使我們以前所未有的方式伸展自己。（p. 20）

但二十來歲時的幻想，還是能令我們帶著興奮與熱情付出自己的承諾，並且讓我們維持住這種長期的承諾以便獲得人生中的某些經驗，（p. 88）

如果有讀者還不熟悉土星推進呈合相、衝突相、對立相的一般意涵，不妨參照格蘭特・路易、諾亞・泰爾（Noel Tyl）以及馬克・羅柏森（Marc Robertson）的占星著作。既然在這個議題上已經出版了這麼多傑出的書籍，我就沒有必要在此複述了，不過某些關鍵性的概念還是值得提出來，因爲它們會在占星諮商和理解土星週期上帶來特別的助益。但我並不是在暗示單憑土星推進形成的相位，就能評估個人生命的重大改變階段，其實任何一個做深度諮商工作的占星師，毫無疑問地都應該參照五個外行星推進的相位、新月與其相位，以及太陽與月亮的移位。因此我們將在後面的章節裡探討三王星的推進和移位。雖然如此，土星的週期仍然能提供我們特別完整而有用的象徵，來說明人類的成長、成就及趨近成熟的歷程。

土星向來是個偉大的導師，而土星的推進，特別是與本命盤呈合相、衝突相、對立相時，經常會被體認成學習某些特定功課的階段，這種經驗甚至會促使人們說出：「土星似乎在我耳邊對我低聲細語，告訴我目前應該做些什麼，才能從眼前的制約和挫敗中解脫出來。」五個外行星推進本命盤的行星形成正相位時，都會讓我們有一種受到神明指示的感覺。三王星的能量經常被體認成衝動或強制性的驅力，土星則往往被體認成教導我們重要功課的原型導師。

我還記得多年前當土星與我本命盤的水星呈對立相時，我進入了一種深刻的學習階段，那種感覺就像是被一種高等能量以系統化及刻意的方式在指引著。它似乎完全知道我需要學些什麼，而且除非我付出足夠的心力去學習它帶給我的功課，否則它絕不會減輕我頭腦裡的壓力。有時那股壓力強烈得像是要爆炸似的，許多深刻的洞見不斷地灌進我的腦子裡。感覺上，土星的影響力一向與精確化或具體化的驅力有關，因此我當時覺得有必要把我得到的啓示寫下來。等到一個月後，當這個推進的角度過去時，我已經累積了一頁又一頁的札記，往後每當我的人生出現困惑時，我都會拿這札記來參考。雖然許多書籍都主張土星推進水星形成相位時會造成憂鬱傾向，但是對我而言那個階段卻帶來了深刻的啓示。我在這裡要說明的重點是，我們確實可以敞開心胸接納土星的客觀性和智慧，深入地去體會它推進時帶來的特定功課。

土星推進原位

我在前面強調過土星推進本命盤形成合相、衝突相及對立相，大約是七年一個循環。在這些時段裡幾乎總是會出現重大的調整，例如修正態度、做出重要決定、更改我們對責任的觀點，有時也會從根本上改變生活方式、職業、工作結構以及私人生活的形式。在所有的推進相位裡，土星推進原位（大約是二十九歲及五十八歲）在占星著作中是最受矚目的，但不幸的是有關這些重要階段的觀點大多是負向的，強調的都是這些階段有多麼艱辛，因此以比較深入的態度來看土星的推進原位，似乎是一種恰當的選擇。我必須強調的是，以下的許多概念也可適用於土星的其他推進相位。

首先要釐清的是，所謂的土星推進原位在感覺上是非常艱辛的時期，其實完全得取決於前面的二十九年是怎麼過的，譬如有沒有達成某些特定的目標，有沒有深入理解人生或完成創造性上面的追求；此外，一個人的根本本質被壓抑到什麼程度或展現到什麼程度，也是很重要的事。但我們無法從本命盤完全推演出上面這些問題的答案，因為人往往有能力適應和調整本命星圖所顯現的潛能。雖然如此，我們還是可以藉著土星座落的位置與相位，來獲得有用的指示。如果本命盤的土星透露出可觀的壓力，那麼此人便可能難以面對必須完成的現實事物，這麼一來，此人就會在土星推進原位時經驗到更大的壓力，因爲她或他會發現爲了發展生命的模式與潛力，必須做出進一步的調適。

譬如，某人的本命盤裡有土星與個人行星成十分接近的合相、衝突相與對立相，那麼此人就會在土星第二次推進原位時，發現這些相位所顯示的問題變得更尖銳了，故而必須採取某種確切的行動來面對這些問題。只要面對的行動被延後或是這份需要被抑制了下來，那麼土星推進原位時的壓力就不可能停歇下來。不過此人一旦面對了這些問題，那麼不論其中的感覺有多痛苦，壓力和擔憂都會明顯地減輕。從另一方面來看，如果本命盤的土星與其他行星大多形成和諧相位——尤其是土星與太陽或月亮呈和諧相——那麼此人就可能在多年的發展過程裡，把土星的特質和現實的責任意識統合到他的人格中；因此，土星的功課毫無意外地一定會降臨，而且會把發展多年的生命導向變得更穩固更明確。但如果一個人的本命盤裡既有土星的和諧相位，也有不和諧相位，那麼當土星推進原位時，此人的某個生命領域雖然會出現建設性的發展與信心的增強，但同時也會面臨其他層面的問題。

土星第一次推進原位

本命盤的土星第一次推進原位的頭二十九年裡，主要是根據以往的制約、業力、父母的影響以及社會壓力而產生種種的反應。在那段生命歷程裡，人們通常無法從根本上意識到自己是誰或處在什麼狀態。但是土星第一次推進原位時，感覺卻像是舊債已了，許多老舊的業力模式或責任似乎突然卸脫了。那段時期會讓人有一種非常複雜的存在感；無法改變人生結構的制約與內在的自由會同時出現，甚至會產生興奮和提振士氣的喜悅。那份制約乃是源自於此人比過往更能意識到自己的人生目的，因此必須從那個階段就開始發展那份可能性、完成那個目的。你不再認爲自己有無限的機會與選擇；你已經達成了年輕時的幻想，完成了自己的實驗，所以從那個階段開始，你就必須演出你在這場宇宙大戲裡的特定角色了，即使你根本不知道自己是如何被指派來演出這個角色的。你對自己以及對別人的責任已經變得越來越清晰，但某些責任在感覺上是非常沉重與受制的。同時你又體驗到一種深刻的自由，因爲你發現自己不再受老舊的恐懼、責任與制約的束縛了。這份自由也可能是源自於更清晰地了解了自己眞正的能力、需求及創造潛力。

如果你從很年輕就等著有一天能找到眞正的自己，開始發揮自己的影響力，信心十足地展現自己，那麼你的等待已經結束了。現在就是採取行動、工作、活在當下、接納自己的生命意義的時刻，因爲你已經知道該走什麼路了。這種轉化階段不是立即完成的；其實土星推進原位後的兩至兩年半左右，轉化不間斷地在進行著。如果你從童年到青春期一直覺得自己受到了阻礙，似乎總是在浪費時間，強忍著那些既無法控制又不能帶來滿足的事物，那麼在這個時期的你能量可能會突然增強，企圖心也會比較旺盛，有一種等待已經結束的解放感。你覺得終於可以帶著某種程度的覺知來模塑自己的人生。如同格蘭特・路易在《大衆占星學》這本書裡所說的：

當這個推進的相位結束之後，你會感覺內在的許多制約都脫落了。你已經清除掉本質裡的一些老舊的東西，並且準備採取積極的行動，不再受制於複雜的情結或人格上的困擾。簡而言之，你已經把幼稚的東西拋掉，開始準備以成人的身分立足於這個世界。

土星推進原位乃是意志力在人生中運作的最重要時刻，它會令人產生前所未有的無拘無束感……你不會再像此刻這麼自由了。不過這時你必須以智慧做出抉擇，因為你此刻的自由意志將會決定長期的命運走向，甚至影響到你的餘生。

第二個二十九年的循環

因此你若是能以勇氣和誠實的態度來面對土星的第一次推進原位，那麼在土星的第二個二十九年的循環裡你就會更清明更富有行動力、不再受制於恐懼或焦慮，從而更能爲自己的經驗負責。人如果能在這個階段裡體悟到人生眞正的目的是什麼，就更能夠在往後的生活裡安住於當下，因爲她或他已經學會帶著充分的覺知和接納的態度來順應內在的軌則，所以就變得更有耐性。在這個階段裡，一個人的世俗成就與權威性已經透過直接的方式打下了鞏固的基礎，而且對自己從此該扮演的角色也產生了明確的洞識。〔註二〕本命盤裡土星的宮位以及由土星主宰的宮位，在這個階段都會得到進一步的定義和深化的體解，而且通常會出現顯著的生理變化，因爲土星對物質性的存在一向有種親和力。這時不只會出現令人感覺被侷限住的健康問題，同時也會造成重心上的改變，進而讓人

〔註二〕觀察名人星盤裡的土星推進原位的時間，可以很快地確定這種占星傳統的正確性。譬如葛楚・史坦恩（Gertrude Stein, 1874-1946）就是在二十九歲時土星正好推進了原位，就這一點她在《*Fernhurst*》這本書裡仔細地闡述過：「從童年期、青春期到青年期的頭二十九年裡，會有許多令人困惑、必須不斷奮鬥的問題出現——譬如對人生的目標、意義與力量感到不確定，心中的願望無法達成，於是只好顛簸地將能量用在錯誤的方向，歷經許多的風暴和壓力來發展出自己的人格。二十九歲乃是生命趨向成熟階段的一道直挺挺的窄門，一通過這道窄門，所有的困惑和騷動都變成了具體的形式與目的；我們會以渺小而艱困的現實取代偉大而黯淡的種種可能性。」「此外，我們美國式的生活方式並不強迫人去做某些事，我們可以隨著自己的欲望和機會經常地變換職業，因此一個人的青年期往往會延遲至二十九歲。到了近三十歲時，我們才會發現自己眞正想付出努力的志業是什麼。」

發現自己還蘊藏著更深的能量在體內。這時一個人的能量水平會比二十來歲的時候降低許多，不過可以使用的能量卻比以往集中，是一種更可靠、更穩定的能流；這時的重心會從頭部、頸部降到骨盤一帶以及下腹。能量不再集中於頭部而開始均勻地遍布全身，這種情況變成了眞實的日常經驗。他發現自己不再像年輕時那樣需要用到那麼多精力。精力可以自然地保存下來，而且變得很穩定，因此人們可以在此時學會如何運用這嶄新的能量運作模式。

土星推進其他行星

土星推進釋放出的能量品質都是類似的，不論與其形成相位的本命盤行星是什麼都一樣，也由於所有的土星推進相位皆可體認成某個生命面向上的個人性反應，而依據的往往是土星的法則和教訓，因此我覺得只要把某些關鍵性的概念描述出來，便足以了解土星推進帶來的意義是什麼了。在這一章的前面我已經試著說明土星推進時形成的合相、衝突相及對立相是最重要的相位；我們也可以說土星推進個人星座、上升點或原位時通常可以被明顯地意識到，然而土星推進木星、天王星、海王星及冥王星所帶來的經驗與感受，卻只能偶爾被直接地察覺。一個人對這些外行星帶來的感受能覺察到什麼程度，大部分得取決於此人對內在活動有多少覺知，或是對這些行星在本命盤的位置、力量及角度的意義察覺到什麼程度。我個人曾觀察過土星推進木星、天王星、海王星或冥王星形成十度內的角度時，所發生的某些極爲重大的經驗，不過通常必須在幾個月或幾年後，才能領略其中的深層意涵。以下的基本原則可以適用於任何一種土星的推運：

一、土星一向會讓它所涉及的那個面向的自然韻律放緩下來；這時你會產生一種：「事情什麼時候才結束啊？」的感覺，這種感覺往往會讓我們專注在自己的經驗上面，充分地活在當下，並且能幫助我們集中精力和保存能量。

二、土星推進時會深化和凝聚我們的知覺，同時會讓我們變得更抽離更客觀。譬如當土星與金星形成相位時，你對愛的態度會變得超然與客觀，同時在愛的施與受上面也會發展出更深的能力，因為你的注意力比較能集中於當下，因此對自己的所作所為、與人分享愛的態度以及愛帶給你的意義，都會有更深的覺知。

三、土星推進時經常會帶給你一種感覺，就好像「命運之手」已經伸進你生命被設計好的那個領域裡，它往往會驅使你面對你在那個領域裡的恐懼。面對這些感覺可能十分困難，甚至覺得極為殘酷，但你若想在那個領域建立起更深的安全感或更踏實的態度，那麼跨出這一步就是必要的。

四、土星的推進會讓一個人體認到自己必須決定和必須做的事，不過前提是他真的想以自尊自重的方式來負起人生的責任。

五、土星推進會施壓於個人，土星會讓某個特定的經驗與面向變得明確而具體；它會以一兩種方式來試探你在那個領域裡的態度或優先選擇，如此才能促使你產生更實事求是的態度。你可能會覺得正在遭逢眼前情況的試煉，看看自己是否搆得上某種標準；或者你會覺得內在有股衝動想要檢視那個生命領域，看看它是否符合自己新發現的價值和需求。這種試煉會被體認成侷限或是挫敗，完全取決於一個人覺知的廣度，但這樣的壓力卻能帶來自力更生的能力，發展出那個特定領域的內在力量。

六、土星推進可以幫助你在某個領域裡建立起信心，讓你發現自己真正的能力是什麼，努力多年的成果是什麼。一旦更實際地認清自己的能力，便能負起對生命的責任。

七、土星推進時往往能緩和發展過度的傾向，譬如在某個生命領域裡展現出的過度自尊、過度的活動、過度的執著、過度的依賴，甚至是過度的信仰。

土星推進不同的宮位

上述七個概念可以用來說明土星推進不同宮位的意義，其中的差異如下：土星推進本命盤與某些行星呈正相位，象徵的是體悟人格的某個特定面向的意義之歷程，同時也會讓人感受到這個面向最深的本質；土星推進任何宮位都代表那整個領域和經驗的意義正在明朗化。土星推進某個宮位帶來的改變比推進某個行星帶來的改變更容易被體察到，當然這個通則仍然有許多例外。如果一個人本命盤裡的任何行星「被附帶地強化」，亦即與其相關的宮位有強化作用，那麼當土星推進這個宮位時，就會帶來額外的重要性與力量；因爲土星這時會跟某個特定的行星形成合相。換句話說，如果一個人本命盤的金星是落在第七宮，那麼當土星合相金星時，土星也會進入第七宮，如此一來我們就擁有了兩種象徵符號，可以幫助我們了解此人對伴侶和愛的需求上的覺知之定義，以及建構的過程。這便是我所謂的「星盤主題」，因爲此人會在這股壓力之下，以更實際的態度面對關係中的感受與活動。她或他會在幾個月或兩年多的時間裡面對這個重要主題。土星推進任何一個宮位都代表此人必須或試圖建構與釐清的生命經驗，而且她或他確實應該對這個領域建立起穩固而持久的了解。

面對當下的現實

若想了解土星在任何一個特定宮位的意義，就必須全盤了解土星爲十二個宮位帶來的生命經驗和趨近成熟的過程。同時我們也要認清我們爲什麼要強調這種週期循環的某個起點。本命盤土星座落的位置顯然是這整個週期循環和成長過程的焦點，雖然格蘭特．

路易早期對土星週期的說明帶來了占星學在實用性上的突破，並且提供了許多有價值的洞見，但我仍然覺得他只強調了土星週期的某個面向：世俗成就和職業目標上的意義。如果你只想把土星的推進用在生命經驗的實際面向上，那麼你就該像他一樣特別強調土星進四宮乃是土星進十宮前的起點。按照路易的看法，土星推進一、二、三宮可以說是一種「晦暗不明的階段」——他不認爲這些階段有什麼重要性，因爲這只是爲將來尚未明朗化的成就做準備的時期。如果你只想把占星學應用在職業輔導、個人工作、公司的經營或政府機構的管理上，那麼路易的觀念在應用上應該已經足夠了，而且通常是相當正確的。但如果你涉及的是更細緻更私密的諮商形式，就必須把更個人性的需求與感受納入考量。你不能只是告訴案主未來的七年內會進入晦暗不明的階段，因此她或他只能耐心地等候某份「意義不詳」的工作或職業，而這份工作將會逐漸爲其人生帶來某種深刻的價值與鼓舞。

這類利用占星諮商承諾美好未來的做法，經常被證實是一種空泛或逃避的作風，其目的只是爲了掩飾占星者的無知和錯誤的認識。爲案主提供虛幻的希望絕不是眞正的諮商；這只是在鼓勵一個人把焦點集中於幻覺上，而非面對當下的事實與感受。雖然大部分的占星諮商師都聲稱他們不想成爲算命師，但這種作風就是一種江湖術士的做法！占星學運用到的行星象徵符號之中，沒有任何一個比土星更能喚醒我們去面對當下的現實。

我想我們可以在這裡以更富建設性的方式，爲案主、朋友或自己解析土星的週期將會帶來什麼樣的經驗。

其實觀察土星週期最佳的方式，就是把土星象徵的發展過程視爲一個整體，尤其要強調的是土星進第一宮的意義，因爲第一宮代表的是本命盤裡最個人性的領域。若是把第一宮看成是整個週期循環最重要的階段，而非晦暗時期的開端，就不會把土星週期視爲僅能代表事業或職業變化的象徵符號，因爲它也象徵著個人在心理及靈性層面的發展。我們將會以這種方式來探討土星推進不同宮位的意義，但是在尚未詳細討論每個宮位之前，應該提出一種觀察土星推進的另類方式，那就是把這些宮位分成比路易的定義更寬廣更側重於心理層面的四大面向。馬克·羅柏森也在他《土星的推進》（*The Transit of Saturn*）一書中以丹恩·魯依爾發展出的觀念提出了類似的解說。以下是這些觀點的概要：

一宮、二宮及三宮：土星推進這三個宮位，透露出我們在自我覺察與生存方式上的成長。

四宮、五宮及六宮：土星推進這三個宮位，透露出我們在理解力與自我表達模式上的成長。

七宮、八宮及九宮：土星推進這三個宮位，透露出與他人互動方式上的成長，以及視他人為獨立個體的覺知上的發展。

十宮、十一宮及十二宮：土星推進這三個宮位，透露出對他人和社會的影響以及表達上的成長。

應該要注意的是，以上的觀念只是一種概括式的說法，目的是爲了讓占星者有一種對土星週期意義的整體感。在大部分的情況下，最正確的態度就是把這些概論放在心中，做爲理解土星推進某宮位所顯現之經驗的參考背景。另外有一點也值得提出來的是，土星推進某宮的定義會隨著它越來越趨近那個宮位而有所改變。當土星開始要進入一個宮位時（土星離某宮宮頭大約六度時我們就有感覺了，〔註三〕雖然原則上它還是在前一宮裡），會讓人強烈地感受到一股想要在這個生命領域做點什麼的衝動，甚至比正式進入此宮還要強烈。土星進入某個宮位所帶來的問題，通常會在頭一年左右被明顯地感受到。那個階段一過，此人便似乎被迫學會了如何以更實際的態度來處理這個生命領域的問題，故而能進一步地面對其中的功課。以多快的速度學會土星的功課，當然是因人而異的事，因此這些概念絕不能變成教條，但是土星推進某宮的前半段時期，確實會讓人感受到土星的沉重壓力，同時也會產生最強烈的挫敗感以及想要採取行動的驅力，一旦對這個領域有了更深的了解和穩定度之後，壓力雖然仍舊存在著，感覺上已經不再那麼強烈或沉重了。這個概論尤其適用於宮位裡沒有行星的情況，但如果有行星座落於此宮，那麼當土星與這個行星成正合相時，通常都是感受達到顛峰的時刻。如果我們已經學會以正確態度面對土星進入某宮第一階段的內外壓力，那麼第二階段就可以被看成是更深入地了解個中意涵的時期。

當土星快要離開某宮進入另一宮時（距離下一宮的宮頭大約六度左右），經常會產生與土星將要離開的這一宮之基本定義相關的事件、經驗或領悟。這時經常會發生一些能清楚象徵過去兩三年來的努力有多鞏固的事件，而這些重要的事件通常不會隨著其他行星的推進或移位出現。換句話說，在大部分的情況下，除了土星離開某個特定宮位之外，沒有任何占星元素足以象徵眼前所發生的這類事。那個事件通常會帶來一種釋放感或是一種進化與滿足，就好像在爲土星進入另一宮之前做準備似的。我會特別強調這一

〔註三〕我通常採用寇區制（Koch Birthplace House System），實驗過普拉西德制（Placidus）、坎普納斯制（Campanus）以及等宮制（Equal）之後，我發現寇區制在行星推進不同宮位時的容許度，最能正確地標示重要變化的時間點，按照這個系統的原則，距離宮頭六度的容許度不但被運用在推進中，同時也運用在本命盤的分析裡，換句話說，在特定的本命盤裡，如果某個行星在技術上是屬於第五宮，卻離六宮宮頭只有六度之差，那麼把這個行星列為六宮的行星就會比列為五宮的更合理。不過也有某些情況是兩種詮釋都很合理的。

點，是因爲我重複地看見這種現象在發生，身爲一名占星師，自然會急著想找到特定的推進、移位或方位來說明這種經驗。事實上，同樣的現象也會在月亮從一個宮位移進另一個宮位時發生。我可以寫一整本書來描述與這類經驗相關的個案歷史，不過我們現在必須探討的是土星推進每一宮的涵義。

土星推進一宮

當土星推進這個宮位時，一種新的秩序會被創造出來，土星在十二宮時的舊秩序則會被消融掉。當土星趨近以及合相上升點時，你往往有一種落實於大地的感覺，而這會讓你認清過去的行爲模式和行動的結果是什麼，也會促使你對自己以及自己的行爲更負起責任。這時經常有某些外在情況驅使你去面對一直被你忽略，或視爲理所當然的重要事實及情境。這類經驗會令人開始認清自己的某些實際面向。大部分人在這種時刻比較能察覺自己在未來發展上的缺失和需求，因此通常會在這個階段積極地尋求別人的意見，來認清自己的眞相是什麼。人們可能會從朋友、諮商師、心理治療師、占星師或其他類型的治療者那裡尋求忠告。簡而言之，這是一個對自己的看法比較落實的階段，你會更清楚你想要創造出什麼樣的你，而且會藉由專注的努力和更誠實的評估來建構一個新的「你」。你會在這段時間開始更深刻地認識自己，認清自己的潛在能力是什麼。土星推進十二宮及一宮時往往會產生個人性危機，而經歷一段長達五年的重生過程。在這漫長的階段裡，舊有的人格結構無可挽回地被拋諸腦後，但是會用什麼樣的新結構、新方式來面對人生和展現自己，大部分還得仰賴你在這個階段能夠多誠實地面對自己。我的感覺是，土星在十二宮和一宮的五年階段裡，應該被看成是個人生命中最重要的轉化期之一，因此最好能把土星進一宮和十二宮的意涵都弄清楚，而不是把這兩者當成各自獨立的階段。

「重組自我」應該是土星進一宮最恰當的描述方式，因為當土星離開十二宮時，人們通常會覺得像新生兒一般，不但充滿著好奇，而且對每件事都抱持開放態度，但是又缺乏人格的紀律或特定的結構。土星推進十二宮時顯現出來的潛能尚未統合到整個生命中，因此當土星進入一宮時你通常會覺得想要變成某種東西，並且會積極地發展自己，不再停留於十二宮所象徵的開放卻被動的存在狀態。這時你會付出可觀的努力去維持住一種新的身分或更深的信心；當土星快要離開一宮時，人們可能會遇到某種經驗或某個人，來引領他認清自己的完整性。這份完整性和堅強感乃是根植於一種深層的恆久價值，以及對己身的責任及核心特質的深切體認。

土星通過上升點進入一宮時，通常在身體上也會出現一些明顯的變化。體重不費力就減輕了乃是常見的現象，有時甚至變得消瘦而憔悴。這時身體的能量通常很低，而且會示現成消化不良、疲憊或憂鬱。不過我們應該認清這是建構新身體和新人格的大好機會。但是建構這一切是需要毅力、紀律以及下工夫的。我見過許多身體強健的人，由於沒有在這個階段改善自己在健康上的習慣，也沒在飲食和生活上節制自己，所以這段時間就白白浪費掉了。我也曾目睹過許多羸弱多病的人在這個階段開始進行養生食療，結果健康狀態變得極佳，甚至在土星還未離開一宮時就顯得活力充沛了！

換句話說，土星推進一宮可以說是土星週期的關鍵時段，因爲在這個時段裡我們會創造出我們想要的自己，並且會認清我們的業力究竟要我們變成什麼樣的人。因此接下來的二十九年裡一個人所涉及的外在活動，都是從這個階段的價値觀和某種特質直接產生出來的。土星推進一宮的確可以被視爲「晦暗」期，因爲人們在這個時期主要關注的焦點只有自己，因此不會活躍地投入任何一種公開的社交活動或企圖心的達成（當然也有例外！）。在轉化與急速成長的階段，我們多少都得從外在活動退回到內心世界。同時我要指出的是，在這個階段人們經常會開始一種新的研究、興趣，或建立一個長期目標，而這個目標逐漸會變成一種全職的事業或志業，因爲代表事業與志業的行星（土星）正位於象徵開端的宮位裡（第一宮）。當土星推進十二宮時，一個人過去最主要的志願和長期目標可能會瓦解或不再有任何意義，新的目標與事業上的關注則會在土星進入一宮時開始形成。人們此時並不清楚這些被關注的目標會在未來的歲月裡扮演何種角色，可是卻有一股力量導引著他們朝特定的工作去努力，即使她或他對這樣的工作仍抱持抗拒態度。畢竟，土星在感受上往往是推動我們人生的命運之手，而這只是土星在我們未來導向上扮演的角色之一。

土星推進二宮

當土星進二宮時，對自己身分的考量就結束了，因此經常會有一種顯著的解放感，還有一種必須落實下來生產出一些東西的強烈感受。許多人會出現下面這種感覺：「我對不斷地考量自己或自己的問題已經很煩了。我對我是誰現在應當很清楚，如果繼續考慮這些問題，就會顯得太過於自我耽溺。我現在只想到現實世界裡去進行某些事，達成具體的成就，賺些錢。」因此當一個人的土星推進二宮時往往會有建構經濟基礎的強烈欲望，而且會努力安排或用某種方式來鞏固收入、投資、儲蓄、生活，或是做一些生涯規劃。人們經常會在這個階段白手起家創立事業，以正式或非正式的方式學習某種技藝，或接受某種具體的訓練以便未來能賺錢謀生。換句話說，這是一個打基礎的時段，以便在物質世界建立保障和穩定性；但這時人們還在準備階段，所以收入通常不豐，因此會對金錢或其他的安全要素感到焦慮，但是以我的經驗看來，認爲土星進入這個宮位會導致一個人負債、變得貧窮或遭受考驗，乃是誇大其詞的說法。大部分的人確實會在這個生命領域裡感受到土星的壓力，然而我接觸過的個案卻多半能以實際的方式面對這些考量，同時也都沒經歷過經濟上特別嚴重的災難。有位案主甚至在土星進入二宮時贏得一萬五千美元的大獎；還有一些案主在這個階段開始接受新的訓練或開創新事業，後來逐漸變得非常成功。

人們往往會在這個階段真切地意識到經濟上必須完成的事，這份壓力會促使一個人很實際地學習生存的功課。這段時期的一開始如何照料你的物質需求，將會對你在這個階段的經驗造成很大的影響。必須謹記在心的是，土星的速度是既緩慢又堅定的，若是能耐心地處理這個時期的現實問題，通常都會在未來獲利。你也許並不會立即得到明顯的利益，但若是能面對這份需求，在不忽視個人代價的情況下建構經濟與安全保障的基礎，那麼這些基礎就會爲你往後的許多年帶來好處。土星推進二宮的意義並不僅僅侷限於物質事務，因爲這是一般人會立即感受到的生命情境，所以我才會集中地探討這個層面。其實我們可以說，這是一個以緩慢而切實的方式累積各種資源的時段，包括物質和心理上的資源，而它們都能爲你帶來更大的信心，因爲你明白自己已經擁有了某些支撐與動力以及深層的理解和資源，可以讓你度過餘生。同時這也是清點你過去（二宮就是三宮的十二宮）是如何在運用特定的技術與概念的階段，看看它們是否幫助你生產出了一些東西，或者被證實是無效及不實際的。如果它們被證實是有價值的，而且你對它們已經運用自如了，那麼你通常會在土星準備離開這個宮位時經驗到經濟情況的改善。

土星推進三宮

當土星推進三宮時，原先的那些對現實事物的考量現在都安歇了下來，而開始以深度的學習來加強職業資歷的累積，以及增長個人的價值感。這個階段的感覺不再像前面的土象宮位那麼沉重，不過土星推進三宮的主要意義還得看此人是以智力發展為導向，或者所涉及的工作與溝通、旅遊有關。在這個階段裡人們往往會有無謂的擔憂，見解或知識深度上的不足感通常會變得很明顯。這是應該專注於新觀念、新技巧、新事實的階段，而這些都會強化一個人在表達上的深度與實用性。這也是做研究或進行深度思考的最佳時段；人們會把精力傾吐在建構自己的教育計畫、改善教書或寫作的方法、建立表達意見的模式，對於嚴肅的分析、實用的思想以及更精確地表達概念的能力，也會越來越重視。許多人會在這個階段裡挑燈夜讀，還有些人則發現他們說話的語氣和方式改變了。這樣的發展之所以會產生，是因為人們感覺自己的觀念和見解必須建立更紮實的基礎結構，因此人們會在這個階段裡接受更多的教育，或是進行私下的研究來達成目的；雖然本階段學到的觀念、論據及技巧未來並不一定會用到，但是對各種技術和觀點的熟諳，卻能提供更寬廣的知識背景，以便將來在比較和研判各種理論和觀念時可以用得上，對於以經驗作基礎的方法也會比較有辨識力。

為了加深自己在智力上的安全感，在這個階段裡擴大學習和研究的範疇是必要的；因為之前你一直是以抽象的方式在表達意見和觀念，並沒有直接的經驗。有許多個案也顯現出旅行活動的增加，原因是職業或家庭的職責使他必須這麼做。同時這也是個不再「漫無目標」的階段，包括智識領域，也包括和他人的關係在內。人們往往會清楚地界定與親友關係的底限在哪裡。

土星推進四宮

土星進四宮是落實於安全保障和基本需求的階段，同時也要處理歸屬感和內心的安寧之類的問題。你可能會認眞地考量自己在社群中的位置是什麼，而且往往會在居家環境裡建立秩序及鞏固感。當然不同的人會有不同的理解，不過通常會顯現出兩種與家有關的現象，第一，你原先的室內設計功能無法達成你的目的，因此可能會在這個階段裡改變居家環境，在屋子裡或院子裡增建一些設施，甚至搬新家；第二，你的家庭責任會變得沉重而明確。你可能覺得被周圍的環境束縛住了，因此想進一步認清自己的界線在哪裡，包括家庭生活，也包括人生志業在內（十宮與四宮呈兩極對立）。事實上，當土星進四宮時就該規劃好未來的志業應當如何發展，而這也許會導致你搬遷辦公的地點或做生意的地點，至少你可能會重整你的工作環境。最後要提醒大家的是，土星進四宮往往會讓人經驗到某些業果，這些業果是跟過去的創造力或戀情有關的，因爲四宮可以說就是五宮的十二宮。

土星推進五宮

土星推進五宮與土星推進一宮是很類似的——都會讓一個人對自己抱持更認眞的態度，而且經常出現活力低落的情況。由於五宮是跟太陽和獅子座相關的宮位，所以土星推進此宮會影響到一個人的喜悅感、自發性以及心中的安寧。有人曾抱怨過他們在這個階段幾乎沒有一點樂趣，而且覺得自己不被愛、不被欣賞。如果能認淸土星進此宮最主要的目的是要促使我們察覺自己如何在運用生命力——身體及性上面的能量、愛的能量以及其他形式的創造力——就會了解爲什麼會產生那些負面的感覺了。我們並不是突如其來地經驗到前所未有的阻礙和制約，而是認淸了削弱以及制約住能量的恐懼和障礙是什麼，或者創造力與愛的本質是被什麼樣的恐懼或障礙遮蔽了。簡而言之，我們可以在這個階段開始面對那些令我們感到衰弱、缺乏創造力、不被愛或無法愛人的恐懼和習性。我們也可以更深入地探索自我表達的模式，同時以負責和守紀律的方式，而非戲劇化的誇示和空泛的賣弄與人互動。

土星在這個階段帶來的壓力會把你拋回到自己身上，讓你發展出屬於自己的創造力和愛，而不再向外尋求滿足。但是那份孤獨和不被愛的感覺，也可能讓你無意識地向伴侶、孩子、愛人或其他人索求更多的關注；你可能在不知不覺的情況下變得過於苛求而令你想接近的那個人感到不悅，繼而使你產生被拒絕的感覺。這時如果能以誠實、盡責的態度表達出眞實的情感和忠誠性，那麼這個階段也可能帶來很深的滿足；你會發現缺少了責任感，這個世界根本不會有眞正的愛。你對別人表達出的愛此時將變得更具有保護色彩，而這樣的感覺在面對孩子時會顯得格外強烈，因爲這正是與孩子深入連結以及負起責任的階段。這個時期也可能被帶有土星特質、魔羯特質或年長的人吸引，因爲你會在這類人身上感受到一種目前所缺乏的穩定性。土星的冷靜、淡漠以及理所當然的態度，在這個階段往往顯得很有魅力，因爲你正在緩慢地學習對情感的需求抱持客觀和不執著的態度。有人也會在土星推進五宮時想要利用別人（無意識地希望自己能墜入情網）來減輕那份孤獨感，或者企圖逃避自己缺乏深刻而可靠的愛這個事實。

這個階段內心會生起一股強大的壓力，試圖創造出某些東西來，而這會迫使你在創作習慣上養成良好的紀律，並且更努力地讓自己的創造管道暢通無阻。如果你在藝術領域裡有一些企圖心，那麼這段時期就應該規律地進行你的創作，不再仰賴瞬間產生的「靈感」。你會發現任何一種創作活動，都是宇宙能量透過你這個管道完成的，並不是直接從你的內在發出的。換句話說，如果我們的業力要我們創造出某種東西來，我們就必須按步就班地付出一些努力，好讓這股創造的能流透過我們展現出來。不過這點很難辦到，因爲我們在這個階段裡通常是信心不足的，因此可能會害怕失敗或封閉住自己。這時我們會以過度認眞的態度來看待生命的所有面向，因爲我們把自己看得太嚴重了。其實就算是卓然有成的作家、藝術家或其他人，往往也都會在這個階段經驗到工作上的挫敗。如果我們能夠在這段期間認淸靈感是很平常的東西，工作卻不平常——百分之九十五的創意都來自艱苦的工作——我們就能鞏固自己的信心，讓創作表現上的方法變得更紮實。誠如亨利・米勒（Henry Miller）在他的札記裡所寫到的：「如果你創作不出東西來，就該努力地工作！」此外威廉・福克納（William Faulkner）也回答過他在何時進行寫作的問題：「我只有在想寫的時候才寫……，但我每天早上都想寫點東西！」

由於五宮本是遊戲、嗜好以及娛樂的宮位，所以土星進五宮也會對這些領域造成影響。這時人們經常會工作過度，很難把時間空下來享受自己，即使是休假也很難放鬆，因爲你會一直思索著某些嚴肅的東西。還有的情況是，過去的某些嗜好現在變成了一種按步就班在進行的事業。如果我們把五宮看成是六宮的第十二宮，便可能出現對這個階段的另一種洞識：你過去的工作成果是什麼、你是如何執行責任的，個中的眞相都會在這個階段示現出來。它們可能示現成一種因深層的滿足而帶來的快樂，或是創造的能量穩定地湧出，也可能示現成徒勞無益的耗損或冒險投機，爲的只是補償從未藉由努力而獲得任何成果的遺憾。

土星推進六宮

土星進六宮是一個人在思想、工作、健康以及習慣上自我調整與改變的階段。人被內在的渴望及外在的壓力所驅使，而變得在現實生活上更有組織力、更能自律，尤其是工作和健康這兩方面。變換工作以及工作結構是很常見的事，同時也可能出現慢性病徵狀。我見過一個相當沒有組織力也沒有效率的人，突然在此階段變得幹練起來，連他自己也禁不住說道：「我簡直不敢相信這些日子以來我做了多少事。我的效率變得奇佳無比！」土星進六宮會促使我們決定自己該做什麼，並且有能力分辨什麼是重要的事、什麼是無關緊要的事。有時辨識力會在這個階段變得過於活躍，乃至於因過度苛求而導致身心症或憂鬱症。這種自我苛求傾向也會讓我們開始發現，與我們一起工作或生活的人對我們眞正的感覺是什麼。我們會認淸自己究竟是有用的，還是被別人當成了一種負擔。換句話說，由於六宮就是七宮的十二宮，所以我們會在這個階段意識到各種關係的結果是什麼。

土星進六宮主要處理的是每一個層次的自我淨化。在這個階段產生的許多健康問題，其實都跟一個人的飲食習慣以及血液中的高度污染有關。身體似乎會在這個階段拋掉許多不淨的東西；若是不跟這個淨化過程合作，某些病徵就會示現出來，因此土星推進此宮，乃是調整飲食、建立運動習慣以及其他良好習慣的最佳時機；或者我們可以在這個階段進行斷食、嘗試有淨化作用的食療。這個階段最重要的就是健康問題和工作問題，這些功課會讓你意識到必須在日常生活裡建立起某種習慣模式，以便土星通過下降點進入七宮時開始面對另一個生命階段。

土星推進七宮

就像土星推進任何一個宮位一樣，此宮位也會同時示現出不同層次的現象。譬如我的某些案主在這個階段開始建立工作上的夥伴關係，當土星推進八宮時，經濟情況就變得更鞏固了些。所有的關係在這個階段都會被認眞看待，人們經常會在此時爲特定的關係負起更多的責任。大部分的人似乎都會把焦點放在重要關係或婚姻關係上。當土星通過下降點開始往天頂的方向推進時，人們往往會認淸自己在關係上的需求、侷限及責任是什麼；人們也會在這個階段逐漸進入更大的社會舞台，參與更多的社交活動。如果你在過去一直把某份重要關係視爲理所當然，或者覺得這份關係並不符合自己的需求，那麼這個階段就可以用更實在的態度來面對它。（土星推進本命盤的金星形成相位時，也會有同樣的情況發生。）土星會讓你在某個生命領域裡變得更落實，因此土星進入此宮，意味著你應該試著以更明確更穩重的態度，來面對那些會影響你整個身分認同以及生活方式的關係（請留意，當土星與下降點合相時，就會同時與上升點成一百八十度角！）如果你對關係的期待過高，或者覺得它無法再維持下去了，那麼在此階段就可以用更客觀更超然的方式面對這些事實。同時你在關係中的態度和行為也可能變得有點冷淡與保留，因此你的伴侶或許會質疑你為什麼顯得比平常退縮了許多。其實你只是想跟對方保持一點距離，看看自己到底該涉入於這份關係到什麼程度；這麼做至少不會讓你的伴侶把情況想像得更糟。無疑地，這是一個試煉婚姻和親密關係的階段，但這個階段所感受到的壓力有多大，完全取決於這份關係多年來的品質以及真實狀態是什麼。

在我的經驗裡，土星推進七宮所造成的離婚率，不會比木星推進七宮更高——因為當木星推進此宮時，我們會想打破目前的關係帶來的侷限性，但土星推進此宮卻是為關係做決定或付出承諾的時段，最重要的是你會在這個階段以更客觀的方式看待你的伴侶——你會發現她或他是一個有別於你的獨立個體，而不是一個讓你投射的對象或附屬品。簡而言之，如果一份關係是健康而富有彈性的，它就會讓你充分體驗你自己，並且會讓你以充分的覺知去跟其他人或社會互動。如果是這樣，那麼這份關係就可以維持下去；這將會是你在這個階段裡認清的真相，雖然這份認識必須歷經艱難的考驗。但如果一份關係是不健康的，那麼這份關係的本身以及你對待它的方式，就必須在這個階段重新加以釐清，此外你也必須決定你將付出多少的精力讓這份關係變得可行。

土星推進八宮

土星進入八宮強調的是財務情況、性愛、心理或靈性等各個層面的問題。由於八宮是跟冥王星以及天蠍座相關的，因此這個階段最重要的就是終結某些老舊的生命模式——放下強烈的欲望或執著——當這個階段結束時，你很可能會體驗到一種重生。在這個階段裡，某些外在情況可能會帶給你挫敗而促使你去面對一些事實，或者你會發現欲望的終極支脈是什麼、長久以來自己是如何在運用力量的：包括經濟、性、情緒、靈性及玄奧次元的力量。有許多人在這個階段會經驗到深刻的痛苦，但原因很難清楚地指出。有些人甚至把這個階段的經驗描述成「煉獄」，因爲他們的欲望和執著會經歷一段去蕪存菁的過程，而他們對深層生命能量的覺知也會覺醒。簡而言之，這是一個面對生命底端的時段，也是面對被忽略被怠慢的核心經驗的階段。有許多人似乎會在此時專心致志於精神生活的核心實相、死後的世界以及死亡等重要的面向。這也是一個以更實在的態度面對死亡這個無情事實的階段，這種對死亡的覺知會促使一個人投入於遺產、共同資產以及不動產的處理。這個階段也會促使人面對其他的重要財務問題，但最常見的現象是人會在此階段尋求保護自己的方法，並且會建立最深的「靈魂的安全感」。

同時這個階段也會認清性生活的意義，以及自己是如何在運用性能量的。某些個案會顯示出性方面的挫折，從而促使她或他變得更自足與自律。還有的人會切斷某些性的出口或活動，學會養精蓄銳，把能量運用在治療和更富建設性的目的上。還有許多人會在此時大量地進行玄學上的研究，從事靈性上的鍛鍊或其他形式的探索。我覺得很重要的一點是，我們應該把八宮看成是九宮的十二宮，換句話說，土星推進八宮會讓你看到企圖活出自己的理想或信念的結果是什麼，而這會示現成一種轉化——可能是喜悅的，也可能是藉由必要的痛苦來進一步地釐清人生的理想。

土星推進九宮

土星推進九宮乃是要消化多年以來的經驗，將它們和各種有意義的理想、哲學或自我改善的攝生法連結起來。許多人會在這個階段建立起對事物更深的了解，也許是透過旅行、學術訓練、聽演講、參加教會活動，或是藉由個人專注的研究來發展出這份理解。我看過有人把上述這些可能性全都涵蓋在內，甚至去國外讀書進修。基本上，這是弄清楚自己的終極理想的階段，方式也許是在哲學、宗教、形上學的領域進行研究，或是對法律、社會問題的理論深入地探究。你的人生信念需要在這個階段予以釐清，因為它會變成往後引領你以及指引你的典範。

簡而言之，大部分的人會在這段時期產生自我改善的強大驅力，這意味著讓自己符合更高的思想典範。另外有些人則會渴望到世界各地旅行，或者研究不同的主題來成就更寬廣的生命視野。對那些比較能接受一般的自我改善觀念的人，這個階段也可以開始一種學術訓練上的規劃。這是運用心智能量的大好時段，也是透過教學、演講或出版來影響別人的時期。同時我們必須注意九宮就是十宮的十二宮，因此它代表你的企圖心所帶來的成果，而這可能示現成不滿足與焦躁不安，或是認淸自己在表達知識方面必須下更大的功夫。這個時段也在爲繼起的十宮階段鋪路做準備，那時你的成就將取決於這個階段在思想典範上下了多少功夫。

土星推進十宮

土星通過天頂進入十宮時通常關注的是企圖心的達成。你會期待達成事業上的某種成就，建立自己在社會的角色和地位，發揮你對社會的影響力，鞏固工作的結構。有時這個階段也會感受到屬於這個領域的挫敗感，或者因肩負過多的責任而產生焦慮。但這種情況會發生，主要是因爲你所建立的事業結構不夠實際或壓力太大，因此並不符合你眞正的本質。與傳統占星學的說法相左的是，你的企圖心不一定會在這個階段遭逢挫折。

其實這個階段只代表你必須更加了解自己的企圖心的範圍和意義。事實上有些人的事業會在這個階段達到頂峰，完成可觀的成就與聲望，雖然從我的經驗看來，這樣的現象並不如格蘭特・路易所預期的那麼常見，但也算是普遍了。同時這個階段也會讓人對自己已經達到的成就產生一個超然的視野，這跟一廂情願地認定自己的成就是截然不同的，也跟一般人眼中的聲望有所差異。如果我們把十宮看成是十一宮的十二宮，就可以進一步地把這個階段看成是你的人脈、目標及個人獨特人生目的（十一宮）的結果（十二宮）。如果你在此階段對事業或職業結構產生了挫敗感，那麼就代表你未能有效地把個人目標和社會理想統合在一起。你可以在土星進入十一宮時朝著這個方向去努力。

土星推進十一宮

大部分的占星著作都沒有把十一宮的定義說清楚，它們經常都是含糊而令人困惑的。在我看來，本宮最主要象徵的是你此生的個人性志向、你在社會裡的作用以及未來想要的發展。它可能是最具有未來性的宮位。若是有太陽或重要行星落在此宮，那麼此人就會特別關注未來的發展，包括他們想在未來達成的境界，以及社會將朝著什麼樣的方向發展。

因此土星推進十一宮，暗示著你將在這段期間發現自己已經做了什麼、還未做什麼、未來該做的是什麼，尤其是與他人或整體社會將產生什麼樣的關係。你會在這段期間弄清楚你可以帶給別人什麼，因爲你已經擁有了某種社會地位（在十宮時打下的基礎）。這個階段最重要的就是認清自己的個人性目標：不再是事業上的目標，而是個人此生眞正的目標：你眞正想成爲的那種人，以及你最適合在人群中扮演的角色。你會在此階段認清自己最私密的期望、願望以及與人類需求相關的個人性志向。你會在這個階段裡以負責的態度對待所有人，而這份強烈的關懷將促使你用更清明的態度來面對朋友、同志以及更大的團體。有時你甚至必須與某些朋友或團體切斷聯繫，或者你會在與他們互動的方式上負起更大的責任。舉例而言，某位女士在土星推進十一宮時變成了單身旅遊團的導遊。由於此宮與寶瓶座有關，因此這個階段你會把自己在前面十宮的所學散播出去，或佈施給他人。

土星推進十二宮

如同我們在一開頭所提到的，土星推進十二宮與一宮可以說是人生最重要的時段之一。土星在十二宮會讓你面對土星在其他十一個宮位的週期循環的結果，包括曾經有過的思想、行爲以及欲望的總結。你在一宮時所展現的自我，現在已無可避免地讓你必須面對它所帶來的果了。如果這是此生土星第一次來到十二宮，那麼從過去世帶來的業果就會在這個階段面臨一種了結。無論如何這都是某個老舊的循環週期的結尾；因此人往往會經驗到不滿足、困惑、失去方向，還有一種當老舊的生命結構瓦解時的情緒制約感。換句話說，那些曾經帶給我們意義與方向的企圖心、價值、優先選擇、活動及信念，都會在土星進入十二宮時消解掉；因此，這個階段的頭一年左右會有一種失落或缺乏方向的感覺，直到你確立了新的價值以及對生命更練達的態度為止。

許多人會在這個階段實驗各種面對人生的方式，這時舊有的執著已經被證實是空虛而不再有生命力的，因此你會在這個階段釐清自己的理想和終極的靈性導向。簡而言之，這是一個釐清生命的超驗或精微次元的時段，雖然這些面向通常很難言喻，但只有它們才能幫助我們在面臨人生的障礙及挑戰時，產生出內在的力量。

十二宮一向被稱為自我孤立的宮位，因此在這個階段也會出現某種程度的孤立傾向。這個時期的上半段經常會感覺自己是處在一種情感被監禁的狀態裡，外在世界好像變得很遙遠，很不真實。這是應該朝著內在發展的時段，如此方能接上情感與靈性的能源；如果我們在此時無法有意識地選擇向內探索的方向，那麼外在情況就會迫使我們經驗到某種形式的孤立，而這會讓我們毫無選擇地必須以超然的觀點來省視我們的人生。不過我所見到的情況大部分是案主渴望擺脫外在世界的掛礙，選擇一種孤立的生活形式，譬如跑到寺廟裡閉關，或者放下那些過去認為有意義的活動以及人際互動。這是一個研究靈修、神祕學或玄學的大好時光。也有許多人會特別想要往音樂、詩詞或視覺藝術上發展，因爲這些東西必須藉由意像、能量振動以及直覺表達出來；邏輯和理性思考這時已經失去了它們的作用力。也有的人會朝著人道活動和社服工作去發展，藉此而找到人生的價值。

這個階段經常會出現健康議題，而且是無法診斷出的身心症，似乎只有靠著心理治療與靈修才能生效。身體的能量在這個階段也會非常低落，因爲舊有的人格結構已經完全消解掉了，情緒上自然會出現被掏空的感覺。其實老舊的結構被消解掉，爲的是讓新的生命方向和結構誕生出來。這個階段之所以會覺得沒有方向，乃是因爲內心正在等待、織夢以及探索新的方向，所以往往缺乏牢固的界線或足以落錨的基地。這時你正在等待和準備著新結構的誕生，但只有當土星通過上升點進入一宮時，這個基地才能建立起來。這時如果能認淸一個嶄新的「你」正要被塑造出來，而它是沒有任何負擔的，那麼當土星從十二宮漸漸趨近於上升點時，你就會變得越來越輕鬆，越來越快活。

〔第六章〕

本命盤的相位帶來的轉化

若想讓一棵樹的樹枝伸向天堂，它的根就必須深入地獄。

——中古世紀煉金格言

一個人也許會朝著完美奮鬥，但必須在相反的那一面受足了苦，才能使自己變得完整。

——榮格

上面這兩句話我們要永遠牢記在心，才能了解占星學相位的意義：生命本身需要我們遭遇各式各樣的經驗，包括光明的、黑暗的、好的、壞的、容易的、艱困的，這樣我們才能增長自我覺知，變得更完整。我們之中有許多人已經了解了一個事實，那就是越困難、越痛苦的經驗，越是能幫助我們理解人生，促進我們日後的成長。由於二十世紀初期的英國與美國正瀰漫著各種類別的意識形態，所以大部分的占星著作都沒有將這一點考慮進來。那個階段發行的占星著作幾乎把本命盤的每一對元素，都按照「輕鬆」或「困難」相位的分類法來分成好相位或壞相位，於是某種狹窄而扭曲的人生觀，就在閱讀過這些書籍的人的心中發展出來。

近幾年來，有許多占星著作及演講家對這些負向的、扭曲的觀點產生了反動，而發展出了比較細緻的、更傾向於心理學的觀察角度，這種趨勢的創始者其實是丹恩・魯依爾及馬克・艾德蒙・瓊斯。不過這種對極端言論的反動，也令許多以成長爲導向或採取正向態度的先驅們，爲了彌補傳統占星學犯下的錯誤而走向另一個極端——過度強調生命的光明面，故而忽略了黑暗面。過去被視爲困難的相位，這時開始塗上了理想的糖衣，因而忽略了某些困難相位確實能顯示一個人眞正的問題，甚至可能是此人最重要的缺失或負面特質。因此依我看來，現在正是以更實際的態度來面對占星學的時刻，這意味著我們必須對自己和自己的人生觀抱持更實際的態度。人生是充滿著艱困與煩惱的，但也因爲如此，才能爲我們的靈魂帶來深刻的學習經驗。如果把本命盤看成是代表生命潛能與模式的象徵符碼，那麼此象徵符碼勢必包含一個人最關鍵的問題在內，而這些有問題的領域正是我們可以成長和學會重要功課的部分，不過本命盤通常無法顯示我們會以何種態度去面對我們的業力和宇宙遺產。由於我們無法單憑本命盤就能決定內心會產生什麼態度，所以占星師在衡量行星結構時必須十分小心，因爲它們雖然彰顯出了一個人內在的某些主要「潛能」，但並不意味這些潛能已經示現成既定事實。因此在任何一次的占星諮商對談裡都必須注意到這一點，才能讓占星諮商師清晰地意識到某種足以引領個案的態度和典範。

由於某些人能夠把困境和問題視爲生命的一部分，內心經常保持樂觀，因此本命盤顯示出的困難相位在這類人眼裡並不是什麼重大問題；如果占星諮商師過度強調這些困難面向，案主可能會覺得這位諮商師只是在激起各式各樣的煩惱，而沒有建設性的目的；星盤解讀往往會變成占星師這一方的單向表演。反之，占星師若是能向案主解釋困難相位乃此生必須面對的挑戰，那麼一個傾向於積極思考的案主，就會有興趣想知道這些挑戰將爲他的性格、內在力量以及認知帶來何種啓示，而那些過度在意自己、容易惶恐不安的人，則可能從嶄新的角度去看待這些困難。挑戰、困境或問題不但有益於我們的健康，還應當被視爲一種學習必要功課的機會，誠如榮格曾經說過的：

> 懼怕命運是很容易理解的一種現象，因為命運既無法估量，又充滿著未知的危機。官能症式的遲疑傾向會促使人採取旁觀態度、不涉入任何帶有危險性的生存掙扎，藉此來逃避積極的行動。但任何一個拒絕體驗人生的人勢必會壓制住生之欲望——換句話說，他勢必會造成某種程度的自殺（from *Symbols of*

Transformation, CW Vol.5, par.165）

當然，沒有任何一位占星諮商師會認爲自己是在鼓勵案主發展出「官能症」式的行爲；但是讓案主對命運感到恐懼，認爲只有好相位出現時才能採取行動，並想盡辦法躲開危險以及困難的情境，這樣的占星形式其實是在促使案主過度依賴占星師，而且會阻礙案主發展出眞正的自信。或許傳統所謂的困難相位只是在指出案主內心最大的壓力點，而這份壓力也還是可以用樂受的態度來面對的。我要再一次引用榮格的話：壓力越大，潛能就越大；對立的元素之間往往會產生最大的能量。

基於這個理由，本書後面涉及到相位的幾個章節，將不會採用傳統所謂的輕鬆／硬式、好／壞的分類方式，而是以下面的分類法呈現出來：

動力或挑戰相位：這兩種名稱指的就是傳統所謂的「緊張相位」或「不和諧相位」，包括九十度角、一八〇度角、一五〇度角、某些合相（要看涉及的行星是什麼），以及某些四十五度角、一三五度角和其他的小相位（要看星座的元素之間是否和諧）。這些角度都跟內在壓力有關，而且往往會促成某種確切的行動，或至少會在那個特定領域裡發展出更高的覺知。雖然這些相位確實有「不和諧」的成分，但這樣的形容詞經常會誤導案主，因為案主還是有可能負起責任，發展出比較和諧的表現方式，減輕從其中釋放出來的緊張壓力。

和諧或流暢相位：這兩種名稱指的就是傳統所謂的「輕鬆相位」或「好相位」，包括六十度角、一二〇度角、某些合相（要看涉及的行星是什麼），以及某些小相位（要看星座的元素之間是否和諧）。這些相位與自發的能力、才華、理解力及表達力有關，通常有這些相位的人比較能輕鬆地、前後一貫地運用與發展這些能力。這類人可以在任何時刻擷取這些穩定而可靠的心理資糧，雖然她或他可能傾向於將能量和注意力凝聚在比較具挑戰性及動力的相位上。這些流暢相位確實代表能發展出不凡才華的潛力，而這些相位與動力相位的不同之處，就在於它們代表的是已經發展得相當穩固的存在狀態和表達能力；動力相位卻代表必須藉由努力、明確的行動或新的表達形式來進行調整。

在詳細探討相位之前，我們不妨檢視一下爲何動力相位比較受占星學的關注。是因爲有負面傾向的占星師在強調人生的困難面向上獲得了虐待狂式的享受，還是有其他的對這個現象的解釋呢?卡特在他的《占星學的相位》這本書裡做了一些釐淸，他說：「不和諧相比較會示現成明顯而淸楚的外在現象，因此較容易拿來出來談論。」卡特的這個觀點證實了某個占星學派——宇宙生物學派（Cosmobiology）——的一貫主張，此學派幾乎完全漠視和諧相而比較喜歡參照動力相位；其實任何一個熟習宇宙生物學派底端之假設與導向的人，都很清楚他們感興趣的主要是事件、重大的改變、明顯的創傷，以及在物質世界發生的事，而非個人面對經驗時的心理反應或靈性上的意義。我自己也很強調這些動力相位，但並不是因爲我的諮商方向與宇宙生物學派相似，而是因爲這些角度代表人可以藉由聚焦的經驗獲得成長。此外由於我的諮商經驗主要來自與個案的對話（我不完全仰賴本命盤的研究和探索），因此比較傾向於透過案主的人生危機來發現正向潛能。基於這個理由，在這一章裡我將會強調動力相位，藉以釐清大部分占星教科書的負面詮釋。我尤其會集中探索三王星所涉及的相位，因爲它們特別能揭示個人業力的轉化。

從現代觀點看相位

二十世紀末期，現代占星學出現了許多新的理論、詮釋方式以及各種層次的應用法則，故而導致了難以消化和理解的後果，尤其是有關相位的議題，似乎非得透過大部頭的著作才能說明清楚。現代的研究與臨床經驗顯示中點（midpoints）、行星完型圖（planetary pictures）（涉及許多行星與中點的占星完型圖）以及泛音盤（harmonics）均能提供占星師額外的工具來理解人類，而且經常比傳統的方法更能帶來洞見。我們發現不同行星之間的關係（亦即人類的心理／身體／能量等不同次元的關係）不是只參照兩個行星之間的相位就算了，也不能像多少世紀以來的傳統占星學那樣一直強調某些特定的角度。如同本書前言所提到的，現代占星師已經很習於談論行星之間的對話或交互作用，即使沒有傳統所謂的緊密相位，行星之間仍存在著各種關係。越來越多的人發現行星所涉及的任何一種配置，皆能決定某些心理因素的本質以及釋放出的能量之基調。這些要素令人很難在詮釋特定相位上建立可靠的法則，因爲你會發現同樣的一種基本相位，往往會有各種不同的示現方式。

因此，如果有人一直在關注占星學最新的研究發現，覺得有必要將這些新的洞見整合到他們的諮商中，同時覺得基於自重必須重新評估傳統占星學的有效性，那麼他們就會發現占星學已經變得越來越困難，越來越複雜。這層發現令這個領域裡的某些人不禁感嘆時不我與，然而這些不斷在增生的方法和概念還是帶來了兩種正向效果。首先，它能促使我們更致力於研究出富有整合性的方法，就像我在我的幾本著作中嘗試做到的那樣。在占星學的框架內早就埋藏了這樣的整合原則；我們不需要透過電腦分析再去發明或發現新的法則，我們只需要以更深的理解與更清晰的認識將其運用在生活上面。第二，這些新概念可以讓占星學員或從業者更加認清本命盤不只是刻板而簡化的資訊來源，因此他們必須仰賴自己的洞見、體認和諮商能力，來發展出屬於個人形式的占星方式。

占星領域看似永無止境的成長與發展，讓其他的要素也不得不納入考量。其中比較明顯的一點是，如果占星諮商師有相當多的客戶需要諮商，那麼即使是傳統的占星技法都很難完全應用上，更何況是那些創新的方法了。對這樣的專業占星諮商師而言，生存考量與顧客當前的需求通常會超越他心智的好奇傾向，如果把焦點集中在顧客的需求而非層出不窮的增生資料，那麼某些基本的占星法則所能提供的資訊已經足夠了，因此很少會動用到更深的洞見。譬如我發現威恩（Wynn）發展出來的「關鍵週期循環系統」（Key Cycle System），〔註一〕就是極爲精確而富有穿透力的方法。我發現它經常能清楚地象徵某些人的發展或導向，比一般採用的推進和移位法要更精準些，雖然如此，我卻根本沒時間將其用在自己身上，更何況是我的那些案主了。我很少會記掛它，雖然我發現它通常能帶來額外而可靠的資訊。我的諮商方向是跟個案建立私人性對談，星盤對我而言主要是一種引領系統和人格結構藍圖。忽略掉一些比較瑣碎的資訊，應該不會讓一位優秀的諮商師在幫助顧客得到更清晰更正向的人生洞識上碰到阻礙！

另外有一個必須謹記在心的觀點，如果我們把本命盤看成是一張樂譜，那麼它必定會示現出不同的主旋律。這些主旋律可以透過許多占星方法來發掘，但大部分時候採用

〔註一〕韋恩的《關鍵週期循環》最初是發表在一九七〇年的美國占星師聯盟（AFA）的會報裡面，目前仍然可以在此機構的會冊裡找到這一系列的文章。

複雜的新技法並不能揭露任何重要的新主題，而只能進一步地強調或提出一些傳統方法之外的細節。換句話說，這些流行的新技法並不能提供可以立即用上的攸關個人心理本質的洞見。這些新觀點都十分有趣，也很具有挑戰性，或許它們會促成更多的研究數據和預測上的應用，但那些面臨困境的人又該怎麼辦呢？這些方法該如何運用在諮商裡面呢？它們如何能協助占星師幫助個案了解自己，而不只是說服一些「科學家」，成功地預測某些事件？這種種情況令我們更加認清占星學已經變成高度專業化的領域，其中一些占星師主要的工作是諮商，其他人則埋首於研究或是理論上的創新，重點在於每一位占星從業者都得察覺自己獨特的角色乃是要促成占星學的拓展。如果一個人的角色是占星諮商師，那麼不論非正式地協助親朋好友，或是已經成為專職的占星從業者，都得小心不要讓諮商情況變得過度複雜。原型式的人類問題或劇情通常會重複再三地出現，其強烈度就像從未發生過一般，因此幫助個案面對這些問題是需要高度技巧的。我們的目的乃是要協助個案洞察自己的情境，讓他們藉由更深的了解來活出更完整的自己。

特定相位的性質

許多作者都談到個人能量場裡的幾個能量中樞（行星）與相位之間的關係。在威廉·戴維森醫師有關醫藥占星學的講演裡，我們可以發現某些最實際的攸關這些行星勢力與身心關係的洞見。在那場演講裡，他以相當具有原創性的方式探討了不同相位與各種疾病之間的關聯，不過當然，相位代表的能量潛力是跟好壞無關的：它們只是朝著和諧及快樂或有害及痛苦的方向去展現的傾向罷了。戴維森醫師在醫學領域裡體認到的占星象徵符號的應用，無疑地說明了動力相位確實比和諧相更容易帶來身體上的疾病；因爲動力相位會激起內在的緊張，在身心上造成壓力。但一個人將如何處置這份壓力，或如何疏通這股能量來釋放內在的緊張，才是會不會逐漸導致嚴重的健康問題，或將其運用在創造性目的上的關鍵所在。我們不該低估心智和意志的力量，因爲我們的思想、理想以及欲望，可以爲我們能量場裡的這些勢力帶來微細的改變。持懷疑論的科學家已經透過超覺靜坐的實驗，證實了禪修確實能改變身體的某些韻律，而且能釋放身心的壓力。

另外有一個觀點必須再度提出來，那就是占星師必須依照行星的本質來衡量每一個相位的意義。有許多可觀的證據已經證實傳統所謂的「和諧相位」能帶來利益這件事並不眞確，因爲它們經常也會帶來揮霍無度或其他的問題。舉例來說，有海王星呈和諧相的人可能會展現出海王星的負面特質：嗑藥問題、逃避傾向、虛僞的靈性追求或不夠落實的態度，甚至是嚴重的心理解離傾向，譬如精神病、無法控制的妄想症、妄自尊大的錯覺，或是沒有能力有效地面對物質世界。另外有天王星呈和諧相與天王星呈動力相位的人，同樣也可能顯示出自我中心、無法與人合作或「我是全知的」症候群，而且會對自己的興趣過度亢奮，乃至於對別人極不耐煩。木星呈和諧相的人則可能顯現出懶散的自我耽溺傾向，總想依賴別人而非靠自己來完成艱苦的工作。相反的，行星形成的動力相位（細節將在下面的章節裡繼續探討），雖然無可否認它們也會彰顯出衝突與問題（有時是同時出現），卻往往象徵著極大的專注力、內在力量以及創造力。如果我們能認清努力和痛苦中的價值，而非將本命盤看成是跟生活分開來的現象，就能夠以正確、深刻以及實際的方式來了解這些相位。我最喜歡的詮釋相位的法則如下：

落在特定星座上的行星，代表的是自我表現與追求圓滿的根本衝動。相位則透露了能量流動的實際狀態，以及個人必須付出多少努力才能把特定的衝動表達出來，或者才能滿足某種需求。

換句話說，特定的相位並不能告訴我們這個人會或不會做這件事或那件事；它無法告訴我們一個人能不能達成和體認某些事，也無法告訴我們此人將付出多少努力才能達成某種結果。我們可以再加進一些解釋，那就是整張星盤必須佐以個案的歷史、背景、周遭的環境以及特定的教育訓練，才能夠讓我們產生清晰的概念以判斷此人眞正的才幹與業力模式，能不能促使其去滿足這些衝動和需求。

了解一般占星法則的侷限之後，我們現在可以開始從能量流動的理論來分析相位的特質，不過必須記住，下面這些概念只是在描述特定能量在精微次元的運作方式，而這些能量可以示現成各種不同的行爲模式和人格特質。爲了化繁爲簡，我們將以早先談到的動力或挑戰相位以及和諧或流暢相位來分類。流暢相位顯示出兩股涉入的能量（亦即個人存在的兩種次元）是以和諧的方式在共振的，而且會在個人的能量場裡彼此補強，有點類似兩種磁波和諧地融成一種統合的複雜能量。譬如說，如果水星與火星呈和諧相，那麼這兩股能量融合起來就會製造出心智上的力量、強而有力的表達方式、強韌的神經系統，以及有能力將想法付諸明確的行動。就好像水星以其智力引領火星的自我堅持，同時火星也能強化水星的觀點和言語上的表達能力。這樣的行星互動關係或許可以用圖一來說明。

換句話說，流暢相位代表的是一種穩定而強韌的存在狀態與一致性，也就是能夠以輕鬆而流暢的方式運用能量（但這並不意味個案不會誤用這些能量；這只代表個案可以輕鬆地讓能量流露出來）。

動力相位則顯示涉及的能量無法以和諧方式共振。它們似乎會干擾到彼此的表現，而且會在能量場裡製造壓力，就好像兩股磁波的關係不和諧，故而形成了一種不穩定或焦躁的基調，但不穩定或焦躁的能量也會促使人採取確切的行動以解決內在的緊張。讓

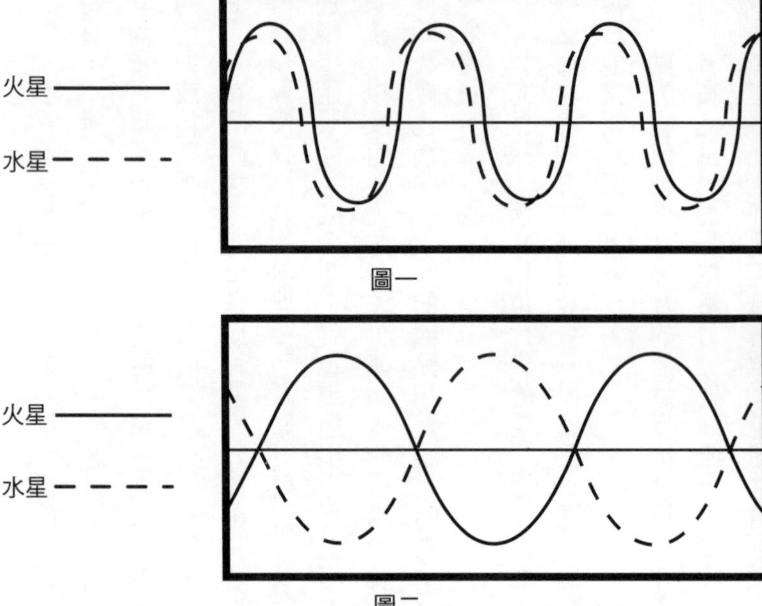

圖一
圖二

我再次引用水星與火星的例子。假若這兩個行星之間呈現動力相位，就會示現出溝通上（水星）的不耐煩傾向（火星），或是在學習（水星）上有強大驅力（火星）、在表達概念及意念（水星）上有過度用力的傾向（火星），神經系統容易受刺激或是批判性過強等等。但若是能成功地控制和引導這股內在的緊張與過敏傾向，這類人反而有能力凝聚強大的驅力，發展出卓越的心智技巧。這兩個行星之間的關係可以用圖二來說明。

拿圖二的能量圖對照電學上的理論，將會帶來更大的幫助。電學上有一種說法是，間隔六十度的三面電流通常是阻力最小的；這相當於占星學裡的次和諧相（六十度）及和諧相（一二〇度）的概念。反之，呈九十度或一八〇度的電流則是張力最強的，往往會讓電線的溫度升高，有時電壓也會變得過高或者完全沒有電壓；這相當於占星學的衝突相及對立相，因爲它們會讓個人的能量變得不規律，時而和諧，時而製造出相互的干擾或靜止狀態。這種能量流動上的變更，卡特稱之爲「間歇發作」的能量展現；個案時而具備大量的能量，有時又覺得精力耗竭。請注意一下圖二，那兩條線有時交錯，有時分離，變動性顯得很大。當張力達到顛峰時，會有更多的能量釋放出來；這股額外的能量可以被有意識地導向某種建設性的目標，否則就可能爲個人的生命帶來爆發性的問題。

尼可拉斯・迪沃爾（Nichlas De Vore）的《占星百科全書》（*Encyclopedia of Astrology*）對相位提出了卓越的概論，我覺得這本書的確是占星領域裡的經典之作，裡面充滿著學術與常識上的啓發性。這本書指出，一切有機體都是由細胞構成的，細胞的形狀和六角形的蜂巢很類似，而六角形又是最主要的和諧結構模型。工程界的人也「發現」六角形是最強韌最節約的儲藏櫃形式，其實數百萬年來蜜蜂一直在建造這樣的儲藏室。書中繼續談到有關相位的問題：

> 當創造之光於外呈現六十度角、於內呈現一二〇度角時，必然會照亮一個

結構的所有部分，而且影響是非常均衡的。無論是六十或一二〇度角，創造之光都能夠以和諧的振動激勵成長。與其相反的則是一種結晶化的過程，在磁學與電學裡都可以發現到它，亦即兩股力量以直角相互影響——一種會破壞有機體的幾何關係，其結果是兩股伴隨在大自然左右的不相容力量，不顧它們對彼此的反感，共同攜手朝著整體的和諧性而努力；一個是奠基於九十度角相位差，另一個則是奠基於六角形的相位——衝突相與和諧相。

占星學上的假設是：大自然裡不同結構的潛藏能量會藉由九十度角的相位釋放出來，而這是對組織結構有害的；一二〇度角的相位則是大自然建設性的一面，藉由這股能量，有機體會被創造出來，並因為獲得滋養而持續地存在，直到這個有機體再度遇見破壞性的相位為止。（p.26）

從以上的解說我們可以推演出兩種相位的分類方式：「能量釋放」組以及「結構維繫」組。能量釋放組的相位指的當然是九十度角與一八〇度角，雖然某些合相以及小相位（要看涉及的行星和星座的元素是什麼）也象徵特別具有動力的模式。結構維繫組的相位主要是六十度角與一二〇度角，但某些合相與小相位也可納入這個類別中。除了行星的角度之外，我們還要觀察其星座的元素，才能決定它是動力相位或和諧相位。「結構維繫」這句話的意思，也可以用能量流動得格外穩定來描述。先前曾解釋過六角形乃是特別穩定以及能夠帶來生命力的結構，其實正三角形也是一個自給自足的形式；金字塔就是最顯著的代表，它比數千年後建造的任何建築物都要持久。能量釋放組的相位所代表的結構乍看上去是極爲穩定的，但是從能量流動最有利的點去看這個結構，卻顯得不太穩定，而且比六角形、正三角形容易毀壞。一個人的本命盤裡最好有能量釋放與結構維繫這兩組相位，因爲能量場會因此而產生兩組互補的能量。

至於能量如何透過結構維繫的相位而運作，答案應該是很明顯的，因爲這些相位大多涉及到和諧元素的組合。還有一點必須提出來，那就是，能量將如何透過動力相位而釋放出來？如果動力相位涉及的是基本星座，那麼釋放出來的能量就會顯得焦躁不安、有強大的行動驅力、勇於開始新的計畫以及面對危機。此人通常是一個充滿著計畫的行動家，而且追求的方向很具體。如果涉及的是固定星座，就會有根深柢固的習性模式，繼而促成極爲專注的能量，並且會示現成頑固的意志。不過這股能量一旦釋放出來，就會有達成具體成就的非凡意志力與能力。如果涉及的是變動星座，那麼釋放出來的能量則似乎會透過心智的管道顯現出來，而且興趣十分廣泛，總是渴求各式各樣的經驗來滿足學習欲。

以下將概略說明主要相位的某些重要觀念：

合相：

本命盤裡的任何兩個行星之間的合相（或是行星與上升點呈合相），都應該被視為星盤的重點，因為它代表的是兩股生命力的緊密互動與融合。在占星學裡合相是最強而有力的，尤其是涉及個人行星（太陽、月亮、水星、金星及火星）或上升點的合相。上述行星的合相幾乎永遠能描繪出一個人生命的主要面向、首要動機與需求，以及特別強烈的能量流動模式和個人性的展現。合相的基調就是行動與自我投射，我們會發現個人行星或上升點成合相，通常會顯示出一個人在自我展現上最持之以恆、意味最深長的面向，而且比其他面向更能代表這個人的本質。

次和諧相（六十度）：

多年來我一直不清楚次和諧相的意義，直到有人告訴我上升點的次和諧相通常會連接到三宮宮頭或十一宮宮頭，而這兩個宮頭都跟風象星座有關，也跟朋友、心智上的追求以及藉由不同的經驗來進行實驗有關。因此，次和諧相似乎涉及到對新奇事物的開放度，包括接觸新的人、新的觀念、新的態度；而且它象徵著藉由新的人或觀念來達成新的學習。次和諧相主要代表的是伸縮性和理解的潛能，而且屬於一種心智面向，不過還是要考量涉及的行星是什麼。最重要的一點是，次和諧相或許代表我們可以在某個人生領域培養出嶄新層次的理解，以及可以帶來更自由的客觀性。

和諧相（一二〇度）：

和諧相意味著能夠以輕鬆自在的能量建立表現的管道，（不過要看涉及的行星是什麼，因為有時也會顯現出缺乏紀律的傾向）。和諧相使人不需要建立新的結構或做出顯著的調整，便能創意十足地運用這股能量。和諧相所涉及的行星代表生命某個面向的能量可以自然地統合，而且可以和諧地共同運作。此相位往往顯示出一種「存在」而非「做」的形式；因為擁有這種相位的人往往會把其中的能力或才華視為理所當然，而不覺得有必要將這股能量運用在建設性的方向。甚至有許多個案對自己天生的才華完全察覺不到，除非別人鼓勵他們，才會去善用這些能量。因此，和諧相代表我們可以在某個生命領域經驗到複雜能量的和諧流動。它們代表一個人可以放鬆和享受自己的那個面向；至於其中的因果業力究竟是什麼，我們不妨假設這些相位象徵的是過去世已經發展出來的能力，所以此生才能如此輕易地顯現出來。

掙扎相（一五〇度）：

行星呈一五〇角，通常顯示的是兩個生命領域之間的強烈能流，但此人可能會覺得這兩股能量太衝動或不斷地帶來困擾。此人幾乎必須發展出超越這種衝動的敏銳辨識力以及某種形式的自律，才能為這兩個生命領域帶來轉化。由於涉及的兩種元素必須依賴對方的能量，所以此人可能會發現不加以處理的話，似乎很難滿足另外那股能量所代表的需求或衝動。因此，此人應該辨認的就是如何細緻地調整自己對那兩個生命領域的態度，而不是完全革除掉過去的模式或造成內心的隔閡感。

衝突相（九十度）與對立相（一八〇度）：

本書前幾章已經解釋了許多挑戰相位代表的潛能。在這兩種挑戰相位中，衝突相是比較麻煩的，因為它通常代表涉入的兩個行星元素是不和諧的，而且必須付出很大的努力，才能整合這兩股分歧的能量。衝突相顯示出能量必須被解放的領域，而且得藉由特定的行動才能建立新的能量結構。反之，對立相涉及的行星則是互補的元素，因此經常顯示出一種能量場裡的過度刺激，這尤其會為個人關係帶來最大的挑戰。

這種相位通常代表缺乏客觀性，因為此人會將其本質裡的一些面向投射到他人身上，所以很難分辨到底是自己的問題還是別人的問題。但個人本命盤與合盤裡的衝突相及對立相，卻能促使我們去覺察自已的欲望與能量。我們可以說我們需要衝突相及對立相帶來的挑戰，同時也要靠和諧相帶來的資源去面對這些挑戰。挑戰相位涉及的張力可以驅使我們採取行動，來改變內心與外在的不如意情境；如果我們不面對這些挑戰，就會停留在挫敗和騷亂裡。

挑戰相位比和諧相位的能量要高出許多；爲了釋放內在的張力，人往往會在這些生命領域裡付出更多的努力。一旦能有效地面對這些挑戰，此人就會獲得比和諧相更大的滿足感。我們可以說，衝突相位代表你必須在當下面對其中的能量，和諧相位則代表你能自然地投入其中。不過單看本命盤還是無法判斷你會偏愛緊張相位帶來的挑戰，還是和諧相位帶來的自在感。許多占星學家都認爲衝突相位具有一種土星特質：你不得不處理的問題。另一種土星特質則是恐懼，因爲我們會害怕面對本命盤裡的衝突相位所代表的難題。在面對這些難題時，我們必須記住恐懼才是我們最大的敵人。害怕挑戰會使我們缺乏足夠的能量來有效地面對問題。我們時常會看見一張本命盤裡非常缺乏衝突相與合相，這些人似乎從不學習面對問題和挑戰，他們總是活在自己的世界裡（一個充滿幻覺的世界）；他們的問題似乎都是在這一世創造出來的，而非由過去世的業力延續下來的。

相位與業力

挑戰相位所涉及的行星，讓我們明確地看到此生必須面對的業力是什麼，這類相位尤其能顯示出我們最深的執著和最不平衡的情緒模式。這些受制或障蔽住的能量，似乎在某種程度上能促使我們發現當下的行爲、情緒、思想及欲望的眞相是什麼，如果這些思想或行爲不能暢然無阻地展現出來，我們又如何能學到任何東西呢？我們只會延續舊有的模式而沒有任何自省或自我分析。挑戰相位反映出我們在過去世如何誤用了能量，基於這個理由，那些負面習氣才會延續到這一世。雖然如此，我們還是可以在這一世轉化這些不平衡或受制的業習。和諧相、次和諧相以及合相也可能顯示出執著傾向，不過這些執著傾向並不會造成精神上的破壞性，也不會帶來生命力的阻礙或低落的情緒。本命盤裡的特定相位必須和其他元素一起考量，而且要拿來對照個案目前的生活形式、成就以及理想；以下的說明或許能爲讀者帶來一些相位上的指引。下面的這些行星如果形成挑戰相位，就會顯示出以下所描述的執著傾向：

太陽：執著於自己是與眾不同的人。

月亮：執著於過往的歷史、家庭、宗族與俗世生活的寧靜（期望外在世界能變得完美）。

水星：執著於心智和智力上的優越性。

金星：執著於他人、身體上的舒適以及情緒上的滿足。

火星：執著於行動、成就、贏得別人的歡心以及達成自己的欲望。

木星：好大喜功（缺乏謙遜的胸襟）。

土星：執著於權力、權威性、聲望以及社會的認可。

接下來的章節裡我想集中探討天王星、海王星以及冥王星的相位。土星的相位已經在第五章裡探討過了；除了土星的相位之外，三王星所涉及的相位才是眞正的「轉化相位」（我們會在第十章裡討論上升點的相位）。此外我將會強調三王星與個人行星形成的相位，因爲這些相位會在內心造成直接而帶有強迫性的驅力。

天王星的相位

如果土星相位代表的是缺乏自由、必須自律或是在表現上保持低調的領域，那麼天王星的相位就代表必須敞開心胸去經驗新的事物，而且要以徹底客觀的態度面對眞相。天王星與個人行星所形成的相位，顯示出我們在那些生命領域裡有極強的衝動想獲得表現上的自由，而且想不斷地進行實驗、得到激勵。在其相關的領域裡，我們很想與衆不同，從綁手綁腳的傳統以及過去的制約裡得到更大的獨立性，因此經常顯現出一種原創力、發明能力與豁達的客觀性。雖然有天王星與個人行星或上升點成緊密相位的人，都可能有表達模式上的正向展現，但我們還是得牢記天王星代表的是一種高度緊張、容易激動以及善變的振動頻率，它一瞬間便可能產生改變而跳到另一極，而且不斷地需要刺激。這種沒有目標的改變，往往會導致缺乏耐性、狂熱主義和一意孤行。在考量天王星的相位或其他外行星的相位時，如果只從建設或破壞的角度去衡量一個相位，往往會造成誤判；因為天王星比其他任何一個行星都更能代表意識的兩極面向，因此絕不是非此即彼的。換句話說，一個天王型人通常會同時展現出正向與負向特質。集中探討天王星的相位本質時，我們不妨建立下面幾個原則：

一、天王星的相位透露出一種能量流動或活動上的突發性韻律；它會在瞬間改變，而且是完全無法預料的。天王星能量的創造性會連帶地出現一些不盡理想的特質。

二、根據威廉·戴維森醫師的說法，天王星與突發性的活動有關，所以慢性病很可能是由這種能量上的痙攣所造成的。〔註二〕天王星的能量對肉體的影響是很激烈的，因此任何一個與天王星特別相應的人，都應該學會處理天王星在神經系統上造成的持續性壓力。

三、天王星會強化任何一個它所接觸到的東西，因此與天王星形成緊密相位的個人行星通常會被強化，速度也會加快，同時會產生高伏特的洞見、驚人的衝勁與體驗。（天王星與電力相關似乎是真實不虛的事，人類發現天王星的那個時期正是全球都在普遍利用電子科技的時代；此外，天王型人一向以驚世駭俗的作風聞名於世。）

四、天王星帶來的客觀性與非個人性的自由精神，在某種情況下可以說是一種正向品質，然而這種傾向往往會伴隨著缺乏熱情、甚至是冰冷的抽離態度，對自己的深層感受以及對別人都是如此。不過這一點得取決於它所涉及的星座是什麼。

五、基本上，天王星是很難被僵化地歸類或清楚地加以說明的，因為它會打破所有的準則，而且非常樂於粉碎傳統慣例。

六、總結來說，天王星會在某一個人的生命領域裡造成從一極跳到另一極的現象，並且會快速地斬掉過去世帶來的習性痕跡。它會透過令人興奮的、嚇人的或帶來創傷的危機，讓人進入新的經驗領域。不論以哪種形式，不論喜不喜歡，你都會面臨選擇嶄新生活方式的實驗機會。

在考量以下的行星相位時，我主要想探討的是這些能量以及經驗的特質，不過我將會特別強調緊張相位的能量是如何顯現的。我不想浪費時間去重複其他作者已經詮釋過的內容，譬如卡特的《占星學的相位》以及艾倫・歐肯（Allan Oken）的《天宮圖、道路及其旅者》（*The Horoscope, the Road and Its Travellers*），這兩本書都包含了相位上的卓越解釋。〔原書編按〕此處我主要想說明的是那些我認為比較有趣、不尋常、重要或未被

〔註二〕威廉・戴維森醫師的這篇有關醫藥占星學演講稿，是由紐約蒙羅的占星學推廣局（Astrological Bureau, Monrol N.Y）發行的。

詳加理解的相位。

太陽與天王星的相位

有這些相位的人會被天王星的能量影響，而帶著自我中心、容易興奮和無法揣測的特質。此人在各式各樣的活動上經常都帶有創意，可是卻很難在任何一個專業領域裡定下心來，因爲她或他不斷地需要新的刺激，而且非常不喜歡落入例行公事。因此這些人在一生中可能會經歷各種生活方式、工作類型以及不同的關係。他們很想加入更大的團體或完成更宏大的目的，同時卻覺得與人合作是很費力的事，而且顯得缺乏耐性。他們在本質上幾乎永遠帶著一種獨立性，似乎認爲自己有權力做任何事，而不管己身的責任義務是什麼。你會在這些人的身上發現一種「我什麼都知道」的態度，尤其是呈緊張相位的人特別容易顯現這份特質。

不過這些人眞的是富有科學精神；他們會開放地經驗任何事情，爲的是親自弄清楚孰眞孰假。太陽與天王星成緊密相位會顯現出太陽在寶瓶座的特質。這些人的生活結構與自我表現模式會有階段性的巨大改變，當其他的行星推進或移位而與太陽成重要相位時，通常也會活化天王星的能量。

和諧相位與緊張相位的差異可以用下面的觀點來看待：太陽與天王星呈和諧相的人，

通常都能在既定的生活結構裡整合自己的衝動、實驗以及洞見；太陽與天王星呈緊張相位則會經驗到一股內在的張力，驅迫著他們以激進的手段跨越目前的生活方式進入未知領域。若是呈和諧相，此人的意識就比較容易在舊有的基礎上建立新的態度與人生方向；呈緊張相位的人則經常感覺自己必須除去所有老舊的痕跡，方能徹底經驗自己的潛能。這兩者都會有突發的洞見——雖然這些洞見有時並不正確，也不可靠——呈緊張相位的人比較會在不確知的情況下產生極端的見解。

和諧與緊張相位都會促使一個人去探索思想與行爲的新疆界；兩者的差異似乎就在於，呈緊張相位的人比較無法處置那股想要改變的衝動，而且比較難承受後續發展出來的張力，因此會藉著脫離常軌或老舊的生活形式來釋放那股張力。呈緊張相位的人故而時常拋棄其他人會珍惜的事物，他們對更新穎、更自由的生活領域感到興奮，而且似乎覺得爲了進入新的領域，必須無情地、毫不保留地放棄舊有的一切。因爲他們認爲有權力去做自己想做的事，所以對自己的計畫也不太保密。他們會展現出毫不妥協的誠實與

〔原書編按〕卡特的著作必須細心地加以研究，才能透悉其最深的洞見。不過因為他的言論有時的確顯得僵固或偏頗，而且喜歡以好壞來論斷相位，所以最好以保留的態度來看待他的某些評斷。此外我們必須了解這本書是在一九三〇年撰寫的，那時這種占星語言是很常見的，因此他仍然可以算是具備理性觀察能力的好書，而且是少數能夠讓我每讀必有新的洞見產生的占星著作。

誠懇，而且對別人的感受通常是不夠敏感以及缺乏分寸的。如同我的太陽與天王星合相的編輯所言，不論太陽與天王星成什麼相位，這類天王型人的任務就是要徹底表達他們的個人性，以證實每個人與生俱來的獨特性和價值。如果能超越自我中心傾向，這些人往往會成爲眞正富有人道精神的天王能量管道。

月亮與天王星的相位

上面描述的天王星與太陽相位的特質和準則，也可以運用在天王星與月亮的相位上。如同卡特所指出的，月亮與天王星的相位經常顯現出適應人生變化上的困難度，以及缺乏伸縮性的特質，不論和諧或緊張相位皆是如此。因爲和諧相的能量通常比較懶散，因此有這類相位的人不太願意適應外在的改變，只想停留在目前的慣性行爲裡。某些呈緊張相位的人也會出現缺乏伸縮性的態度，不過其中有些人卻很急於改變，故而能迎接那些更新自己生活方式的外來刺激。星盤裡有月亮與天王星呈緊張相位的人，似乎別無選擇地必須適應週期性的劇變，而且早年就會出現這樣的傾向。如果從月亮落在寶瓶座的角度去理解這類相位，可能更容易明白一些，因爲這些人既渴求變化與多樣性，又極力想掌控一切，故而發展出了抗拒改變的傾向。寶瓶座既帶著開放的實驗性，又帶有一種對特定觀念或態度的狂熱傾向和固著特質。如果一個人的月亮也是落在寶瓶座的話，這種複雜度就會更明顯。

有這類相位的人特別具有敏銳的直覺（和諧相通常顯示出可靠而穩定的直覺力），因爲月亮本身就是一個帶著接受性和直覺力的行星。月亮與天王星呈緊張相位的人經常渴望以激烈的方式改變自己的身分，並且想去除過往的制約。這類人裡面有許多會在此生經驗到一或多次的名字上的變更。有的人是因爲母親改嫁而在年輕時就改了名字；還有的人換名字是因爲它能象徵身分上的轉變。

卡爾・培恩・托比（Carl Payne Tobey）曾發表過一些有關相位的犀利見解，他指出那些有行星與天王星呈緊張相位的人，經常會在做決定時感受到一股「潰堤般的洪水」從內心湧出。這些人可能會不停地搬家，擁有這些相位的男性也可能覺得一夫一妻制大大約束了他們想要做實驗的需求，同時也制約了他們在情感上的表達模式。托比同時指出，月亮與天王星呈和諧相位，會帶來極爲獨特和有益的品質，譬如能夠在某個領域裡幫助別人提高工作效率。他說：「卓越的反省力，令這類人在任何情況下都能產生正確反應。」同時他指出，這類人可以在正確的時間產生正確的洞見；他們內心的反應與當下的行動能恰當地調和一致。也就是說，一個人的個人行星（特別是太陽、月亮或水星）若是與天王星呈緊密相位，往往有能力在一瞬間從其他次元擷取信息和知識來對治眼前的問題。只要他們能辨認什麼是眞實而客觀的知識，什麼是狂熱而情緒化的主張，就可以善用這些信息。

水星與天王星的相位

水星與天王星的相位象徵著邏輯意識與宇宙意識之間的調和性；不過要考量的是它們之間的和諧程度有多高。這些相位都代表一個人的神經系統與覺知受天王星的影響而加快了速度，以致於能夠展現出極大的洞察力、發明才能、原創力以及記憶力；不過其心智運作的方式卻不太可靠，有些反覆無常，緊張相位尤其如此。這些相位象徵著一種不尋常的聯想力，可以把毫不相干的概念串聯成洞見。這類人心智運作的速度快到令人覺得有點不合邏輯，甚至有點荒謬，而且他們多半會對那些思維遲緩的人不耐煩。如果一個人的心智很明顯地和天王星相應，那麼其概念通常會顯得相當合乎邏輯，雖然她或他可能會在做結論前省略掉分析的過程。這類人也可能對傳統教育中的道德感到不耐煩，因爲這會讓創意或原創思想受到限制。

雖然他們的心智似乎是透過直觀而非邏輯在運作著，但其實是經過邏輯思考的。這類人幾乎永遠有神經緊張的傾向，而且思想顯得有些古怪，其原創想法的幅度非常寬廣，雖然缺乏前後的連貫性。某些極端的例子會顯示出「我什麼都知道」的現象，而且有崇拜知識的傾向。有這些相位的人幾乎都會被瞬間出現的洞見或新切入的想法所撼動，因此似乎缺乏心智上的自制力，而且思想前後不太一致。關鍵之一就在於這類人對自己的想法感到無比的興奮，而且會對自己的心智運作方式著迷，以至於很少能安靜下來聆聽別人說話，也很難吸收別人的回應來修正自己最初的印象。這種缺乏耐性的態度會造成他們無法輕鬆地與人產生關係；如果我們根本無法聆聽別人的觀點，又如何與人建立關係呢？尤其是水星與天王星呈對立相的人，特別會顯現出反覆無常的心智運作模式。此類人可能有詳盡而精準的記憶力，能夠快速地理解新觀點，但某些時候卻顯得心不在焉或極為固執己見。雖然他們的心智活動前後不一致，卻似乎有能力在重要時刻向自己的知識庫裡擷取洞見；他們的心智往往能夠在緊要關頭發揮充分的作用。我認識的一位醫生就有水星與天王星的對立相位，此人在醫學院就讀時向來是不唸書的，只有在考試前才臨時抱佛腳。他可以在考前快速搶記書中的內容，並且獲得高分，他最後是以第三名畢業的。在個人層面他沒有任何親近的朋友，因為他根本無法和諧地與人交流：他對每一個人都缺乏耐性，因此沒有人喜歡接近他。他極為固執己見，而且缺乏這類相位所顯示的開放心胸。這種對立相位的困難之一就是無法與人溝通，而他就是一個明顯的例子。

金星與天王星的相位

大部分的占星教科書對金星涉及的相位詮釋得都很差，因此在探討金星與天王星的相位之前，我們應該釐清一個與金星相位有關的重點。本命盤裡的金星相位以及它所座落的星座，通常會顯示出一個人與人互動時是否能帶著覺知。金星呈緊張相位並不意味此人不被愛，或是無法在內心裡感受到愛；緊張相位代表此人可能會壓制住愛的表現，同時也可能阻止自己從別人那裡獲得關愛。

金星與天王星的所有相位在傳統占星著作裡詮釋得也都很差，尤其是緊張相位。傳統上認爲這兩個行星的緊張相位就是所謂的「離婚相位」，而且認爲它們和性欲反常、性關係雜亂有關。當然這些相位與此類經驗的確有些關係，但是按照卡特的說法，這些相位「並不傾向於雜交或低俗下流，說它們與性欲反常有關，是極爲誇張的講法。」雖然有此類相位的某些人似乎帶著這種傾向，但大部分的人卻是以更細緻的方式在展現這些能量。通常他們都強烈地渴求情緒上的興奮感與浪漫冒險，至於在性或感官享受上會涉入到什麼程度，則取決於金星座落的星座是什麼，同時還要看星盤裡的要素有哪些。如果金星是落在天蠍座或金牛座，那麼在性上面的實驗能力一定高於金星落在天平座、雙子座或獅子座，因爲金星落在某些星座比金星落在其他星座，更需要藉由身體的表達來獲得情緒的釋放和親密感。這些人通常會想經驗各式各樣的關係，而且會想在親密關係上擁有極大的自由；某些情況下這份需求可能會展現成同性戀、雙性戀、集體性遊戲或是其他反傳統的行爲（因爲天王星會促使我們以激進的形式突破文化上的規範！）。

不過大部分有這類相位的人，尤其是呈和諧相的人，往往會表現出所謂的「溫和的反傳統傾向」；他們大部分會對異性產生強烈興趣，而且幾乎都有活躍的社交生活，交往的人也都不會是太保守的人。

金星與天王星成和諧相的人，會展露出與各式各樣的人和諧共處的開放度，但即使是和諧相位，還是存在著一個顯著的問題，那就是善變與非個人性的特質令此人很快就對不再令人興奮的關係感到厭倦。疏離而不帶著個人性的天王星與敏感而個人導向的金星之組合，並不是最適合的互動關係；不過和諧相畢竟不像緊張相位那樣顯得困難重重。

金星與天王星組合中的衝突相位在情緒的不安上可以說是達到了顛峰。我們經常會發現這類人有自我中心、冷淡、對人不敏感的傾向，他們往往不顧別人、堅持自己有作任何實驗的權力，這種傾向為他們最重要的關係製造了浩劫。合相、衝突相、掙扎相及對立相都可能顯現出同樣的傾向；不過其中的對立相特別容易有關係上的問題，因為金星本身以及對立相的本質都象徵著關係。這些緊張相位的自我中心傾向經常被人點出來，卻從未就內在動力的角度說明過。其實這類人通常對個人性的親密之愛感到恐懼，他們覺得這樣的承諾會限制他們情感上的自由度。他們的情緒能量場裡總是帶著一股緊張又反覆無常的特質，而這會示現出不安全感或難以取悅的態度，雖然你並不會立即察覺到這一點。他們有一種不想被愛的傾向，因為他們習慣於把承諾下去的情感突然收回來。

害怕受傷往往會讓一個人註定受傷，而害怕遭受拒絕通常是這類有緊張相位的人十分常見的心態。這些人會無意識地向他們的夥伴、愛人或朋友發出下面的訊息：「我並不眞的需要你！」藉此來處置自己的情感，因此他們會奉自由之名給他們的伴侶極大的空間。然而這個空間有時可能會變得太大，乃至於兩人之間的鴻溝越來越深。他們的伴侶可能會收到一種訊息：「我已經對你感到厭煩了。我不需要你了。」這麼一來，這些人就會強迫他們的伴侶去尋找更深刻更溫暖的關係。有緊張相位的人會同時示現出自我中心與不夠敏感的行爲模式，但同時又會抱怨：「沒有人愛我。」我們可能會假設這種處理關係的模式是從過去世延續下來的，但重點是這樣的能量模式仍然會在此生出現，這些人會在此生繼續製造出自己的不幸。這類相位的轉化目的似乎是要讓人學習自由（天王星）地給予愛（金星），不過要帶著某種程度的敏感度與平衡性，才不致於太背離人類的情感模式。

火星與天王星的相位

火星與天王星之間的相位往往顯示出強而有力的能流，而且會示現成果斷、進取以及源源不絕的能量。這類相位會顯現出一種強烈的不安於室傾向，以及容易興奮的特質，尤其是在性驅力、肉體活動與野心上面。這類人通常擁有一些勇氣、領導才能、發明創造的才能以及獨立性。如同卡特所言，這類人「非常了解自己的心智運作模式」，但不能簡化地說他們永遠能理解其背後的動機是什麼，因爲這些相位代表的是衝動的冒險精神與行爲。這些人會被新的知識領域和活動所激勵（必須看火星落在什麼位置），而且經常會有工程和機械方面的才華（我認識的兩位女工程師都有火星與天王星的對立相位）。這些相位會帶來極大的緊張度，尤其是衝突相，它們會不時地爆發出憤怒和暴力的舉動（身體、言語或情緒上的暴力），而且會無意義地破壞一些東西，或者會出現性行爲上的暴力。雖然這些相位以暴力著稱並不是沒有理由的，但這些強而有力的能量並不需要以這類形式展現出來。舉例而言，許多的治療者、發明家或超級推銷員都有火星與天王星的相位。露斯・蒙哥馬利的那本精彩著作《天生的治療者》（*Born to Heal*），就提到過一位火星與天王星呈九十度相位的A先生，此人的傳記也顯示他確實可以運用這些能量來達成治療效果。不過還是要看火星和天王星或其他行星之間的關係是什麼，以及火星座落的星座位置是什麼。如果這兩個行星或其中之一與個人行星或土星成和諧相，那麼此人的暴力傾向就會降低。在衡量這些相位時有一些重要的問題必須考量：此人控制這些力量與引導這些力量的能力夠不夠，所涉及的活動能不能吸收這些強烈的能量。其實這類能量最佳的特質就是可以處理各式各樣的挑戰和危機。事實上，她或他經常無意識地在尋找挑戰和危機。如同卡特所說的，「在危機時刻這些相位會顯示出最佳衝突相尤其會顯現出缺乏耐性的特質，而此人的無法放緩腳步或降低自我的極端傾向，可能是這個相位最糟的特質了。他們的意志力裡面經常帶著狂熱傾向，而且非常渴求粗糙的刺激，如同卡特所說的，「不計後果地想要依自己的方式行事。」如果他們能夠以更專注更細緻的方式來經驗這股興奮感，那麼這些相位就可能呈現出不尋常的創造力。然而大部分擁有這類相位的人都強烈地需要自由，完全不喜歡任何形式的制約，因此他們的能量場會散發一種焦躁和惱人的氛圍。如果是這種情況，那麼卡特的評量就是正確的：「這類人並不適合一般的生活形式，尤其不適合婚姻生活或任何一種受制的例行生活方式……。」我經常懷疑這類人在過去世裡是不是曾經有過戰爭經驗，或者曾受過肉體與精神上的苦行訓練。

總括來看，我們可以說天王星與所有的個人行星形成的相位（尤其是緊張相位），均顯示出我們的態度、能量的調節與基本的生命結構必須產生根本上的轉化，如此才能突破那些阻礙我們發展的老舊存在模式。因此，天王星的相位必須接受的挑戰就是學習平衡那份對自由的需求，並且要爲自己許下的承諾負責。藉由強烈的能量擾動及強化，某種特定的經驗層面（與天王星形成相位的行星所代表的面向）就會歷經一些轉化，如此方能促使我們在短時間內藉由大幅度的經驗來獲得一些成長。藉著天王星的影響我們會被推進未來，開始接觸到嶄新而潛力無限的經驗，同時能抱持著開放的胸襟與客觀的態度。

海王星的相位

如同天王星的相位一樣，海王星的相位也代表我們生命中的某些次元（要看涉及的其他行星是什麼），我們可以在這些次元裡經驗到嶄新層次的自由。不過天王星與海王星所象徵的自由是帶著微細與重要差異的。如果天王星象徵的是個人主義、自我中心、任性、表達上的衝動，那麼海王星象徵的就是終極的、超驗的解脫渴望，也就是渴望擺脫自我與人格的束縛，從理智與自我的疆界裡解脫出來。海王星象徵著與衆生合一，與所有的存在融爲一體，消弭掉一切疆界、界分以及自我中心傾向。或許對海王星本質最實際的描述，就是其相位代表的是逃脫各種束縛的企圖，包括傳統、自我、物質世界以及日常生活的嚴酷考驗。雖然許多書籍都正確地說明了海王星相位與想像力有關，而挑戰相位則會顯露出自欺、困惑及閒散的傾向，但是它們都沒有強調海王星最重要的一個事實：海王星與任何個人行星或上升點呈緊密相位，皆顯示出有能力立即體悟經驗上的靈性面向以及衆生的一體性，而且挑戰相位比和諧相位更能將靈性典範融入日常生活裡。不過這些相位確實可能以負面形式顯現成自欺、靈性上的自我主義、自我破壞式的逃避傾向，或者逃避對自己以及別人的種種責任。雖然如此，這類相位顯現出的負面特質仍然代表此人已經開始感受到靈魂深處的渴望，不過她或他尚未了解這些感受的核心意義，也沒學會辨認這些感受的正確方法。之所以會有困惑，往往是由於此人仍想藉助外在世界的滿足來達成高層意識的覺知，或是徹底體悟到靈性上的理想境界，而這自然會導致幻覺，因爲海王星在本質上代表的是與內在的源頭連結，以及與經驗的無形次元相應。事實上我們可以說，海王星的挑戰相位就是要讓我們細膩地體認到靈性層面的價值與實相，其方式是徹底經驗到幻滅！與海王星成緊密相位的行星代表的就是這個遭到幻滅的經驗次元。

如同我們在第三章所提及的，海王星的挑戰相位比和諧相更能顯示出創意與生產力，其實我們可以把海王星與個人行星的緊張相位視爲「靈性追尋者的相位」。當然這並不意味有這種相位的人都會有意識地追求生命中的靈性面向；不過當一位占星諮商師看見海王星與個人行星的緊張相位時，她或他確實應該以同理心去探索此人更深層的靈性傾向，而不是只聚焦在這個相位所呈現出的日常問題上面。若是能強調這些相位的深層意涵以及此人最深的渴望，那麼占星諮商師就可能發現眼前的個案對困境有了截然不同的洞察，甚至領略到生命中的困惑是帶著靈性意義的，是對靈性發展有利的！因爲當我們從靈性的角度去看問題時，整個視野會產生根本上的改變：過去的重大問題現在變成了一種恩賜，過去認爲無法承受的痛苦，現在卻成了促使我們朝著超驗次元與悟境去發展的道路。

由於第三章已經探討過海王星相位的概要，所以我們現在可以繼續建立某些基本原則來幫助我們理解這些相位。讀者也許可以溫習一下第三章有關海王星的段落，然後再閱讀下面的幾個原則：

一、海王星相位代表的是通往無限與無量境界的生命領域。當一個人體驗到真正的開放性時，便可能面臨生命的某個具有無限可能性的次元——它與既定的思維結構完全無關，而且是無形無相的——這時就會體認到卡特所說的海王式困惑，「一種逃避具體行動和判斷的傾向。」這種不確定狀態會一直帶來困擾，直到此人發現必須採取確切的行動，從有限的觀點裡付出必要的承諾為止，因為我們仍然活在肉身裡面。換句話說，只要我們還是活在相對次元裡，就必須在相對次元裡行動，雖然我們的靈性會告訴我們；這樣的觀點是虛妄不實的。我們永遠不可能認識任何一個行動中的所有精微涵義，也不可能認識未來業力的全貌；因此我們必須活在當下，盡我們所能去行事，然後把其餘的留給上主。如同某位精神導師所說的，活在相對次元裡應該像個「誠心誠意的演員」，把分派給我們的角色盡可能地演好：活在世間，但不屬於它。如果我們不想變成海王式自欺傾向的受害者，那麼敏銳而細緻的靈性辨識力就是必要的，因為有了它，才能處理海王星帶來的強烈影響。

二、任何一個與海王星深深相應的人（譬如海王星與個人行星成緊密相位，或是個人行星落在雙魚座、海王星落在第一宮、上升點落在雙魚座），都極須找到一種明確而有紀律的方式，以表達她或他想要超越現狀或逃脫束縛的那股衝動。除非此人發現或是為某種靈性典範許下承諾——為自我發展訂定計畫或是找到一條靈性修持的道路——否則根本沒有可能達成內心的祥和；因為那股神聖的不滿足感會一直持續下去，直到她或他採取了確切的方式來對治這個問題為止。

三、海王星的任何一個緊密相位都可能（但並非永遠如此）顯示出此人有能力和極精微的次元交感。這樣的洞察力不但是源自於此人意識裡的靈性次元，某些情況下甚至可能是源自於心靈導師、靈界嚮導或星光界之存有的指示。這便是戴維森醫師所說的「天使降福」，亦即真的得到其他次元的存有的保護和引領。舉個例子，你有時會遇見某些美國人（尤其是年輕人）很清楚地知道他們有靈界嚮導，這些嚮導在過去世裡曾經是美國印地安人，而且是善於和不同次元進行交感的人，因為這就是他們在地球生活時受到的訓練。不過當我們開始談到靈界嚮導以及此類現象時，必須留意在這種海王式的經驗領域裡，誠實與清晰的辨識力是絕對必要的；因為有許多海王型人顯然已經陷落在此類幻覺中，故而往往以膨脹的態度誇耀自己的精神境界或「眼通能力」。除非我們能徹底落實下來，以誠實的態度面對自己，否則海王星可能會誘使我們去相信我們想要相信的事物，或是看見我們想要看見的東西。直接的靈性體悟與想像之間只有一線之隔。

四、在上段裡我們曾指出某些海王星相位可能代表對靈性能量的誤解或誤用。海王星與個人行星呈緊張相位經常暴露出一種業力模式——誤解或誤用了靈性能量，如果是這種情況，那麼此人在今生就必須面對這些傾向，並且要非常直接而積極地處理靈性上的理念與能量；換句話說，她或他必須建立一個新的結構，藉由這個新的結構，此人才能以更昇華更洗鍊的態度落實地展現海王星能量。如果能做到這一點，那麼過去世帶來的困惑、自我破壞式的逃避傾向以及自我膨脹的心態，才會逐漸地降低，繼而越來越意識到靈性層面的精微內涵。

五、與海王星呈緊密相位的任何一個行星的敏感度都會提升，其所象徵的經驗面向也可能受到啟發而變得更細微，甚至變得更「精神化」。然而敏感度一旦提高，並且打開了通往未知以及超驗次元的管道，那麼我們也會變得過於易感或是能量容易耗竭。此外，那份開放度如果令我們過於信賴別人而失去了防衛性，也很容易上別人的當。

海王星代表的敏感度和細膩特質，在本質上當然是一種正向特質，然而這樣的特質和態度在物質世界並不是特別適合。如果你不想受別人操控或是不想讓自己的能量耗竭，那麼這樣的接納性和精微度就必須受到保護。如果一個人擁有這麼高的敏感度，那麼活在這個物質世界勢必得「像蛇一樣的足智多謀，像鴿子一般溫柔」。海王星的能量會讓一個人變得極爲善感，乃致於容易被人欺騙、利用、佔便宜，而且會爲那些不該負責的事感到責無旁貸（源自深切的慈悲心），因此我們必須學習保護自己，但又不至於阻絕掉這份善感的品質。某位智者曾勸告過一隻蛇不要再去咬任何人，因爲那是邪惡的行爲。這隻蛇接受了智者的勸告，但不久它就發現自己經常被當地的居民騷擾，而且時常被孩子們用木棍毒打，因爲這些人都發現蛇不再咬人了。於是這隻蛇又去見那位智者，向他抱怨自己的兩難之局：「我如何保持在無害的狀態，同時又不會因爲受欺負而想去傷人呢？」這位智者的回答是：「我告訴你不要咬人，但我沒說你不要發出嘶嘶聲啊！」或許海王型人的確應該培養發出嘶嘶聲的能力！

我們現在可以檢視一下海王星與個人行星互動的情況，而且要像早先的天王星段落那樣強調其中的緊張相位。

太陽與海王星的相位

這些相位代表被更大更富有包容性的視野所引領。這種宏觀視野在本質上可能是人道主義的、政治的、藝術的或屬靈的。根據卡特的見解，太陽與海王星合相是占星家本命盤裡最常見的相位，而這兩個行星的其他相位，也經常顯現於那些對生命無形力量特別感興趣的人的星盤裡。一般的藝術家或是對各種類型的美感刺激很敏銳的藝術家，其星盤裡都時常見到這些相位。這類人多半能立即感受到能量的震動，也許是藉由音樂、色彩、靈氣、不尋常的治療方式或其他方式而感受到的。這兩個行星的組合並不意味此人就是不實際的（與許多占星教科書的詮釋相左），事實上這類人往往會顯現出不尋常的世俗能力（但也有人是完全「飄在半空中的」），不過還是要檢查整張星盤裡的其他元素是什麼。

有這些相位的人通常都富有遠見；你會很驚訝地發現這些人之中有多少眞的達成了自己的願景！傳統教科書經常指出這些相位缺乏清晰的頭腦，但似乎指的並不是這類人處理外在世界的方式，而是她或他對自己的覺知。他們往往顯示出強烈的自欺傾向；尤其是挑戰相位，而且幾乎永遠缺乏清晰的自我覺知，對自己的觀察也不實際。正確而實際的自我認識是很罕見的，因爲他們很難客觀地看待自己。這類人需要從別人那裡得到一些反饋，才能發展出清晰的自我感。由於他們對自己以及自己的動機缺乏洞見，所以很容易受騙。如同卡特所說的：「這類人由於虛榮心、同情心或兩者兼具而經常被玩弄。」雖然如此，他們仍然是非常敏感而富有慈悲心的（帶著一種非個人性的特質），而且道德標準很高、有靈性傾向或是具有人道情懷。主要的問題就在於他們拒絕面對自己的眞相，即使眞相是正面的、能帶來鼓舞的；由於他們會低估自己的能力，所以時常忽略掉自己的某些創造潛能。

月亮與海王星的相位

上面描述的太陽與海王星相位，同時也能適用於月亮與海王星的相位。不過其中有幾個特點格外明顯。由於月亮與海王星都是十分敏感、富直覺力以及接納性很高的行星，因此這樣的組合往往帶有神祕色彩、直覺力以及理想主義傾向，而且會獻身於一份理想典範（請注意，月亮與巨蟹座、海王星與雙魚座都跟奉獻有關）。由於這兩個行星與不斷在改變的、缺乏結構的能量相關，因此經常會示現出內在的焦躁不安，或是對自己以及所有事物都感到失望的一種「神聖不滿足感」。這類人很難安頓下來，因爲他們似乎直覺地知道無常的生命之流將會沖走他們的努力。

他們經常把父母或其中一人過度理想化；在男人的星盤裡，挑戰相位（包括合相）往往顯示出尋找伴侶上的困難，因爲很少有人能符合他們的期望，此外他們也經常把女人過度理想化（包括母親在內）。他們非常渴求情緒上的關懷、滋養及撫慰，而且極難被滿足；沒有人能符合月亮／海王型人投射在別人身上的那種無私的形象，而這通常便是這類人無意識地在尋找的對象。由於月亮象徵的是潛意識的制約模式，因此其自欺的潛力甚至比擁有海太相位的人更大。基於這個理由，這兩個行星呈現出任何一種緊張相位，都需要以絕對誠實的態度來加以面對，並且要盡可能地避開容易造成托詞的情況，如此才能揭露自己真正的欲望與需求。如果有這個相位的人能活出自己的理想而非去追尋這份理想，那麼此人就會變成靈性洞見與悲憫心的管道。

水星與海王星的相位

這兩個行星的互動一向顯現出特別敏感、有直覺力、甚至是富有遠見的特質；水海相位往往示現出思想上的靈感與顯著的藝術才能，但也可能示現成精微的操控力或是把自欺合理化的習性。他們可能會跟生命的高層次元相應，故而對美、色彩、音樂及神祕的眞理有敏銳感受，而且想像力格外活躍。他們或許有能力取得難以用言語表達的洞見或信息，這是因為海王星會讓心智通往無限次元，或是能立即觀察到當下的細微現象。這份觀察力若是以意象、象徵或藝術的形式表現出來，會比邏輯化的言詞更容易表達一些。事實上，這些人經常覺得用言語表達是很挫敗的事，不過也有人發展出了寫詩的能力。他們通常有寫作才華，而且是以小說、詩、玄學／神祕學或幻想的方式呈現出來的；他們比較不適合系統式的論述。由於他們的覺知已經敏銳到一種程度，所以很難讓自己的思想變得有結構。從表面上看來，他們的觀察力和智慧似乎並不高；當他們與人交談時，如果只從表面來觀察，可能會覺得其思想簡直是混亂不堪，但同時又覺得他們似乎能感應到你潛意識裡的欲望和動機。憑著這份直覺，他們往往有能力發現別人眞實的動機，甚至能藉此來操控別人而又不透露出自己眞實的想法；他們對別人能一覽無遺，同時又能掩飾住自己的欲望和觀點（冥王星與水星有相位的人，也會顯現這種特質）。這樣的傾向顯然無法帶來眞正的交流；明確而眞實的關係互動會被朦朧的恐懼以及潛意識的欲望所抑制，因爲他們會不顧別人的意見與事實，只願相信自己想要相信的東西。

水海的挑戰相位經常顯示出無法控制妄念的傾向，其心智會漫無目的地擷取各種無頭緒或不相干的觀點，而沒有任何節制。缺乏專注力是另一個顯見的特質，如果你很強調思想上的邏輯性與精確度，那麼跟這類人溝通是很容易被激怒的。事實上，跟這類人溝通有時幾乎是不可能的事，除非你能感應到海王星想要表達的精微覺受。這種掩蓋簡單事實的傾向會替這些人帶來各式各樣的麻煩，其中之一就是經常爲無謂的事擔憂。這些人若是能面對當下這一刻的事實，便能減輕心中的擔憂。這些相位也時常顯現自欺傾向（無意識的），尤其是挑戰相位，因爲水星代表的就是溝通與理性思考。這些相位會讓一個人合理化自己的動機而無法面對其中的眞相。從最好的角度來看，即使是挑戰相位，也能讓一個人展現非凡的創意、高尚的理想以及對未來的遠見，或者會被宗教情懷以及靈性議題所啓發。此類人在說話時往往示現出神祕的氛圍與魅力，這股充沛的能量乃是源自於更高的意識次元。

金星與海王星的相位

我們在第三章裡曾引用過卡特對金海挑戰相位的描述，因此沒有必要再重述這些概念了。我們現在要強調的是，金星與海王星的挑戰相位代表最眞誠的心靈追尋以及對神祕境界的渴望，這是因爲金星這顆愛的行星受海王星影響而大大提高了敏感度與理想性，故而讓擁有這些相位的人根本無法滿足於世俗的關係；她或他眞正渴望的是高層的合一境界。對愛和世俗制約不斷地感到幻滅，導致這類人往往會朝著靈性的方向去追尋。換句話說，他們嚮往的是最高境界的愛，而這份渴求是不屬於這個世界的。因此這類人會無意識地企圖逃避親密關係中的承諾，他們似乎全神貫注於理想之愛，一種不存在但又有渺茫可能性的完美合一之愛；這份情感上的執迷會讓這類人逃避眼前的眞實關係。我們可以說那份朦朧的夢想（有時是朦朧的恐懼！）阻止了這類人建立眞正的關係，而他們竟然還質疑自己的關係爲什麼會失敗！若想跟有金海相位的人建立眞實而徹底的關係，勢必會對此人的無法付出承諾以及無法捉摸的舉止感到挫敗。問題不在於這類人沒有愛，事實上他們通常是極爲仁慈和充滿著悲憫的；眞正的問題就在於他們感受到的愛是擴散而沒有焦點的（海王星！），他們那種有容乃大的感受很難縮小到一個人身上。同樣的傾向也會在金星落於雙魚座的人身上發現。我的一位朋友曾經向我描述過這類人：「沒錯，他們確實很有愛心，但因爲他們對所有人都抱持這樣的態度，所以你怎麼知道你在他們心中的意義究竟是什麼？」基於這個理由，有金海相位的人感覺最舒服的狀態就是把愛散播給更多的人，而不是只侷限在一個人身上。

這些人會由於心胸開放以及慈悲爲懷而經常遭到玩弄，要獲得他們的同情是很容易的事，他們甚至會基於同情而付出愛，尤其是挑戰相位。你會發現他們的情感與性導向中都缺乏辨識力，因爲他們把每一個人都想像得很好，所以容易遭到愚弄（海王星很容易把別人的觀點及動機理想化），因此他們往往跟不太高尚的人產生關係，繼而讓自己的情感或肉體遭受到傷害。在情感上無法聚焦的特質，也會在性上面帶來一些困難；你怎麼可能一邊三心二意地對其他人充滿著幻想，一邊又積極地涉入於某份關係呢？我曾經看過一些女性，她們雖然被異性吸引，卻很難在一個例行的關係裡繼續保持性上面的興趣。爲了讓她們熱情地投入於一份關係中的情感和性愛，其伴侶通常必須符合某種理想的形象，或是必須藉助人爲刺激才行（譬如音樂、燭光、酒精、藥物等等）。換句話說，這份關係必須注入一些東西才能變得不平常。也許上面的描述可以解釋爲什麼初次碰見這些人的感覺是那麼友善而充滿著愛心，但他們卻很難擁有一份令其滿意又具備生命力的關係。

最後，這些相位的藝術能力也應該探討一下。如同卡特所描寫的，「這些相位的組合代表最卓越的藝術才華。它們與美的關係遠勝於道德及科學。」其中的藝術才華可能展現在音樂、戲劇、繪畫、素描、詩或其他領域；有這些相位的人也經常會透過各種媒介來表達自己，但並不是所有的人都能善用其中的能量，因爲金海相位往往顯現出被動與懶散的傾向（取決於座落的星座以及其他相位）。不過他們幾乎都有美學上的敏感度，而且有極高的品味。其中九十度相位是最多產的，因爲這類人比較傾向於透過工作來發展這份表達的天賦。

火星與海王星的相位

這些相位彰顯出的建設性與破壞性、正向與負向特質的差異是很大的，而且遠遠超過海王星的其他相位，這可能是由於火星與力量及確切的行動有關，而上述的那些行星與海王星形成的相位多半著眼在感受或觀點上面。火星與海王星相位的能量展現取決於下面幾個因素：一、此人的意識層次和理想典範；二、所涉及的星座；三、本命盤裡其他的因素，譬如與這兩個行星有關的其他相位。無論如何，你經常會在這類人身上同時發現這兩個行星的正向與負向展現方式，尤其是她或他正在很努力地改善火星所展現的粗糙能量。這兩個行星的組合會強烈地刺激一個人的想像力，在某些情況下會帶來旺盛的企圖心與抱負（可能是實際或不實際的），但也可能演變成自欺、逃避或恐懼。不論是什麼模式，此人通常很難承認或看見自己的缺失，因爲他是如此地深陷在自己那高昂而遙不可及的願景中。卡特很簡潔地描述了這類人的特質：「對海王星／火星有相位的人來說，一般的例行生活實在太單調乏味了，他追求的乃是靈魂的大愛以及浪漫的願景。」基於這個理由，我們不難在藝術家、電影與電視明星以及著名的運動員的星盤裡面，看見這樣的行星相位。這些人在衆人面前展現自己的才華似乎是很自在的事，而且也的確富有魅力，不過並不是每個人都偏愛公衆人物的生活方式。其中的男性特別容易引起大衆的注意，因爲他們能投射出火星的陽剛力量，譬如保羅・紐曼（Paul Newman）有海火一二〇度，馬克・史畢茲（Mark Spitz）有海火合相，O. J. 辛普森（O. J. Simpson）有海火一二〇度。後面這兩位不但在體育上表現傑出，後來還成爲演員及電視實況轉播員。至於保羅・紐曼，除了演戲之外，他在運動領域裡最富火星色彩的賽車上也有成就。

上面這些解說都不足以描述這類相位所象徵的特質。這些能量的組合可能示現在各個不同的層次，如果只注意某種特質的展現，勢必會造成許多誤解，因此強調心理動力面向比觀察外在行爲要更有用一些。從最積極的面向來看這類人，他們通常有能力把自己的理想付諸實踐、擁有直觀的遠見、充分實踐自己的願景，包括世俗成就與精神上的渴望在內。從最壞的角度來看，這兩個行星的組合可能會示現成恐懼，或是被非理性的潛意識欲望所驅動的行爲，一種完全不知道自己想要什麼的困惑，或者不想把自己從願景中拉回到殘酷的現實裡。幾乎不可避免地，此人必須學會面對心理和情感的未竟之事，也必須以實際的方式來面對不明確的情況。如果他們想獲得寧靜，就必須釐清左右他們行動的那些欲望和理想。

我們幾乎可以寫一整章來探討這些相位的性愛層面，不過有幾個重點可以先提出來。我們在前面提過，火海相位經常出現在受公衆歡迎的男性星盤裡，因爲它們象徵著理想的男性形象，不過有這種相位的女人也很具有性魅力；這兩種性別的人都會耽溺在各種性幻想中，同時也時常會對自己的性取向感到困惑，或不知道什麼是最妥當的性活動與性生活。由於海王星會開啓各種的可能性，至少在潛意識層面會如此，因此這些人往往被自己的幻想和感受所混淆。對男人而言，他的男性自我以及性上面的身分認同，經常是會帶來衝突的領域，尤其是挑戰相位。你會發現這些人很容易涉入性活動之中，而且並不是自己眞正想要的；有時他們是基於同情，有時是出於恐懼，有時則是爲了證實自己的性能力而去做這件事。不過大部分的情況都是以理想化或誇張的方式來運用自己的力量。這兩個行星的組合最顯著的就是誘惑傾向；有的情況是積極地去誘惑別人，另外的情況則是毫無選擇地接受別人的誘惑。不論情形是什麼，性這件事都會被理想化，而且會被體認成一種無法遏止又令人興奮的事。

同時我們也經常發現有這類相位的男人對同性戀是絕對厭惡的，甚至會抓住每一個機會來貶低或批評這樣的生活方式（這些相位有時也會在積極追求同性戀關係的人的星盤裡發現；不過根據我的經驗，這種情況並不多見）。還有的情形則是，有這些相位的男人爲了彌補自己在性認同上的恐懼，往往會發展出大男人主義情結，甚至培養出一種超級男性化的行爲模式（譬如打獵、對槍枝著迷、喜歡從事危險的休閒活動等等）。從靈性層面來看，與這些相位攸關的所有恐懼、疑慮及困惑，都會變成清晰的精神轉化目標，如同依莎貝爾・希基（Isabel Hickey）所說的：「海王星會消融掉所有的動物性。」換句話說，這類人會渴望把火星能量轉向更高的層次去發展，甚至選擇禁欲的生活方式（把性上面的表現與高層理想結合）。當強烈的欲望（火星）變成宇宙化時（海王星），此人還會有性欲嗎？我們可以說，這兩個行星的組合乃是要把狹窄的火星能量拓寬成宇宙性的層次。伴隨著這場學習的過程，這些人會開始發現他們不可能擁有每一個勾起他們性幻想的人，但也許得花很長的時間才能學會這一點。因此這些人在性上面往往顯現出不是過度、就是完全隔絕的傾向；有的人甚至會演變成徹底禁欲的情況（海王星永遠象徵著一種徹底放下的可能性）。

如果我把其他的跟這些相位有關的特質都描述出來，這個章節將會變得過於冗長，因此我鼓勵大家閱讀格蘭特・路易在《天曉得》（*Heaven Knows What*）這本書裡所詮釋的海火相位。路易似乎已經發現這些相位和以下的特質有關：一、強而有力的個人魅力，有能力讓事情奇蹟式地發生；二、靈性上的領導力及思維能力。在最高的層次上，這些相位會顯現出極大的自我淬鍊能力、靈性上的奉獻精神以及變成超驗力量的管道。

冥王星的相位

在第四章裡我們已經詳談過冥王星的本質與相位，因此我們可以立即進入冥王星與個人行星相位的探討。讀者可以重溫一下第四章所提到的有關冥王星相位的段落。

太陽與冥王星的相位

個人星盤裡有這類相位的人，會展現出太陽落在天蠍座的一些特質：渴望重塑自己、強大的意志力、性格強烈、迷戀權力、對自己的動機和欲望深藏不露，對他人以及對自己都有顯著的無情傾向。他們喜歡用極端而有力的方式來行事或展現自己，尤其是挑戰相位。這些人需要以激進的方式轉化自己，或去除掉不再符合理想的老舊生命模式，那些擁有和諧相的人一旦覺察到這個轉變過程，通常會比較容易達成真正的轉化。有這類和諧相位的人比較容易順利地放下老舊模式，並且容易理解舊的不去新的不生的宇宙法則。然而不論是挑戰相位或和諧相位，性格上幾乎都有衝動傾向，這類人會被無意識裡的東西驅動，而朝向自己也不太明白的目標前進。事實上，在這些人身上發生的事經常可以用「無法測度」來形容，因爲他們會經驗到不能以理性來解釋的一些「巧合」，或是經驗到一些帶有目的性的神祕機遇以及交會。挑戰相位幾乎永遠會出現強烈的階段性權力掙扎；此人的整個身分認同也經常遭到急遽的改變，以及間歇性的危機；此人不只會改變對自己的看法，連日常生活的自我表現也會跟著起變化。

對女人來說，這些相位帶來的困擾似乎比男人還多，不過上面提到的那些特質男女都有。我發現在女性的星盤裡，這些相位往往代表她們跟父親以及其他男性有很大的問題。她們缺少和父親的交流，也得不到父親的關愛，而這會帶來一種無法享有愛以及怨恨的感覺。此即這類女性經常會尋找有權勢的丈夫（甚至是無情的或有犯罪傾向之人）的理由，因爲她們會把這類男人幻想成能帶給自己愛或力量的權威人物。此外這些人本身也可能對伴侶要求過高，甚至可以無情到驅走自己眞正渴望的愛。有這些相位的人無論男女都有自我炫燿傾向，你很難在其身上看到謙虛的特質，因此他們不容易有和諧的親密關係，除非在自己身上下極大的功夫；尤其是對立相位的人，特別會對自己的親密伴侶要求過高（無意識地）。他們似乎希望自己的伴侶能變成截然不同的人，而且通常會散發出這樣的訊息（雖然他們極少能意識到自己的舉動）。除非對方變成截然不同的人，否則他們是無法完全接納對方的，而這顯然是不可能辦到的事！因此有對立相位的人會對親密關係極度失望；冥王星與金星、月亮成對立相的人也有這種傾向。

會示現出這類問題的大多是挑戰相位。由於冥王星和我們內在的某些無法被意識到的力量攸關，因此挑戰相位的力量和張力，似乎能迫使一個人發現內在的衝突以及轉化的必要性。相反的，和諧相雖然比較能輕鬆地達成生命的轉化目的，但是有和諧及次和諧相的人之中，仍然有許多無法充分發現這些相位帶來的創造潛力和利益，因此這一段的解說主要是應用在星盤裡有緊張相位的情況。

還有一種解說似乎也能幫助大家了解這類相位與父親之間的關係。我不斷地發現冥太有緊張相位或太陽落在第八宮（冥王宮）的人，往往會因爲跟父親分離而在內心留下極深的傷痕。這種分離也許是身體上的（父親離開或過世了，甚至有許多情況是消失了），或者父親雖然在眼前，但心理上跟孩子有很大的距離。還有少數的情況會把父親視爲偶像，喜歡膩在父親身邊，或是對父親抱持不實的正向觀點。另外有些情形則是對父親過度執著，而無法建立明確的身分認同。此外，查理斯・傑恩（Charles Jayne）對有冥太相位的男性也做了值得檢視的研究：這類男性會跟女性有特別密切的連結（通常是母親）。不論情況如何，我們都必須理解這樣的緊密連結其實是一種自我的消融，也就是讓自己融入於另一個人的生命裡(或者完全被吞沒),乃至於徹底喪失了自我的身分或信心(請留意,有這種冥王相位的人可能是被吞沒的人,也可能是吞沒別人的人)。這麼緊密的關係會讓一個人失去自己的獨特性以及眞正的成長;這種模式會嚴重地阻礙一個人發展成獨立成熟的人。這種緊密度乃是奠基於極強的執著習性,並不是眞正的愛和關懷;眞正的愛一向是支持與鼓勵而非占有或操控。我們經常看見這類披著愛的外衣而實則以冷淡態度在操控另一個人的情況。因此本命盤裡有冥王星與太陽、月亮、金星或上升點呈緊張相位的人,若是能客觀地看待自己的重要關係,尤其是自己的父母,就有機會認清父母的行爲中的眞實動機是什麼。

月亮與冥王星的相位

對冥太相位的描述也可適用於冥月的相位,不過後者可能會有更顯著的極端化情緒。有這些相位的人跟月亮落在天蠍座的人相當類似:激進、極度敏感;對自己非常不滿意,想要以新的方式重塑自己;有很強的心靈感應力,渴望探究生命的奧祕和別人的動機;想要突破社會禁忌,尤其是突破父母的影響和童年制約。他們通常會奮不顧身地獻身於某個目標,而且非常有自制力;他們在危機時顯得格外有辦法,重生能力極強(請留意巨蟹座和月亮的法則,以及天蠍座和冥王星的法則;這些法則都跟自我保護有關)。

由於月亮象徵的是自我意象以及一個人對自己的感受，而冥王星（尤其是挑戰相位）透露了摧毀和去除老舊模式的傾向，因此這兩個行星的組合往往透露出對自己的無情與苛求；他們對老舊的情緒制約感到很不舒服，因此很想摧毀掉舊有的形象和身分，極端的情況下甚至會示現成自殺傾向——最終極的自我毀滅。不論如何，這些人往往會經驗到階段性的自我敵視和強烈的情緒擾動。這些人最需要的就是一種集中的自我轉化課程，以改變他們的本能反應模式，如此才能以更客觀更富有伸縮性的態度面對日常的經驗。

這些人往往有「母親情結」（mother complex），或者有一位掌控性很高、把自己的恐懼投射在孩子身上、利用細膩的要求去吞沒子女的母親（也可能有一位不懂得給予愛的父親）。有這類相位的女性有時也想變成一名「超級母親」（super mother），包括擁有許多孩子（向別人展示自己的母性力量），在一個組織或團體生活裡扮演領頭的角色。此外這類人也可能想變成修道院的女院長，或是孤兒院的主持人。太陽與冥王星有緊密相位的女性也有這種傾向；根據查理斯・傑恩對移位和出生時間的校定研究，冥王星通常是拿來象徵母親的，因此當月亮和冥王成相位時，母性傾向可能會更強烈。但這並不意味這類欲望都會被體認到，其實有這些相位的人往往會被這類欲望所掌控。從這個角度來看，我們可以把冥王星看成是神話裡的恐怖母神原型，譬如印度教裡的卡利女神（Kali）就是一種擁有大能的母性偶像，她一面哺育著她的孩子，一面卻將他們吃進肚子裡。這股力量中的無情特質是非常明顯的，但人們通常很崇拜這股掌有生殺大權的力量。

這兩個行星的組合（尤其是對立相），同時也顯示出一種無意識地認同別人、對別人有過高要求的傾向，因爲此類人通常會把別人視爲自己的延伸。他們會在心理上細微地要求別人全神貫注於自己身上，藉此來建立起自己的身分認同，因此他們會強烈地想要吞沒別人或是被別人吞沒。不論是哪種情況，此人都渴望毀掉自己的身分或企圖與人融合來達成這一點。

水星與冥王星的相位

這兩個行星的組合與水星落在天蠍座十分類似。他們都會展現出極高的專注力，而且對玄學、性及其他禁忌領域很感興趣。他們心靈的敏感度與心智上的專注力通常很明顯，不過有時也會示現成失控或格外守密以及畏懼的形式。如果是後者，裡面就會有一種對最糟情境的恐懼，或者有時以爲自己已經擁有了通靈能力，而其實只是負面情緒在作祟罷了。他們通常能以刻意而直接的方式運用心力，甚至能透過細膩的操控力和意志力來勝過別人。因此有這類相位的人應該放下自己對玄學知識的研究或玄奧的修練方式，代之以嚴格的倫理道德和精神修持典範。

具有挑戰相位的人特別傾向於喋喋不休地高談闊論，並且會不斷地把自己的想法強加於別人身上，即使這些概念本身並不是那麼有意義。換句話說，他們想帶給別人的印象其實是言詞後面的那股力量，而人們往往會認爲這麼強而有力的言詞一定有某些重要性。這些人會透過溝通把沸騰的情緒釋放出來，即使是未經仔細思考甚至是毫不相干的想法，也能講得興頭十足。某些情況裡，這些人在意見表達上的衝動特質，會令他們以完全缺乏邏輯的方式去表達自己的概念或信念，甚至完全不屑以律己的態度來檢視自己的想法。還有一些人會感受到內在巨大的張力，但似乎很難以清晰或前後貫通的方式表達心中眞正的想法，因此這類人有時會發展出一種言語表達上的拘謹態度，而這也和水星與月亮、土星、天王星或海王星呈挑戰相位十分類似。我們可以從水冥的相位看到心智運作的方式，但無法單憑某個相位就了解一個人認知能力的品質，因爲心智的產物還是要觀察整體意識的展現才行。

金星與冥王星的相位

這些相位與金星落在天蠍座的許多特質是相通的：有魅力、對公衆有吸引力、具有教主般的領導力；渴望突破愛、性、關係上的各種禁忌；以強烈、衝動和無情的態度涉入於情感。通常會有守密、善妒及好批評的特質，不過必須看金星涉及的星座是什麼，如果金星是落在寶瓶座和天秤座，就會拒絕耽溺在這樣的感覺裡。如同金星落在天蠍座一樣，有金冥相位的人——尤其是緊張相位——都會想探索情感與性愛的神祕面向，或者不顧痛苦地深入去體驗情感與關係的底層，並且會把自己在性與情感上的操縱力發揮到極致。他們會覺得情感上的滿足和深刻的親密性乃是不可或缺的部分，是不容逃避也不容忽視的經驗領域。雖然某些人會企圖逃離自己的深層感受和需求，但他們從不覺得這種逃避傾向能帶來快樂，因爲他們生命的關鍵部分並沒有活出來。從另一方面來看，即使是突破了某些制約與禁忌，也很少有情緒上的滿足感。這些相位的關鍵就在於對情感的滋養有點貪得無厭；好像他們內心有一個永遠也塡不滿的愛的無底洞。這種傾向有一部分是源自於不知道該如何處置愛；他們可能會追求越來越多的東西來塡滿自己的需求，而這會使我們認清冥金相位的核心意義：徹底轉化自己對愛和關係的處置方式。在這種轉化過程裡老舊的價値會被摧毀，妨礙轉化的關係可能會結束，或者他們本身會轉變成一種更眞實的存有。他們對享樂和快樂的了解會變得更細緻——藉由情感上的折磨——而內心會歷經脫胎換骨的過程。

這樣的轉化固然是十分符合理想的，然而在轉化的道路上這些人究竟會經驗到什麼呢?可能會產生的經驗或傾向我們已經提過了，但還有一點是值得留意的，有這類相位的人往往會利用自己的吸引力或友善態度來獲取金錢、權力，或者只是爲了膨脹自我。

這些人往往無法發現自己眞正的動機是什麼，但其他人也許會識出這些行爲的背後是有預謀的，而且態度是迂迴的。

有冥金緊張相位的人會以非個人性又帶點強迫性的熱情與人相處。起初他們似乎非常友善而富有愛心，接著你就會發現他們眞實的動機並不是那麼無私的，但或許他們並不能意識得到。我曾經看過冥金合相的人臉上帶著最虛假的微笑，看上去是那麼細膩而易感，似乎想藉此來讓我忽略掉他們眞正的需求是什麼。他們好像在說：「我會做你要我做的一切事情，因爲我是這麼體恤而友善，不過你最好按照我的方式去做，否則……」。散發出這樣的磁場當然會吸引同樣頻率的人到自己的生命裡，而有這些相位的人（尤其是對立相）似乎經常會跟帶著冥王特質的人建立親密關係，如此一來，他們的強迫傾向就會變得更嚴重。因此這類人經常會覺得孤獨、不被愛、被利用、被忽略、被掌控，或者覺得情感耗盡罄竭。然而就是在這種沮喪的時刻，此人才會開始跟內心最深的眞相連結，繼而領略到那份對深刻之愛的需求。

有緊張相位的人往往會出現性方面的問題，或是出現性心理失調的情況。同性戀或雙性戀傾向也很常見；即使是不把自己的衝動付諸行動，這類人也時常會對同性或異性產生強烈的怨恨。需要留意的是，這種怨恨的形式也會在異性戀者的身上發現。因爲冥王星會示現成愛恨交織的情況，所以我們時常發現這些人會陷入自我破壞的行爲模式裡，或是對自己的性經驗抱持既憎惡又被吸引的態度。最後要提醒大家的是，金星與冥王星成合相或對立相的人，往往被迫學會放下情感上的執著傾向。有這類相位的幾位個案曾不斷地出現愛人或未婚夫突然消失或死亡的事。有位男士訂過四次婚，每一次當他正準備結婚之前，伴侶就突然過世了。這便是我所謂的冥王星「不可測度」的本質，這一連串事件的背後顯然有某種目的，但卻很難以邏輯來解釋清楚。

火星與冥王星的相位

與火星落在天蠍座一樣，這兩個行星組合成的能量或許是最強烈而赤裸的力量的展現了。由於火星代表的是欲望和意志力，也代表在物質世界完成特定任務的能量，而冥王星象徵的則是無意識底端的欲望與意志，或是在「地下世界」完成某些工作，因此這兩個行星的組合暗示著具有建設性或破壞性的行動潛力。就像火星落在天蠍座一樣，這兩個行星組合成的能量很可能以極端的形式展露出來，因爲這股赤裸的能量是從生命最深處釋放出來的。這種極端傾向主要是由兩個原因造成的：此人具有源源不絕的精力可以運用，而且有一部分是以無意識的形式在運作的。再者，有這類相位的人幾乎永遠都想控制住這股帶著強迫性的能量，因此上面的蓋子一旦被掀開來，就可能會造成能量的爆發。

這類人特別會用祕密的——甚至是迂迴而不實的方式——來完成一些事情（就某些事來說是很有效的），同時這類人的行事方式也顯得特別周密。這種行爲模式往往會遭致「無情」的評價，原因是他們痛恨事情只做到一半，而且傾向於一針見血地去看問題，對可能有的反彈也毫不畏懼。因此這類相位會顯示出缺乏耐性、冷酷以及毫不妥協的特質，而且有無盡的勇氣，可以在危機時刻果斷地採取行動。有這類相位的人特別能勝任需要快速做出決定和許諾的工作。

任何一個帶有火冥挑戰相位的人，都必須勇敢地面對權力的本質；權力背後的價值觀是什麼，對這類人而言甚至是更重要的事。這些能量如果能帶著人道精神和悲憫的胸懷，那麼這些人就會成爲改革和具體行動的表達管道。雖然有許多人嚮往改革工作，但鮮有幾人眞的能付諸實踐，如果這些能量的展現是有紀律的——有這類相位的人往往是自律甚嚴之人——那麼其心智和意志力就能貢獻給自我轉化或世俗結構的改變。但這些力量如果無法妥當地加以引導，甚至基於自私的理由而迷戀權力的話，就可能演變成不擇手段以及「強權即是公理」的態度，繼而導致反社會及犯罪行爲，甚至完全不顧倫理道德與社會價值。

想藉由權力來成就一些事情，可能會導致「不管怎樣，我就是要做自己想做的事」的蠻橫態度。這種態度比較奇特的部分就在於這類人並不眞的知道自己想要什麼。他們多半是被一股具有強迫性的力量所驅使，或者可以說是被這股壓倒性的表現力量所佔據。不論以建設性或破壞性的方式去運用這股力量，兩者身上都可以發現這類執迷與不滿足的心態。總之，這是一種會驅使人不顧一切達成目標的使命感，但進一步地來看，這種爲使命獻身的狂熱態度是非常利於自我轉化的，因爲我們可以將欲望徹底轉變成更高的抱負。

不過這類人一旦將這些能量傾吐在自我轉化上，就不得不面對某些問題了。首先，個人的演化過程是非常緩慢的，因此不耐煩以及無情的傾向，往往會導致對自我侷限和失敗的過度苛求。過去他們可能對社會或他人要求過高，現在卻把這份要求轉向自己，因此這類人必須認清這股帶有強迫性的表現力，就像是一個必須被妥當駕馭的野獸一般。如果此人過度認同精神修持上的成敗，那麼她或他就會在內心製造出更大的張力和挫敗感。因此首先他們必須認清自己的那份想要改造一切的需求是什麼；第二步則是要開始了解這個過程的微細與複雜面向，接著就是要採取溫和的行動，把心安住在當下這一刻。另一個重點則是要認清自己心中出現的憤怒與厭惡感。這些情緒裡面的暴力，乃是源自於長期以來無法察覺自己最深的欲望及挫折。這些相位確實會顯現出一種自我壓抑傾向，而這類人通常對自己的本質以及累世的業力渾然不覺。處置個中憤怒的解藥，就是要培養對自己以及對別人的寬恕能力。

月亮的相位

雖然這一章的目的是要探討三個外行星的相位，但我們還是不能不提到與轉化有關的月亮相位，因為月亮與過去世的制約——業力——是密切攸關的。

若想正確地詮釋月亮的相位，我們必須先了解一個基本原則：月亮與其他行星的相位，代表一個人將如何運用和表現過去世的經驗及制約的業果。換句話說，這些相位透露出我們的直覺反應將會干預我們的表達欲望、滿足我們的需求，還是能夠為我們的自我帶來支持及鼓勵，替內心奠定安全與寧靜的基礎。月亮的和諧相位意味著相關領域的業力模式是帶著伸縮性的，而且能正確無誤地展現我們的能力，讓我們以豐沛的情感及創意來善用這些自發反應。月亮的挑戰相位則會令其相關的生命領域出現某種僵固的業力模式。我們會因此而無法輕鬆地適應這些問題，生命力也無法流暢無阻。我們會在那個領域裡不斷地經驗到一股緊張感，而這會在日常生活裡示現成過度敏感的反應。事實上，「過度敏感」可以被看成是形容月亮緊張相位的關鍵字眼：月火的緊張相位意味著對確立自我這件事過度敏感；月水的緊張相位意味著對自己的意見和觀念過度敏感；月木的緊張相位意味著對自己的自我過度敏感，因為你會想帶給別人有能力或慷慨等等的印象。如果一個行星跟月亮成緊張相位，那麼此人大致會出現怕失去根基的恐懼，亦即怕失去情感上的安全感，或者怕跨出老舊的自我表現模式及行爲之後會容易受傷，因此他們無法以不同的能量形式來展現自己。從另一方面來看，月亮所涉及的和諧相位則顯示出一種輕鬆自在的情緒能量，而這些能量與所涉及的行星有關。這些相位的能量展現會讓我們不受恐懼的阻礙，並且能注入一種正向情緒，因爲此人會在日常經驗裡體受到這些面向的舒適感。

另外還有一個跟相位有關的重點，那就是月亮涉及的緊密相位都會帶給我們一種自我形象感。如果相位是和諧的，我們就能客觀地看待自己在那個領域的本質與能力，如果相位是九十度或一八〇度角，我們則往往無法以客觀正確的態度來看待自己在那個領域的展現。當然，如果能以自然舒適的方式展自己，別人也會以熱情舒適的態度回應我們。當我們展現出緊張或不舒服的感覺時，別人也會接收到這些能量，因此月亮的相位使我們了解別人或一般大衆會如何對我們產生反應，或者對我們的感覺是否舒服。

羅勃・詹斯基（Robert Janskys）的《行星相位的詮釋》（*Interpreting The Aspects*）這本書裡有關月亮的相位，可以做爲我們最後的指南。當我看到這種概略而又極爲有用的分類方式時，我突然發現月亮相位運作的方式可以是截然不同的，而且往往得取決於涉入的其他行星。簡單地說：一、月亮跟太陽、金星、水星或火星成緊張相位，代表無法把自己的眞實感受「表達」出來。二、月亮和其他行星形成緊張相位，則往往感覺自已無法妥當地面對生活的要求。

如果讀者能把這些原則運用在月亮的種種相位上，會是十分有用而正確的詮釋方式。

了解本命盤的主體

一旦對特定相位有了深入的了解，就可以更廣泛地將其運用在相位的十二個基本法則上，如同我們在前言裡所提到的，我們必須按照這十二個基本法則來綜合地研判本命盤裡的元素，才能偵查出這張星盤裡的各種主題。在看一張星盤時，我們不但得觀察其中的相位，同時還要觀察宮位以及涉入的行星。這比按照占星教科書來詮釋個別的相位要難得多；由於一張星盤所涉及的相位、星座及宮位是如此地複雜，因此不可能立即學會整合性的觀察。每一個相位都會被涉及的星座所侷限，而每一個行星的能量不但被相關的相位所影響，同時也會被星座的位置所染著。

舉例來說，一個人的星盤裡如果有火星落在天蠍座（這種一與八的占星數字的組合，通常會讓火星能量染上冥王星色彩），同時還有火星與冥王星的緊密相位（又是一種一與八的組合），那麼這兩種能量就會彼此補強，同時火星的能量也會被冥王星強化。如果火星落在八宮或冥王星落在一宮，那麼這個主題就會更明顯。

另一個例子或許也能幫助大家了解如何進行綜合式的分析，尤其是初階和中階的占星學員。譬如一個人有水星落在魔羯座，那麼這個人的心智特質就會近似所有水星座落這個位置的人。但如果這個人的土星也跟水星成緊密相位，那麼同樣的主題就會有兩種強化的形式：占星數字三與十的互動（如果這個人的水星是落在處女座，則又會強化六與十的關係），那麼占星數字三與十的互動就是一個主題了。同一種基本的動力被強化之後，我們就會發現此人非常強調細節的處理，而且思維方式既嚴肅又實際，帶有神經緊張傾向，並且會很努力地發展出確切的概念。如果一個人的本命盤裡還有別的元素可以代表這類法則的互動（譬如水星落在十宮，土星在三宮或六宮），那麼這個主題更可能主宰此人的一生；如此一來占星師就能確定這是諮商時必須強調的主題。

此外占星學員也會發現，不同行星形成的格局很難加以詮釋，只有透過多年的經驗才能克服這似乎無法克服的障礙；因爲你必須有能力整體地去看星盤的格局，同時還得把涉入的行星的意義融會貫通。許多占星教科書都在討論有關格局的理論（大三角、大十字、大風箏以及三刑會沖等等），但這種解說方式往往讓事情變得更複雜。人們通常會忽略掉一個事實，那就是所有的要素和細節都只是在象徵一個人的不同刻面，因此在看這些格局時必須記住下面三個基本原則，它們比那些格局本身甚至更重要一些：

一、與其把焦點集中在格局上（不論是大三角、大風箏或上帝手指等等），不如去了解所涉及的行星的意義是什麼，以及和其他行星的關係是什麼。如此才能正確地將這些意義融會貫通，然後正確反映此人是如何在經驗這些能量的。傳統所謂的格局都有其創造力與生產力，因為它們都代表能量的交互作用以及行星象徵法則的強化。

二、我們應該根據一張星盤裡行星的重要性，來決定該聚焦於哪個格局的哪些行星上面。譬如，一個行星如果是太陽、月亮、上升點或其他行星的星座主宰行星，那麼它就會是特別重要的。換句話說，一個行星若是參與了一張星盤中最重要的主題，故而以操控性的方式決定了一個人的表現，那麼我們就必須特別留意這個行星在某個格局中的角色。

三、我們應該留意某個格局所涉及的任何個人行星或上升點，因為這個要素象徵著整個格局在能量展現上最直接的模式，而且它揭露了一個人的存在被部分意識到的面向，故而對此人的日常經驗有最直接的影響。此人往往會認同這個個人行星的意義，故而能理解和修正這股能量的展現。換句話說，此人對這些經驗面向可以帶著覺知來調整，因此整個格局的能量展現模式就能得到修正。

如果一個相位的意義完全無法被闡明，那麼就可以採用一個經常能揭露某些事實的技法，亦即占星師與自己或客戶之間的「內在對話」。我們可以扮演每一種行星的角色，看看我們內在的這些能量會示現成什麼樣的語言、行動或情緒。如果一個人活出了某個行星的相位的需求與驅力，就好像自我的這兩個部分對彼此有了認識，而且學會了如實接受彼此。運用這個技法處理緊張相位帶來的阻礙和衝突似乎特別有用，因爲此人非常需要在那些領域裡得到統合。這樣的內在對話多年來一直被成功地運用在心理劇以及完型治療上，而這是占星師應該熟悉的處理過程。這樣的處理方式通常能夠讓個案立即經驗到某個相位所象徵的困難，這種當下的體驗比抽象探討更強而有力，也更能帶來清晰的覺知。

〔第七章〕業力與關係

人際關係的目的是為了自我揭露而非獲得滿足。人，尤其是朋友，乃是令我們發現自己的一面鏡子。

——H・F・威克利

我們可能得寫一整本書，才能解釋占星元素如何指出了人際關係和其中的業力，因此在這一章裡我將集中探討星盤比對上常見的問題，以及該如何斟酌其所涉及的模式。雖然我主要想探討的是土星、天王星、海王星、冥王星的相位與宮位，但並不意味其他元素就不帶有業力的暗示了。事實上，如同本書先前所提到的，我們可以把整張星盤都看成是業力的示現！如果說業力法則的確自動牽引著個人生命裡的一切事物——至少它的一般模式、結構及情況都受到了牽引——那麼我們和其他人的關係尤其會受業力影響，因為人與人不斷地藉由施與受交換著能量。我們甚至可以說任何一份關係都不斷地在業力帳戶裡提款或存款，類似一種償還舊債和修正執著傾向的活動。某些情況下我們必須給對方一些東西，別的情況下我們則是要接收一些東西。還有的關係似乎很公平地在交換著能量，好像業力之秤藉由人與人的互動細緻地達成了平衡。

身爲一名占星師以及婚姻與家族諮商顧問，我已經見識過成千上百的人，而這些經驗都清晰地揭示了一個無法逃避的事實：當我們做星盤比對分析時，雖然有無數的元素可以拿來代表不同種類的吸引力與契合度，但只有幾個關鍵性的要素，能夠象徵關係中的具體問題。這些會在關係中帶來問題的相位，往往涉及到一個人的土星、天王星、海王星、冥王星，與另一個人的個人行星或上升點的緊張相位。〔註一〕這些相位顯示雙方可能會經歷顯著的衝突、失和、理想的幻滅、壓制、不信任或操控。它們每一個都揭露了特定的能量互擾，而當事者往往將其體認成一種難以調和的重大困難與障礙，但這並不意味這些相位缺乏正向效能或無法被改善，因爲呈現出張力的領域，也暗示著最大的學習機會。在大部分的情況下，這類相位通常顯示雙方都必須提高互動中的覺知，並且要發展出新的對待方式，如果他們還想讓這份關係持續下去以及獲得滿足的話。雖然如此，那份張力有時仍大到令人無法適應的程度，因爲兩人的本質相差太遠，再怎麼努力也無法發展出和諧性。不過兩人最主要的能量、理想及目標如果能夠相應（至少個人行星與上升點仍然有幾個和諧相位），那麼這些緊張相位就能提供促進自我覺知的刺激，而且可以讓雙方學著去欣賞彼此的獨特性與個人性。

關係中的挑戰相位

研究星盤比對也要像觀察本命盤一樣，必須將注意力集中在正相位上面；在所有的相位裡面，合相可以說是最有力量的，而星盤比對中涉及到的個人行星或上升點的挑戰相位，甚至比本命盤的這些相位更能顯示出衝突或不和諧性，但某些對立相卻除外，因爲它們彰顯出了強烈的吸引力、激勵及完整感（譬如月月對立、太月對立、金月對立、金太對立或金金對立）。關係中的挑戰相位比個人本命盤的挑戰相位更可靠地揭示出當事者能立即察覺的問題。這些相位之所以能讓我們了解一份關係的主要問題，乃是因爲當事者可能在很小便開始學習統合本命盤裡的衝突傾向，而且早已懂得如何管理這些能量，但是跟另一個人形成關係之後，卻往往無法改善伴侶的能量；我們只有盡可能地去跟對方互動。如果她或他所展現的太陽、月亮或金星的能量無法與我們的相容，那麼除

〔註一〕我在此假設讀者已經熟悉星盤比對的基本程序，它們分別是：㈠先找到兩人之間的緊密相位；㈡看看其中一張星盤的宮位被另一個人的行星如何活化。另外一個重要的程序則是根據元素觀察一下兩人的個人行星與上升點是否和諧，因為雙方個人行星的元素也會顯示出明確的衝突（譬如一個人的火星落在土象星座，另一個人的火星落在火象星座）。

了學習不批判、不論斷、不強求地接納對方之外，也沒什麼其他的辦法了。我們只能學習適應她或他的存在方式而不能改變什麼。事實上，我們若是要求對方以不自然或不眞實的行爲來滿足我們的需求，事後往往會覺得更挫敗，因爲我們對伴侶的依賴會變得惱人地明顯，而對方那不自然的行爲也無法令彼此感覺滿意。

或許我們可以舉個例子，來說明本命盤與星盤比對的某些特定相位。如果一個人的本命盤裡有水星與土星的衝突相，那麼她或他就必須努力地學習一些技巧和認識事實，並且要發展有效又自制的表達模式，或者必須把智力和語言能力當成是最重要的事，而且需要很長的時間才能顯現出效果與改變，不過此人無疑地會做出自覺性的調整。然而在一份關係裡面的土星若是與另一方的水星呈衝突相的話，那麼水星這方就會感受到土星人的保留、要求或批判帶來的壓力，而且不論怎麼逃避或試圖改變都沒用。水星人可能會發現只有改變自己對土星人的態度，才能解決這個問題。事實上他可能會逐漸發現，這種被迫建立的思維與溝通模式上的自制力，是非常有利於自己的。雖然如此，這個相位顯示出的能量互擾仍然存在，水星這方會意識到與土星人緊密互動或生活在一起，神經系統還是有一種沉重的負擔感，智力上的信心也會降低，這位土星人所展現的批判性有多強，水星人受到的影響當然就有多大，即便是沒有說出的負面念頭，也會威脅到對方的能量場。

同樣的，土星人再怎麼樣努力也無法改變水星人的思維模式，如果他被水星人的思想所威脅，那麼他要不是從這份關係退縮下來，否則就得敞開心胸，去看看對方究竟爲自己的理解帶來了多大的啓發性。水星人的想法很可能有利於土星人的工作或企圖心的達成，因爲水星人能夠提供不同的觀點，並且能幫助土星人放鬆某些僵固的偏見，理由是水星比較有伸縮性，土星則是拘謹的。無可否認的，這個相位還是帶著許多正向特質，我只是在用這個例子來說明，藉由星盤比對分析更能認清某些本命盤相位的特質。

如果兩張星盤的**四個外行星之一**，呈現出**一個以上**的合相、衝突相或對立相，我們就必須斟酌這會不會是關係中的主題了。舉個例子，如果瑪麗的土星與我的月亮合相，同時也跟我的金星呈衝突相，那麼很顯然她對我的情緒反應會產生批判、挫折感或是會忽略我，而我和她的情緒連結方式也可能激發她土星的恐懼與防衛傾向。另外一個例子則是，如果我的天王星與南西的太陽呈對立相，並且與她的火星呈衝突相，那麼我的冷淡和無法預料的行爲便可能令她覺得無法仰賴我，或是不能做出任何需要我合作的計畫，因爲我可能隨時從她的活動和願景中抽離出來；她甚至可能對我產生怨恨，因爲我讓她感到挫敗。這樣的關係主題，幾乎永遠會出現在一方的外行星與對方的內行星或上升點呈緊張相位的情況裡。如果一方本命盤的四個外行星之一重複地與另一方的個人行星形成相位，這個主題也會顯現出來。舉例來說，如果我的天王星與傑瑞的火星成衝突相，而他的天王星又跟我的火星呈對立相，那麼這種爆發性的能量互擾就會加倍地強化。我記得在某次有關星盤比對的演講裡，我舉過一個相位被三重強化的例子；我認識這對夫婦已經有許多年了，我觀察到這些被強化的相位確實是他們關係中的重要主題。這些相位如下：

他的金星與她的海王星合相；她的金星與他的海王星合相。

他的土星與她的金星呈對立相；她的土星與他的太陽呈衝突相。

他的天王星與她的太陽呈對立相；她的天王星與他的金星呈衝突相。

這些相位的意義，將會在後續段落裡越來越清晰地呈現出來。如果你對露易斯・薩爾金（**Lois H Sargent**）的《如何處置你的人際關係》（*How to Handle your Human Relations*）很熟悉的話，就會立刻明白這些相位是如何示現的。簡單地說，這兩人的金海合相所代表的憐憫與同情，仍不足以讓他們容忍彼此的金土相位帶來的挫敗感，也不足以處理太天相位造成的不穩定性及突發的能量。事實上他們結婚兩年後就離婚了，雖然他們婚前曾斷斷續續地（天王星！）生活在一起好多年。

另外還有一個在斟酌兩張星盤的相位時必須注意的元素：一個人的行星將如何與另一個人星盤裡的主要相位產生關係？舉例來說，如果一個人的上升點強化了我星盤裡最緊密的衝突相，而且跟其中的一個行星呈合相、與另一個行星呈衝突相，那麼這個人在我生命中的角色就是要帶給我挑戰，讓我去面對我生命領域裡極為困難的問題。我也許很不喜歡這樣的挑戰帶來的挫敗感，也不喜歡這必要的自我認識帶來的痛苦，但並不意味這份關係就是不好的，或者我們是「不合適的」。如果我能帶著覺知去解決這種衝突相所造成的矛盾與緊張，就可能在比較屬靈及內省的一刻，深深感恩對方帶給我的挑戰。如果某人的水星強化了我本命盤裡相同的衝突相，我則可能透過與那個人對談來察覺我的問題；事實上，與這樣的人交流也許特別能帶來有效的治療經驗，因為她或他可以立即和我內在的衝突相應。

讓我舉個例子來說明一方的個人行星與他人的重要相位之間的關係：如果一個人的金星與我本命盤裡的某個重要衝突相成一二〇度角，那麼此人就有能力幫助我調解經常帶給我困擾的表現方式；此人也許會對我產生鼓勵和安慰的作用。上述所有論點都應該在星盤比對時牢記於心，因為不這麼做的話你的解釋將會顯得很膚淺，而且無法探索到這份關係最深的意義。此外，你也無法讓兩位案主對如何處置這份關係有更清晰的認識。在下面的段落裡我將採用「交集相位」（interaspect）這個詞彙，而非更囉唆的「星盤之間的相位」（interchartaspect），來代表兩張星盤之間的主要角度。在一九七六年的占星學年會裡，肯尼斯・內格斯夫婦做了一場精彩的演說，我就是在那次的演說裡首次聽到這個詞彙的。這是一個很確切而有用的名相，而且在星盤比對解析的專門用語上做出了某種貢獻。

土星的挑戰交集相位

當我開始做星盤比對諮商時，我仍然受傳統占星學的影響，認爲兩張星盤之間的土星呈緊張相位是不好的，而且註定會讓一份關係失敗（可能會導致離婚）。當時我完全不理解爲什麼每對婚姻伴侶的星盤之間，至少會有一或多個土星的相位，包括那些已經結婚數十年的人在內。最常見的是其中一人的土星與對方的太陽、月亮、金星或上升點形成相位。但是在幾百對星盤裡重複地看到這類相位之後，我就開始明白土星的核心意義以及它和業力之間的關係了。首先，土星通常象徵著事物的持續性，或者揭露了一種想建立安全持久的生命結構的渴望，即使經驗證實這是行不通的。此外，土星的相位在星盤比對裡也代表某種特定的執著業習（其中的一人或兩人都有執著於彼此的僵固習性），而且你會發現所有的重要關係在本質上都帶著一種業力，因此我們如果把重要關係（特別是婚姻伴侶）看成是一種建構好的安排，那麼這些相位就會出現截然不同的意義。理由是這兩個人必須透過彼此來學習放下期待與執著，而且得償還對彼此的宿債。

有幾個關鍵性的字眼可以拿來形容這些交集相位：安全感、尊重、權限以及責任。讓我們逐一地檢視一下這些與關係及其業力有關的相位。

「時間」能揭露土星帶來的真相

土星這方與他人的個人行星或上升點形成相位時，經常會顯現出對另一方的謹慎感。當個人行星或上升點這一方剛剛進入與土星人的關係時，往往會帶著一種小心甚至是恐懼的感覺，就好像她或他下意識地知道與土星人之間有很重的業力要完成。想要逃避這份關係、甚至完全避開它，在相遇初期是十分常見的現象。但這種初期的疑慮如果被克服了，而此人已經積極地投入於這份關係，那麼兩人就會產生極有保障的感覺。即使他們不相信輪迴轉世，仍然會覺得在一起非常舒服安全，就好像舊識一般，甚至有種久別重逢的熟悉感。這類相位顯現出的執著傾向是相當強烈的，雙方似乎必須做出承諾，才會對這份關係的某些負面部分有所認知，好像只有這樣才能綁在一起一段時間，去面對這份關係所涉及的業力。與土星有關的事物確實要靠時間來揭露一些眞相；隨著時間的演進，未能立即認清的業力會逐漸被揭露。由於這些業力是埋藏在安全感底端的，因此當它們變得明朗化之後，兩人的安全感就會受到危害。土星這方尤其會感覺受到威脅，因爲對方似乎已經有了成長。通常土星這方會無意識地要求對方停留在原狀，或至少展現出什麼也沒改變的樣子，但事實上對方已經成長，也改變許久了，而且根本不想再照著土星人強加的那套老舊的模式生活了。這些強求通常會以批判新的行爲模式的方式展現出來，而且會以專橫的態度運用自己的權威（土星人通常是擁有權威的一方），或者會展現出恐懼和自我防衛的行爲模式。如此一來，原先的安全感就變成了一種惱人的習性；因爲這份安全感是奠基於過去世的關係、下意識的記憶與老舊的互動模式上的——這一切對目前雙方的發展都不再適切。這類問題主要的改善方式，就是土星人必須學習放下自己的那些基於恐懼的要求，並且要從內在轉變成一個自給自足的人。他必須運用本有的自制力來轉化自己，而非要求對方做出改變。同樣的，另一方也必須學習不再延續令土星人感到焦慮不安的表現模式。事實上她或他可能會發現，土星人提出的權威之見或批評，在根本上是很有價值，而且有益的。

奠基於愛與責任的關係

如果某人的土星與你的個人行星或上升點呈合相、衝突相或對立相，你就可能覺得此人在某方面是超越你的，比較極端的情況是你可能會覺得一切都受那個人的支配，或者你對她或他的權威性有一份深切的敬重感。你會十分景仰或崇拜對方（至少有一段時間是如此）。如果某人本命盤的行星爲你自己的十宮帶來了能量，也可能有同樣的體認，因爲十宮就是土星的宮位，所以帶有相同的涵義。在這樣的關係裡，其中的一方會以爲對方仍然握有掌控權，而這可能是由於過去世把權力交給了對方。如果眞是這樣的情況，你就會覺得對土星人有一份義務，想要取悅他來獲得他的贊許。同樣的，土星人也會覺得對你有一份責任；因此一方或雙方都有很深的虧欠感，這份感覺會一直持續到還完了債為止。這個過程可能需要很長的時間，但往往會在土星推進形成重要相位時，以特別集中的方式完成。我必須指明的是這份虧欠感乃是一種精神模式，其本身就是製造無盡業力的執著傾向，因此只有當你準備好要放下對那個人的執著時，才會感覺債已經還完了；通常當土星回歸到它本來的位置，或者當土星與你的太陽、上升點、月亮、金星或其星座的主宰行星成合相時，就是舊債了結的時候。我必須強調的是，雖然雙方都有一種虧欠感，但個人行星或上升點這方通常會覺得對土星那方有種長期的責任意識，即使無法從對方身上獲得任何東西也一樣。

這些相位在關係中是最麻煩的，因為彼此都帶著沉重的責任及義務感，而形成了事業上的承諾與婚姻的夥伴關係。換句話說，當你試圖達成明確的目標，想要掌理自己的生活、金錢及能量，或是企圖做出重要的選擇時，如果都必須與另一個人融成一體，那麼這份關係勢必會涉及到領導以及委派權力的問題。在這種以目標為導向的關係裡，往往會產生權力以及權威性上的衝突，但星盤裡的其他相位若是能顯現出和諧、關懷及體恤的情感，而且可以用客觀與成熟的態度面對過往的模式，那麼這份關係就可能會是極富生產力的。有這種相位的關係幾乎都帶著對彼此的強烈忠誠感，不過我們必須承認的是，這些正向的土星品質有時也會退化成怨恨、嫌惡與喪失活力，尤其是在婚姻裡面——這樣的生命結構可能會在合作與一致性上帶來最高的試煉（請注意，土星的躍昇位置是天平座，傳統上就是代表婚姻的星座！）。我們會發現能長期做朋友的人都有這種相位，因爲他們會有一種忠誠的責任感，但又不至於太沉重或是太消耗能量；因爲兩個人可以各行其事，擁有自己的生活方式與空間，跟不同的人交往來滿足各種需求。但是在婚姻關係裡面，雙方卻會過於緊守著彼此來滿足自己的需求或欲望；或許一開始因天性吻合而感覺很開心，最後卻會變成一種不健康、封閉和依賴的關係。這種關係最好的發展，就是土星人善用他的經驗、智慧及權威性，來幫助對方表達、建構自己的能量，變成一個比較有效率有組織的人；但兩人的發展是否是正向，還必須看土星人有沒有愛心和耐性，或是太難以取悅了！

雖然我們無法單從占星學的資料推演出兩人過去世的關係（星盤只能揭露從過去世帶來的原型業力模式，而不能揭露人際角色的關係），但其中的模式似乎可以分成兩種類別。首先，土星的相位往往代表兩人仍執著的老舊業力模式，譬如兩人在過去世未付出明確的承諾，或是害怕負責而現在必須藉由對彼此的特定義務來彌補過去世的虧欠。不論是前者或後者，這些相位在婚姻中都是常見的，而且可以推演出兩人曾經有過非常深的關係，不過這份關係並不是那麼正向或是能促進成長，因此現在他們必須面對過去行爲的業果，並且要以心甘情願的態度建立一份奠基於愛與責任的關係。

天王星的挑戰交集相位

這類相位象徵兩種不同的業力模式：一是無法預測或分分合合的老舊模式的重現，二是爲了彌補過去世太缺乏自由而再度形成關係。我個人的感覺是，這些相位代表過去世的關係是無法預測或分分合合的。從各種的通靈報告以及我自己的直觀看來，那些在此生經驗到業力模式重現的人，往往會落入兩種類別中的一種。第一種關係是過去世太自由、太缺乏個人性，譬如兩人曾經是好友，不過對待彼此的方式並不是十分可靠。第二種類別是當時的情況無法讓這份關係維持穩定或繼續下去，譬如不斷地有戰亂發生，兩人因而變得聚散無常。如果是後者，那麼兩人只能短暫地相聚而變得對彼此沒有太高的期許，但是在碰面時卻極爲興奮。其結果是兩人此生第一次相遇時也會有一種興奮感，而且這份關係會發展得很快，感覺也十分強烈，有時甚至在幾週或幾個月內便決定結婚。此外，兩人會期待這種興奮感能延續下去，但短時間後卻對例行的生活方式感到失望。其中一人會試圖藉著分開或強調自己的自由來維持住那份興奮感。

非傳統的結合方式

這類關係裡永遠帶著一種自由的基調，其實任何關係都需要某種程度的自由來促進成長或保有眞實性，因此這類相位也會示現成摯友或是尊重對方需求的關係。雖然如此，天王星畢竟是個極端的行星，而這種朝著個人自由發展的傾向往往會變得太極端，進而導致兩人懷疑這份關係是否眞的存在。某些天王星相位會令個人行星或上升點這一方怨恨天王星人對自由、非個人性以及保持距離的堅持；而天王星人也可能抗拒對方加諸在他身上的限制。如果兩人的關係裡有幾個緊張的天王星相位，那麼非個人性和獨立性就會占有主控地位，進而導致兩人忽略對方的需要和欲望，或者雖然生活在一起，卻沒有心智與情感的交流。不論是哪種情況，這些相位都會展現出天王星斷斷續續、分分合合的節奏；不斷地在分合之中做調整。這種相位一方面雖然可以獲得己身的自由，一方面卻覺得這種自我中心的生活方式裡缺少了親密性，然後又會從這種挫敗和孤獨感中爆發出憤怒或反叛，最後則會因再度結合而獲得興奮感。這種相處的方式非常不穩定，結合的狀態很快就會演變成兩人之間的鴻溝。我們經常會看見某些關係永遠處於瀕臨分手的邊緣，卻總是無法結束，這樣的關係似乎總帶著一種無法預測與不確定的基調。在關係一開始的階段，這類的感覺可能會帶來很大的挫敗，然而一旦對這份關係的節奏習以爲常，而且接受了暫時分開的需求（必須有某種程度的自給自足和伸縮性才辦得到！）那麼這份關係就能持續下去，而且會變得十分理想。這絕對是一種非傳統的結合方式，兩人只能學著接受它，而不能企圖讓這份關係符合傳統所認為的「正確」模式。如果一份關係裡的天王星調子太強的話，亦即有許多天王星的挑戰相位，那麼這兩人就會變得越來越獨立，越來越抗拒合作，甚至不能再繼續下去。

這類關係裡的一方或雙方會不時地想逃離一陣子，如果不去做點新鮮或令人興奮的事，通常會感到窒息。如果另一方抗拒這種暫時性的分離，那麼兩人之間的緊張就會加強。換句話說，如果某人的個人行星或上升點與我本命盤的天王星成合相、衝突相及對立相，那麼對方的本質就會刺激我去追求改變與興奮感，但是對方如果抗拒我展現出天王星的需求與衝動，那麼我的天王星傾向就會變得更強！其實我們必須認清一點，我們只能給天王星一方更多的空間和自由，才能讓這份關係茁壯起來。天王星就像它所主宰的星座（寶瓶座）一樣，對各種形式的忌妒和操控都感到十分厭惡，因此一個人本命盤的天王星若是與你的任何個人行星呈緊張相位，而你覺得她或他已經開始對你感到乏味了，那麼你就應該記住：阻止對方去做實驗或積極地追求獨立自主，勢必會製造更多的問題。如果他或她能活出那份對改變和自由的需求，那麼老舊的模式就會變成令人興奮的轉化，如此一來就能夠為乏味的關係帶來新的熱情。

海王星的挑戰交集相位

這裡指的挑戰相位主要是衝突相及對立相，它們會示現成星盤比對中最困難的部分。個人行星與海王星合相通常被列爲和諧相位，因爲它會把關係中的利角磨圓，就像個人行星與金星呈和諧相一樣。理由是和諧相（六十和一二〇度角）通常是一種帶著同情與憐憫的能量，可以使其中的一方對另一方生起感應作用。在海王星與個人行星所有的合相中，只有海火合相是最麻煩的；但即使是這個相位，也會示現成某種正向的形式。別的合相也會帶來問題，但主要是起因於過度的同情或憐憫。海王星與個人行星成合相，通常象徵著對彼此的強烈認同，還夾雜著一份責任感（如果一方的十二宮被另一方的行星所強化，也會有這種感覺）。其中會有一種把對方理想化的傾向，而這會令我們不求回饋地幫助對方。從業力的角度來看，我們可以說我們確實欠了對方一些東西，因此在潛意識裡想要藉由任何一種形式來償還舊業。由於我們帶著如此強烈的責任感，所以會給予對方無盡的包容、諒解、臣服及忍耐，甚至覺得他不需要回報任何東西，如此一來我們就可以透過他而學會不期待。這種責任感與土星的相位帶來的責任感不太一樣，因爲後者有一種必須償還的感覺。就海王星的相位而言，我們的內心會有一種很深的感覺，好像對方在過去世曾幫助過我們，所以我們很渴望回饋此人一些東西，不過我們必須小心不要讓這種感覺變成因得不到回饋而導致的怨恨，或者因莫名的虧欠感而讓對方任意地利用我們。

強烈的困惑和失去判斷的感覺

這種關係涉及的業力是極難捉摸的，因此很難詳細地解說。我們只需要把這些相位看成是一種暗示，明白這份關係裡的某個部分確實帶著某種業力，但仍然得清晰地辨認那份感覺到底是過去世的虧欠，還是會導致怨恨的一種困惑。在呈現出衝突相及對立相的情況裡，上述的感覺會變得很明顯，不過更常見到的是一種截然不同的模式會顯現出來。海王星這方通常會有逃離對方的影響的需求（尤其是個人行星與海王星呈相位）。當海王星這方面遭到對方的挑戰時，往往會顯現出強烈的困惑以及失去判斷的感覺，海王星人只有逃開這股能量才能集中精神或清晰地運作。

舉個例子，我曾經跟一位水星與我的海王星成衝突相的編輯合作過，她是一位優秀的編輯，我們一向互動得很愉快。有一次我們共同審閱某個章節的內文，她先把整段內文讀了一遍，並且做了一些筆記，目的是要告訴我有哪幾段需要修正，等我讀完一遍之後，再與她共同決定哪些部分需要潤飾及修改等等。在這麼密切的合作之下，我才發現她的水星與我的海王星之間有多麼緊張了。當她爲我指出不同的段落時，我竟然會完全失焦，落入徹底困惑的狀態。以這種方式做編輯工作實在太浪費時間，也太令人感到挫敗，於是我們只好停工。在工作時我發現我必須距離她十呎遠，才能脫離她能量場的影響、專注於手上的工作。一旦脫離她靈光場的範圍，我就能專注而清晰地思考了。最後我們發現，如果我單獨作業，而她只要建議哪個地方需要修正，工作就會變得十分有效率。這就是我的海王星與她的水星成九十度角造成的情況；但是她的水星在表達上也遭到了挫折，因爲我根本不了解她在說些什麼，每當我們開始校訂時，她就會變得非常緊張焦慮。

不實際的理想化傾向

海王星的交集相位往往會呈現上述的困惑，有時也會顯現成一種輕微的焦慮，或者示現成極大的誤解及錯誤的詮釋，甚至是欺騙。欺騙之所以會產生，多半是海王星人不願徹底面對某些事情。海王星人之所以不願把事情說清楚或者完全不表明態度，目的只是爲了不讓對方在不明白整個眞相之前做出任何假設。海王星想維持住自己的自欺傾向，而且對以具體方式解決困難感到很不舒服、很不確定。藉由逃避問題以及保持含糊態度，才可以防止對方的影響，同時又無需做出任何承諾。如果一方的海王星相位與對方的太陽形成相位，這類的互動方式就會在這份關係裡變得十分顯著，進而顯現出一種慣性逃避傾向（海王星人），而太陽這方也會有某種程度的挫敗感，因爲她或他給出眞實而富有創意的能量之後，往往得不到直接的回應或認可。海王星與太陽合相也帶有同樣特質，但這種相位偶爾會顯現出對彼此的認同，就好像是同一個人似的。有時特別親密的關係也會出現這種相位，兩人之間有一種細緻又強烈的愛的感覺。對立相位也會顯現出這種神祕特質，但上述的困難還是十分明顯。衝突相則是其中最令人感到挫敗的相位，同時也最容易製造出更大的矛盾；雖然兩人偶爾也會有強烈的認同感，不過這份關係還是奠基於一種不實際的理想化傾向，因爲這份認同感通常源自於潛意識裡的偏見及幻覺。

冥王星的挑戰交集相位

前面幾章已經描述過的冥王星特質，都可以用來解析星盤比對中的挑戰相位。在那些章節裡我曾說過冥王星與操控性、併呑性以及正向的轉化潛力有關，這些定義也都可以運用在星盤比對裡的冥王星相位。事實上我們可以很輕易地舉出這些相位的另類示現方式，因爲這些能量會以相當極端的方式展現出來，包括正向與負向在內。雖然如此，我們還是應該記住冥王星就像占星學的其他要素那樣，也會以兩極化的方式呈現出來；曾經是極負向的狀態，經過一段時日之後就會轉爲極正向的展現方式。凡是與冥王星有關的事物，我們都很難預測最終的行爲或經驗會是什麼。因爲冥王星永遠想透視經驗的底層、探究最核心的意義，而且喜歡以無情及強烈的方式面對所有經驗，因此在探討星盤比對裡的冥王星相位時，我們主要針對的就是它的操控與轉化特質。換句話說，冥王星人要不是打擊對方的士氣，甚至以貶低對方的方式帶來助益（促成對方的自我貶抑）；否則就會鼓勵對方以專注和決斷的方式進行自我轉化。是否能呈現出後面這種情況，就得看冥王星人在靈性覺醒上已經到達什麼程度了。我們很難期待一個在靈性上尚未覺醒的人，或者仍然被無意識的衝動操控的人，能夠爲另一個人帶來靈性上的成長。

深入底層探究冥王星的涵義

試圖了解兩張星盤中的冥王星相位一向是很困難的事，通常必須涉及某種程度的猜測與直觀力，或者必須對這兩人的互動有很深的認識才行；因爲冥王星極少會是表面化的活動，除非我們對這兩人的互動有很深的認識，否則根本不可能描述得出這類相位的示現方式。此外冥王星的涵義通常是非常複雜的，如果只憑著表面的現象就做出判斷，一定不可能徹底了解冥王星相位的意義。假設約翰的冥王星與我的水星成衝突相，那麼其他人可能會認爲約翰總是在影響我去思考一些禁忌議題，或者要我表達一些對社會產生威脅性的觀點，而一個喜歡批判的旁觀者便可能會說：「你看約翰對那個老兄的影響有多大，他根本是在壓制對方的推理能力和常識嗎！這個約翰眞是惡劣！」然而我所體認到的與約翰的關係，卻是非常有價值的。表面上看來他或許是在貶抑我，但也許我眞的需要深入到生命的核心，看看我自己的心智和情緒裡還有哪些老舊的廢物、恐懼、過時的態度或衝動是需要淘汰的。藉由這種深入的探究，我可能會產生前所未有的勇氣以及對自己的了解，即使約翰的動機完全是負面的，又有誰能斷定我無法從這種挑戰中獲得成長呢？我一旦從這份經驗裡獲得了成長，或許就能自在地告訴約翰說：你可以消失了！

另外還有一個理由可以說明爲什麼必須謹愼地詮釋這類相位。由於冥王星移動的速度非常緩慢，因此我們等於是在跟千千萬萬人共享同樣的相位。舉個例子，如果我的冥王星剛好與太陽成對立相，那麼我本命盤的太陽就會跟我差不多年齡的人的冥王星成對立相。這不是意味著我與這千千萬萬個人的關係，都有著相同的基本模式嗎？答案當然是否定的。重點是只有我這個世代的人才會經由這個對立相強化我的能量；但最主要的問題還是在我身上，不在別人身上！因此當我看見兩個人的星盤裡有冥王星（或是天王星、海王星）被強化的現象時，我通常不會去強調這些相位，而會去找更具有個人性的面向。只有當星盤比對裡的冥王星主題浮現時，譬如冥王星呈現數個挑戰相位（有時也包括某人的行星落在雙方本命盤的八宮裡），那麼我就會留意冥王星所象徵的潛力了。比對年齡相仿的兩個人的星盤時，其中一人的冥王星往往會跟另一方的冥王星形成相位，但比對年齡相隔非常遠的兩張星盤時，卻更容易發現這一類的挑戰相位。因此，一個人的冥王星若是與他人的個人行星成合相、衝突相或對立相，就應該看成是這份關係之中極爲重要的特質。不過我還是要再強調一點，即便沒有重要的冥王星相位，兩人的八宮若是被強化，也會顯露冥王星的特質。一個人的八宮若是被另一個人的個人行星所強化，那麼八宮這方的人就會想操控、吞沒、轉化或改造另一個人。

冥王星為關係帶來的主題

從業力的角度來看，冥王星爲一份關係帶來的主題，乃是要這兩人或其中一人學會如何獨立生活，並且要讓對方以最自然最自發的方式成長。不過這門功課是很難做的，因爲冥王星被強化，似乎意味著兩人在過去世曾過度融入於彼此，他們的身分已經融成一體，因此依賴性、親密性或操控性往往是被過度強化的。此刻我們自然會聯想到母子關係，不過也可能是其他類型的關係，譬如兩人在過去世裡曾經是彼此相屬的愛人、夫妻或主僕關係。這類關係的另一面往往跟權力有關。在大部分的情況下，冥王星人是握有大權的一方，特別是跟另一個人的太陽、月亮或上升點有相位的話。有時這種操控性並不是十分強烈，但多少還是存在著，因此其中的一人通常會感受到從冥王星那一方散發出來的磁力。除非冥王星人能自動放棄對另一方的操控，否則對方將逐漸發現她或他必須從這擾人的能量場裡抽身出來，才能自由地呼吸與生活。

合盤

既然這一章主要是在說明特定關係裡的業力元素，那麼我們就該談一下特定關係裡的主要目的是什麼。直到最近我才對合盤（Composite Chart）〔註二〕產生興趣，雖然我已經在這上面做了一些實驗。我之所以會缺乏興趣，主要是因爲我閱讀過的有關合盤的解釋，沒有一個能夠應用在我對它的實驗裡。由於其中缺乏有意義的哲理以及可以帶來啓發的理論，所以我不禁開始懷疑這整個技法純粹是一種臆測，甚至可能是毫無價值的東西。當我把某些書籍裡的詮釋應用在合盤時，這些感覺就更強烈了，因爲它們完全不符合我的經驗。

後來我遇到一位名叫茱迪・溫斯汀（Judy Weinstein）的占星家，她在合盤上下過許多功夫。她建議我應該把合盤看成是特定關係的生命目的指南，從這個嶄新的觀點來看

〔註二〕合盤是由兩個人的太陽、月亮等行星的中點組合成另一個星盤，這張星盤最主要的能量展現與兩人本命盤的能量展現是不一樣的。強調上升點以及有行星座落的宮位，但不強調相位與星座，乃是詮釋合盤的最佳方式，不過詮釋合盤必須奠基於正確的生辰。

合盤，一切都有了清晰的意義。過往看似毫無道理的元素，現在似乎都有了意義，因爲它們往往顯示出兩個人之間所涉及的特定活動，以及由兩個人共同形成的自發表現。不久之後我前往西雅圖做了一場演講，另一位名叫瓊・馬爾斯登（June Marsden）的占星家也告訴我說，她發現這樣的解說方式對合盤而言是正確而有用的。往後我個人的經驗也都證實了合盤能揭露一份關係的主要生命目的。因此，如果我們遇見一位似乎在我們生命裡扮演重要角色的人，而傳統的星盤比對方式又不能有效地說明這份關係的意義，這時我們就可以把她或他的星盤跟我們的做一個合盤。這麼做或許可以更清楚地揭露這份關係的目的是什麼，以及兩個人合起來的能量最根本的表現方式是什麼。〔註三〕

〔註三〕我最近覺得合盤是一個稀世珍品，它可以讓人對宇宙的驚人秩序產生激賞的感受，而且可以被描述成一份關係的人格特質，以及兩人共同形成的傾向、興趣、經驗領域、密集的施與受等等。然而我已經不再認為我們可以藉由任何一種技巧來決定一份關係真正的目的。而且我必須強調，如果兩人的星盤沒有透露出能量層次上的相配性，那麼即使是最令人感到興奮的合盤，也很可能跟真實生活毫無關係。我覺得合盤應該被看成是一份關係的人格特徵，而不必然是這份關係的核心能量。

〔原書編按〕史蒂芬·阿若優後續又出版了許多人際關係方面的占星著作，譬如《關係&生命週期循環》（Relationships & life cycles），以及與麗茲·格林（Liz Green）合著的《現代占星學的新視野》（*New Insight in Modern Astrology*）。有關星盤比對以及評估個人關係的方法的諸多細節，這兩本書都以原創而精采的方式做了深入的探討。

〔第八章〕

轉化的週期循環——第一部分：移位法

一個未經檢視的人生是不值得活的。

——蘇格拉底

道法自然。

——老子

本章以及接下來要探討的推進法（transit）章節，將檢視這兩種方法中最重要的主題，以便理解人類發展及成長的週期循環之本質。有關推進法的探討近代有許多著作已經很詳盡地解說過了，但「移位法」（progression）這個主題——雖然擁有廣大市場的占星雜誌約略提及過它——卻並沒有被賦予同樣深切的關注。〔註一〕因此當我們試圖對占星學做出現代化的改革時，仍然得發展出妥當而適切的語言，以便從經驗性的觀點來理解它，而非從傳統的角度把移位法看成是外在事件的觀察線索。我在本章裡想要探討的就是這種嶄新的解析方式，但首先我們必須先定義好要探討的移位法究竟是什麼類型，同時要區分推進法與移位法的意義有何不同。

次級移位系統

目前占星學家所採用的移位法起碼有十幾種，這個事實應該讓我們意識到移位法所涉及的經驗有多麼細微了；如果移位法不可避免地與確切的、易於被觀察到的經驗及事件有關，那麼我們可能會認爲只有幾種方式會被運用到，因爲經由多年的測試已經證實了它們的有效性。從某個程度來看，大部分的占星師都偏好幾種特定的方法，然而這份偏好到底是基於這些方法值得被信賴，還是因爲大部分的占星學派只教授這幾種方法，就不得而知了。不過有一點是很明顯的，西方的占星師經常採用的方法只有下面兩種：「次級移位系統」（Secondary Progressions，或「一天代表一年法」〔A Day for a Year〕），以及近年來流行的「太陽弧移位法」（Solar Arc）。由於這兩種方法是我比較有經驗的，所以我想把我的解說設定在這兩種方法上面。根據我的經驗，次級移位法在了解心理發展、重要成長以及內心議題的揭露上是比較適切的，雖然特定的事件以及

〔註一〕諾亞．泰爾（Noel Tyle）的《擴張的當下》（*The Expanded Present*）是一個例外，這是一本很有價值且深富教育性的著作，它不但列舉了各種移位法以及運用的方式，同時還進一步地運用經驗性的心理動力語言，來表達特定移位相位的意義。

重大的經驗也會隨之出現。假設我們參照的是移位的太陽與月亮形成的相位，那麼這種移位法的可靠度就是很高的（不論我們是否能察覺當時示現出來的情況），但若是把這種移位法用在其他行星上面，就不是那麼可靠了。這代表人們比較能意識到移位的太陽及月亮的相位所顯示的成長與發展，但其他的行星就不帶有這類的意義或實際的價值了。譬如移位的火星、水星或金星跟個人生活裡明顯的趨勢雖然有關，但並不是所有的人都能認同或了解個中的意義，因此關鍵就在於一個人能察覺內在的改變及動力到什麼程度。有些人聲稱他們可以覺知所有次級移位形成正相位時帶來的影響，其他的人則只能體認到太陽和月亮移位時的相位。

太陽弧移位法

從另一方面來看，太陽弧移位法似乎比次級移位法更可靠一些，主要是因為太陽弧移位法會涉及到所有行星而不僅只是太陽和月亮，因此它對本命盤行星的影響似乎比較均勻。太陽弧移位法比大部分的次級移位法更能揭露明確的事件（除了次級移位法的月亮移進本命盤與某個行星成合相之外），因此有越來越多的事件派占星師採用這個方法。由於太陽弧移位法主要是在了解和預測外在的事件以及情況的明確改變，因此我覺得凡是對個人內在生活比較感興趣的人，都應該強調次級移位法，但並不是要排除太陽弧移位法。由於太陽弧移位法的計算方式，是奠基於跟次級移位法的太陽（大約一年一度）同樣移進速度的行星之上的，因此它跟移位法裡的行星以一年一度的速度移進很類似。卡特以下的這段說明似乎可以運用在太陽弧移位法上：「假設我準備把其他所有的移位法都排除掉，至少我會保留一年一度的計算方式，因爲我發現它們從未失效過。」（from *Some Principles of Horoscopic*, p. 75）。

但我們必須謹記在心的是，太陽弧移位法比次級移位法更容易測試，原因是後者象徵的是非常微細的生命發展方式，所以其意義無法被立即察覺到。由於本書的重點主要是放在星盤的內在次元與個人經驗上面，因此我所說的特定移位角度的內涵，多半是以次級移位法爲主的。太陽及月亮的移位通常是最可靠也最能代表內在的重大發展，因此我要探討的就是這兩個行星在次級移位法裡面的定義。

推進及移位法的差異

尚未詳細探討特定的移位角度之前我要先提出一個概念：我們首先要區別推進及移位這兩種方法在定義和應用幅度上的差異。某些人經常提到移位法顯示的是內在的發展，推進法顯示的則是環境與外在情況的改變，其實這種過度簡化的說法忽略了其中最主要的元素。以此種方式來區分這兩種方法，乃是用人爲的假設來設定有內在與外在或個人與環境的分別。其實外在世界就是我們的業力以及內在情境的投射，我們都體驗過情緒或態度上的變化如何徹底改變了我們對外在情況的觀點。特定的移位角度有時會跟外在的某個事件相關，有時也會在意識裡產生變化，或是兩種現象同時出現；推進法也是同樣的情況。我在前言裡曾指出過，我們的業力和命運將會示現成外在的某些情境和事件，但究竟會示現到什麼程度，那就得看我們的自覺意識有多高了。羅勃・韓特（Robert Hand）在他的《推進中的行星》（*Planet in transit*）這本書的前言裡寫了一篇精采的引言，釐清了內在與外在經驗的人爲二分法：

我們所謂的客觀陳述，其實是一種集體性的主觀經驗。或許真有一種在個人經驗之外的絕對現實，但這跟我們的日常生活是毫不相干的。我們永遠是在意識的連續場裡產生對世界的反應，並且覺知到自己的反應。

韓特繼續細膩地比較了移位法及推進法的異同，我希望讀者能研究一下他的觀察。接下來所引用的這段文字，就是出自他的精采結論：

占星學的象徵符號可以藉由不同的方式呈現出來，其中的推進法代表的是你生命的象徵符號將如何在時間中展露出來，移位法也是一樣，但推進法比移位法更能提供詳細的解說。移位法顯示的通常是較長時段的概略生命結構。

我們同時也發現推進法指的是比較確切的能量上的連結，而且是可以立即感受到的，大部分的移位法揭示的則是情緒的變化、新的興趣、新的生活導向，但我們很難在整個能量場裡感受到這些能量模式上的變化。就好像本命盤裡的行星已經設定好了一種宇宙能量模式的制約，我們只是按照被設定好的頻率及速度不斷在振動著。雖然如此，大宇宙環境裡的變化，仍然能顯示我們跟其中的能量是和諧的還是衝突的。

行星的推進可以暫時改變我們星盤裡的能量模式，方式是在我們一貫的存在形式中添加其他的頻率振動。這種新的能流會在行星推進的相位消失時結束，繼而揭露那個相位帶來的微小變化。還有的情況是個案似乎消化了這些新加進來的能量（可能會示現成某個生命面向上態度的改變），雖然本命盤的基本能量模式仍然保留著，但重大的人格變化顯然已經發生了。移位所形成的角度，往往會揭露人人都可能經驗到的週期循環模式；換句話說，我們從誕生以來一直交感著的能量場，規律又自然地造成了內心階段性的改變，而這些改變可以透過移位的角度觀察出來。

我認爲許多占星學派過度強調移位法的重要，甚至徹底否定了行星推進的影響力。

我完全無法理解一個採用推進法數年之久的人，竟然會將其所提供的極爲有用的洞見拋諸腦後。另外，我認爲有些占星師太過於強調所謂的「移位星盤」，他們的方法是利用目前的移位角度建構出一個星盤，然後以抽象的跟個人本命盤無關的方式來詮釋它。我和其他的許多占星者一樣，皆主張所有的移位及推進法都應該和本命盤連結，因爲這樣的方式比較能揭露一個人的成長、顯示出本命盤的各種潛力。同時我也贊同卡特的說法：推進法比移位法更能揭示人生的重大改變，基於這個理由，做占星諮商時推進法往往比移位法要更實用，如同卡特所說的：「就個人經驗的層次來看，我認爲我不太平靜的一生有四分之三的部分都可以藉由推進法獲得正確的理解。」（from *Some Principles of Horoscopic Delineatio*, p.73）

卡特最後的那句「正確的理解」，就是這整個爭議之中的關鍵詞；因爲你一旦懂得如何正確地運用推進法，就會透過研究以及實際操作而發展出自己的洞見。你會發現起碼有百分之九十的重大經驗與人生階段，都可以藉由推進法得到明確的理解。接下來的章節裡我將指出占星教科書極少提到的正確使用推進法的概念，不過當然，某些時刻的生命循環經驗是無法藉由任何方式來了解的，雖然這樣的時刻並不多見。如果我們在理智上夠誠實，而且拒絕拿行星週期循環的意義來詮釋所有的生命經驗，那麼我們就會承認某些經驗是無法藉由任何方式來了解的。卡特早就在一九二七年所出版的《占星學的七大問題》（*The Seven Great Problems of Astrology*）一書中談到了這個議題，他的說法可以同時運用在推進法和移位法上面：

我們一旦發現導致某個特定階段的發展的肇因時，通常會以為自己已經擁有了攸關自然和諧性的美妙範例。

這時我們必須念及那些移位的行星帶來的發展跡象，其實並不會永遠明確地示現出來；有時我們必須承認許多事件的發生是沒有明顯跡象的，或者可以說發展的跡象無法產生作用，或是在錯誤的時間產生作用，甚至以相左於占星預測的方式在作用著。有許多占星系統已經被倡導出來，新的系統也不斷地在出現，但我懷疑是否真有完美的詮釋方式。理由是生命的複雜性是無解的，不但個人層次上是如此，與他人的關係也是如此⋯⋯，期待一個完美的占星解說系統乃是過度樂觀的態度，特別是許多人都受到同一個事件的影響：譬如某位雇主死了，那麼許多雇員都會受影響，難道這些人的天頂都會出現應該有的跡象嗎？如果是這種情況的話，那麼就意味著這樣完美的占星解說，已經讓人陷入一種機械化的模式了。（P.10）

卡特的正確說法應該可以幫助我們認清占星學本是一門藝術，在這門精緻的藝術之中，占星師不但是位藝術家，同時也是最主要的表達媒介；而推進法、移位法以及其他的技法，都只不過是運用這門藝術的工具罷了。還有一個重要觀點是初學者必須花很長時間才能領悟的，許多經驗老道的占星從業者也未必能了解，那就是由推進法、移位法所象徵的人生歷程，都只是一個活生生的人的一部分罷了。這些生命的改變階段與週期循環並不是突如其來互不相干的，如同我在前言中所說的，它們都是一個統合且繼續在發展中的意識的所有面向，而且同時在不同的存在次元運作著。換句話說，所謂的一個人的太陽與火星成九十度角這件事，並不是眞有其事，這絕不是你可以去百貨公司購買或是由某人送給你的東西；這其實是從你、你的本質、你目前的生命情境以及你未來的潛能裡產生出來的。眞正發生的事也許可以用下面這句話來表達：「你的太陽已經移位到某個能活化你的火星的點。」這意味著你的身分認同、意識及運用創造力（太陽）的方式，已經移位到某個可以讓你確立自己（火星）的階段。因此，你可以進一步地統合火星的能量到你的生命中，而且從此以後會更有能力掌握和消化這股能量。

換句話說，我們對移位情況的解釋必須變得更個人化，更能與個人的本質相應（與本命盤相應）。只有以這種方式來詮釋移位及推進的相位，才能讓我們進一步地了解自己。換言之，移位或推進的行星相位帶來的影響，都得仰賴我們本命盤呈現出的特質。

舉個例子，當太陽或月亮的移位與本命盤的土星呈和諧相時，往往代表這個人正在經歷快速的成長和深刻的滿足感。這時雖然還是得付出一些努力，但此人可能會把這些努力看成是理所當然，並且會從中獲得很大的滿足。如果木星也涉及進來的話，那麼此人若是無法以健康流暢的方式和木星相應，就算是有和諧相位，也可能浪費掉大好的機會。最重要的是，次級移位的行星角度（尤其是日月的角度），可以帶給我們一個機會整合我們本質裡的不同面向，使我們更能支配自己的能量。因此，理解這些移位行星的相位，可以使我們對自我轉化的奧祕產生了解，並且能幫助我們隨著時間而變得更成熟。

我前面提到過，正確地了解推進法，可以讓占星者掌握住一個人重要生命階段大約百分之九十的內涵，因此我們可能會質疑是否還有必要再運用移位法，特別是某些受尊崇的占星家從不使用它。我的觀點是，各種方法都應該有所了解，並且要實驗一段時間，然後再專注於那些可以帶來最佳成效的方法。我個人會建議學生去學習次級移位法以及太陽弧移位法，然後把焦點放在移位中的太陽與月亮。雖然移位的太陽與月亮的相位只能象徵生命重要經驗中的一小部分，但這些經驗仍然是非常重要的。其他還有幾個次級移位系統也很值得關注，我在此章的後段將會談到。

移位的太陽

移位的太陽跟本命盤形成的角度可以用很多方式來解釋，以下的資訊代表的是我認為有意義的詮釋方式，即使是沒有任何占星知識的個案，也能夠輕易地了解其中的意思。

我在觀察移位的太陽時，通常著重的是它跟本命盤裡的行星形成的相位，不像其他的占星師，我很少去關注移位太陽的星座與宮位，因為我覺得這些元素的重要性往往被過度強調了。雖然移位的太陽目前座落的星座與宮位確實有某些重要性，但因為它會停留在某個星座及宮位長達三十年之久，所以在諮商時很難指出特定的意義。不過移位的太陽如果正在改變星座或宮位，這時我就會加以留意了，因為這些改變的階段是很重要的，而個案也往往會感受到價值觀上的變化。不論移位的太陽落在什麼星座及宮位，個案勢必會在一兩年內以某種方式適應這種改變，屆時就不會像正面臨改變時的感受那麼強烈了。因此在觀察移位中的太陽時，相位最能彰顯出目前此人關注的事物的意義。雖然我們應該著重在合相、衝突相及對立相，但移位的太陽與本命盤形成的所有正相位，都可能有明顯的意義，即便是三十度或四十五度角也一樣。移位的太陽因為速度非常緩慢，因此形成的正相位維持在十五分內（大約四分之一度）可以長達六個月的時間。在這段期間裡，兩股強而有力的能量會交織在一起一段時間，因此當事者勢必會開始察覺某種程度的內在壓力以及想要改變的衝動，即使當時呈現的是所謂的小相位。

以上的探討讓我意識到一個問題，在詮釋移位的太陽相位時，到底該採取什麼樣的容許度呢？換句話說，我們怎麼知道移位的太陽形成的相位最活躍的時間有多長？不同的占星師對這個問題通常有不同的說法，因爲每個人的心性都有所不同，某些人可能對內在的改變以及能量的新發展方向，比別人來得敏感一些。接下來的章節將會談到更多有關容許度的問題，我個人採用的系統比一般建議的一度要小一些，因爲如果採用的是一度的容許度，那麼移位的太陽相位帶來的感受就會長達兩年之久。這樣的容許度有時也是有用的，然而我的經驗通常不是如此，因爲大部分的人根本沒時間注意人生中重大的改變，直到改變力量強大到逼著他們不得不關注爲止。我比較喜歡用二分之一度的容許度來看相位的接近，用四分之一度來看相位的離開，這意味著大部分的人必須等移位的太陽快要形成正相位之前的六個月左右，才會開始感受到它的影響。正相位一旦脫離，強烈的感受就會開始消失（在三個月內），雖然完全消化這份經驗還需要更長的時間。根據我的體驗，大部分人會在六個月左右的時間裡，消化完太陽移位的相位所帶來的感受。這段期間人們往往會體驗到最強烈的感受。

快速發展與成長的階段

太陽移位的相位可以藉由太陽與獅子座的定義來加以理解，譬如渴望變成某種理想的狀態或是渴望表現自己，如果我們從這個角度來看移位的太陽形成的相位，就會發現它一向代表一個人正在吸納新的存在品質，以及發展出新的表現模式。當移位的太陽與其他行星形成相位時，我們就開始有機會跟那些行星象徵的潛能相應，並覺察到這些象徵符號在我們人生裡的意義是什麼。為了釐清我剛才所說的「吸納新的存在品質」，不妨快速地回想一下獅子座的能量是怎麼運作的；獅子座的人通常會說：「我將會變成那樣的人」，然後就會朝著那份願景去發展。他們會徹底變成自己想要的狀態，雖然目前他們並不是自己渴望的那副樣子，但這並不會帶給他們任何阻礙。他們會採取立即的行動來朝著那個方向發展，因此他們是自我轉化的最佳範例。雖然還有其他改變自己的方式，但獅子座確實能彰顯出太陽運作的法則。如果把這個概念放在太陽的移位上，我們就可以說當移位的太陽與本命盤的行星形成相位時，你會更像那個行星的特質。在這個相位形成的階段裡你會比以往的改變更大，不論你能不能覺知得到，這個改變的歷程都會發生。我們可以說，太陽與獅子座象徵的是想要比目前的自己更完善更卓越的一種渴望。如果你明白太陽象徵著變得更好的渴望，那麼我們就會明白移位太陽的相位代表的是快速發展與成長的階段；我們整個人格都會在這個階段裡產生變化，而自我表現的範疇也會在這個階段裡拓寬。

我的檔案裡有些範例可以用來解釋移位的太陽形成的相位：

移位的太陽與火星合相（一位二十五歲的男性）

他開始呈現出陽性特質、個人性的力量與性格。過往的恐懼及制約（本命盤的土星與火星呈衝突相）曾阻礙他去追求自己想要的東西，現在似乎越來越無法造成威脅了；事實上，這是一段在信心和勇氣上快速成長的階段，他再也不會回到以往的那種恐懼與自我懷疑的行爲模式中了，因爲他似乎已經徹底消化了火星的能量。他跟火星的本質更接近了：他變得更無懼、更能確定自己、更有力量，同時也更能發動新的計畫和採取行動，即使這些計畫可能涉及到某些危機。這算是一段急速轉化的過程。

移位的太陽與金星合相（一位四十八歲的女性）

從未結過婚，而且從未經驗過愛或性上面的關係，在這個階段裡她開始對自己這個被忽略的部分有所覺知，她與兩個男人發展出了性關係，雖然這兩個關係都沒有維持太久。同時她也被自己的行爲和欲望產生的衝突所困擾，但這畢竟是一個快速成長的階段，因爲她跟金星代表的需求、欲望以及潛力連結得比較深了，繼而產生了對自己的女性魅力與吸引力的信心，同時也比較能敞開心胸去面對金星象徵的經驗次元。在這個階段裡她變成了金星代表的那種人——敏感度加強了，情感深度也增加了。

移位的太陽與木星成九十度角（一位十九歲的男性）

這是一個拓展自我、改善自己以及冒險的階段。他在這個階段裡實驗了各種新的觀念、理念、生活方式及理想，也比較能夠在人際互動中增長自知之明。這是一段發現自己、變得更有信心、更快樂獨立的階段。他同時也找到了新的宗教上的興趣，因爲他首次接觸到東方宗教的輪迴觀念以及道家哲學。在經濟上也有人送了他一輛車子和上大學的津貼。

移位的太陽與海王星合相（一位二十六歲的女性）

她顯現出更理想主義的傾向，而且眞的朝著這些理想在生活。心靈層面上她也開始覺醒，並且更能察覺以往忽略掉的複雜細微的生命元素。這個階段的一開頭她辭去了自己的工作，退隱了三個月，在這段期間她發展出一些比過往的生活更富啓發性的未來計畫。她對醫學領域開始產生興趣，甚至去追求這方面的知識長達好幾年的時間，因而獲得了內在的滿足。在這個階段裡，她對業力和命運也更能開放地接納了。

移位的太陽與天王星合相（一位二十七歲的男性）

他的外在生活與內在的個人性及目的感都產生了巨大變化。在這個階段的一開始他搬到另一州去居住，爲的是尋求新的事業發展方向：他在大學主修的是心理學，這時卻轉而求取音樂碩士學位，幾個月後他又放棄了碩士學位而回到原先的住處，爲的是研究占星學與占星諮商。由於他之前沒有任何諮商經驗，而且從未認眞研究過占星學，因此這是一個激進的新方向。他變得更像天王星人，不但他的外在世界有許多改變，同時也變得對占星學越來越感興趣。

移位的太陽與冥王星成九十度角（一位三十歲的男性）

他在這個階段脫離了舊有的模式，發現自己已經不再是一個受大學經驗影響的年輕人。這個階段裡他消化了一個事實，他發現過去的一切已無可挽回，過去的那些面對人生情境的機械化和衝動反應，也不再令他感興趣或感到滿意。這個階段裡同時出現了令他有再生感的爲期三週的病痛，復原之後他徹底結束了過往賴以維生的工作，開始朝著新的事業方向發展。生病的那段期間，他發現自己再也無法活在以往的那些毫無意義、毫無啓發性的活動裡，他變得更像一個冥王星人（正向的！），開始以無情的方式行使他的生活，並且更專注於目標的追求。

移位的太陽與土星成九十度角（一位二十五歲的男性）

在這個階段裡，他的價值觀與觀念變得比以往保守了一些。他吸收了許多土星特質，某些是源自於他和一位老教授之間的衝突。他覺得有必要暫停研究所的學業，於是用了五星期的時間來考慮自己是否該繼續完成這份企圖心。這個階段一過去，基於許多現實因素他辭去了工作，離開了研究所，而且越來越像土星人那樣，能夠接受社會建制裡的某些資深成員，也變得更有耐性了。

上面的例子應該可以讓讀者更明白這種對移位太陽的解釋，以便在實際諮商時加以運用，然後我們才能認清這種著重於心理成長的占星諮商方式是否適用。雖然移位的太陽形成的小相位、一二〇度以及六十度角並不能顯示出心理上的重大發展，但還是值得加以關注。移位的太陽呈合相、衝突相及對立相時，則永遠能揭示自我轉化上的重要階段，而且在這個階段裡個案也比較能整合本質裡的顯著部分。如果一個人與其精微面向較為相應，那麼他或她就會察覺重要的業力模式正在被激化，或是被自己覺知到。那些對內在活動不太敏感的人則會在此階段經驗到某些外在事件，繼而迫使他們面對內在的某些部分，同時會在這個階段裡出現人格上的發展與成熟度的增長。

移位的月亮

移位的月亮是一個格外有價值的參考點，因爲它行進的速度比較快，所以它跟本命盤的行星形成的相位和座落的宮位，都可以運用在詮釋上面。此外，移位的月亮在個人本命盤裡的週期循環（大約二十七至二十八年），也可以跟推進的土星週期（二十八年半至三十年）形成完美互補。移位的太陽進入的宮位，代表你會開始覺知到的生命經驗領域；你會覺得不斷地被那個領域裡的事物所吸引。〔註二〕相反的，推進的土星座落的宮位，如同我們在第五章所描述的，則特別能代表促使我們付出努力或帶著覺知去表達的生命領域。以下的解說可以顯示移位的月亮進入的宮位之意義：

一、從過去世帶來的潛意識態度和反應，會在與其相關的領域裡變得更明顯。

〔註二〕請留意月亮象徵的是印度占星學所謂的「心智」，它代表不斷在流動的思緒、感受、印象、情緒、腦中的意象、心理上的需求以及種種的回憶，而這一切都是我們一般所處的「心智狀態」。與這一類心智狀態有別的乃是水星所象徵的理智心，而理智心只是意識心裡面的一部分機能，因此認為心智完全是由水星所掌管的，乃是一種不正確的說法，雖然我們不能否認水星的作用力完全隸屬於心智層面。

二、當月亮移位至某個宮位時，我們會把許多注意力集中在那個領域裡的經驗。

三、當月亮移進另一個宮位時，興趣上的變化往往會變得很明確，尤其是當它跟本命盤的行星成正相位時。

四、當月亮移進不同的宮位或是和本命盤的行星呈緊密相位時，新的關係或人脈會因此而建立起來。

五、一個人的整個情緒會藉由月亮移進的宮位顯示出來，因此當一個人消化了這份嶄新的經驗時，心理上的發展就會變得很明確（請注意月亮是跟滋養、照料及餵養有關的行星，因此也跟消化賴以維生的事物有關；或者我們可以說月亮移進的宮位也代表我們賴以維生的經驗領域）。

六、某些情況下，月亮移進的宮位也代表日常的環境與情境；不過大部分時候揭示的是我們腦子裡關注的事物。

七、月亮移進的宮位代表我們生命力的導向，因此那個經驗領域或興趣導向會特別吸引我們，有時會讓我們變得格外敏感、容易產生反應。

當移位的月亮或推進的土星落在角宮（angular house）時，往往會出現一些顯著的活動，落在續宮（succeedent house）則會追尋安全感或建構一些東西，落在終止宮（cadent house）則會出現嶄新的經驗與學習，而且會涉及到旅遊或教育訓練。移位的月亮（有時也可以適用於土星與木星的推進）可以進一步地藉由與其相關的星座元素，來爲其座落的宮位分類：

通過風象宮位（三、七、十一宮）：會刺激我們做計畫，產生新的概念和新的關係，並且能獲得對事物的客觀洞識。

通過火象宮位（一、五、九宮）：會刺激我們採取行動以及爲事物付出承諾，或是對事物產生創造力及願景。通常會熱切地投入於外在世界。

通過水象宮位（四、八、十二）：會刺激我們產生反省，想要退回到內心世界去更深入地認識自己，因此可能出現顯著的靈性成長，心靈的敏感度也會增加。

通過土象宮位（二、六、十宮）：會刺激我們察覺眼前必須完成的事，以及跟責任義務相關的事情，使我們意識到該如何適應外在世界。有時也顯示出必須藉由努力來償還某些特定的業債。

我們需要留意的是，移位的月亮如果落在火象或風象宮位，通常會顯現出情緒上的放鬆，遠勝於落在土象或水象宮位。事實上，當一個人的月亮移進另一個宮位時，我們會立即察覺情緒上的明顯改變。如果進入火象或風象宮位，能量的流動會比較流暢，進入水象或土象宮位卻似乎會遭到阻礙。舉個例子，假設一個人過去的兩年半移位的月亮都是落在八宮，而現在則進入了九宮，那麼此人的整個行為舉止都會改變，譬如從沉重、緊張及內省的情緒，轉變成樂觀、富有冒險精神以及愛開玩笑的情緒。

當月亮正要離開或正要進入另一個宮位時，通常都會出現明確的事件或經驗，這一點我們在第五章曾提到過，但我並不是在說月亮進入另一宮永遠都會出現重大而明確的經驗。如果我們採用的是寇區宮位制，就會發現當月亮靠近另一個宮位大約六到八度時往往會出現這種情況，所以我一向對這個可能性抱持警覺態度。因此月亮移進任何一個宮位的旅程都可以用下面的解釋來描述，而這也可以運用在土星的推進上：當一個行星剛進入一個宮位時，我們通常必須做一些決定，或者會意識到一種新的成長方向，但接近一個宮位的尾端時，我們的計畫與努力的結果就會示現出來，而且是很具體很明確的。似乎那些潛力在一開始是抽象的——以一種活躍的想法或想像呈現出來——現在卻變成了具體的形式。這件事一旦發生，我們就會看見由那個宮位所代表的生命領域變得更落實了，而且感覺上也更舒適更熟悉了。

推進的土星以及移位的月亮還有一種對等性：這兩個行星都會在二十七歲和三十歲之間回歸到原位。土星回歸到原位代表的是接納自己的命運安排，尤其是跟外在世界的關係，而月亮移位至原來的位置，則會顯現出較為主觀及私密的感受。如同土星回歸原位的階段一樣，月亮回歸原位也是一個學習接納自己本質的時段，同時要學會接納內在的需求和感受，但主要是給了你一個跟自己和諧相處的機會。父母、社會、宗教以及教育帶給我們的壓力，全都會造成我們對自己的不確定感，使我們不知道做自己是不是正確的事。基於這個理由，大部分的人都會發展出對自己某個部分的不信任，甚至經常感受到一種隱約的不舒服，好像我們的某些部分得不到外在的權威人物認可似的。但是當月亮移進原先的位置時，我們就可以脫離童年的不安全感，以毫無罪咎感或毫不窘迫的態度來跟自己的眞相共處。本命盤的月亮座落的星座及角度可以看出這方面的現象；本命盤的月亮星座所顯示的某種特質，現在也開始更自在地展現出來，而其相位所顯示的某種程度的張力，現在也能釋放出來變成富有建設性與創意的能量。

移位的月亮進入的宮位

在下面的概略解釋裡，我將說明大部分的人會經驗到的傾向。

一宮：代表的是一個新階段的開始，人們會覺得從無法掌控的種種因素裡，又回歸到自己身上。這時會顯得比較有信心和獨立，也更能以自發的方式和外在世界絕大部分的生命連結。可能會有一種解放感！

二宮：會以更堅實的態度面對自己的計畫、工作及謀生的活動。爲安全保障奠定好基礎（特別是物質上的保障），依據的是更深更實際的價值觀。

三宮：會以更自發的態度回應別人，因為覺得可以從別人那裡學到一些東西。這時會出現強烈的追求各種經驗的欲望，而且必須發展出變通的能力。

四宮：這時會發覺某個循環週期結束了，但新的發展帶來了一些干擾。這是一個想要回歸內在做些準備的階段，因此待在家裡的時間會比較長。在這個階段裡人會需要進入一個像子宮般的私密環境，以便發展出內在的某些新的部分。

五宮：在這個階段裡會有更多的信心和富足感，可以更正確地感覺自己的能力，也更清晰地認識自己的潛力和創造力。同時能冒險表達自己，滿足自己在愛、享樂及自我認同上的需求。如果你能夠給自己機會或是被賦予了機會，那麼在這個階段就可以發現自己有了相當大的成就。

六宮：這是淨化自己的階段，你會藉由自我分析、照顧自己的健康，或者有規律地學習一些東西，來為自己的人生創造出新的意義。有時生理上會出現一些問題，來促使你重新評估與改善自己。當你發現自己的種種缺失時可能會產生一些沮喪感；這個階段裡的快樂主要是源自於奉獻服務。

七宮：會有一種強烈的想要與人分享的傾向。會把更多的能量放在一對一的關係或是與公眾的互動上面。新的關係可能會開始，老舊的關係會結束，尤其是月亮接近此宮的尾端時。喜歡投入於各種的社交關係。

八宮：所有的生命議題在這時都會深化，對許多人而言，這會是最沉重而深刻的生命階段，玄學、形上學以及靈性上的興趣往往會出現，同時負面傾向也會顯現出來：貪婪、自大、吝嗇、權力鬥爭等等的衝突和痛苦。這是一個改善自己和追求更深價值觀的階段。由於突破了許多社會禁忌，所以受制的老舊價值觀現在已經被視爲是膚淺及空洞的。感覺上就像處在煉獄一般。

九宮：會想拓寬自己的視野，認清什麼是終極眞理，發展並改善自己，尋求某些明確而帶著理想性的生活方式或信念。對那些仍然在追尋中的人而言，這是一個不斷質疑和尋找的階段，對那些自以爲已經找到某些東西的人而言，這往往是演講、出版、與人分享理念的階段。不論是外在或內在都會有長途旅行的渴望。

十宮：這是一個充滿企圖心的階段，會不斷地想達成某些目的及成就。對人生抱持非個人性的抽離態度，因此會有某些人跟你的現實目標完全吻合，或者完全不吻合。很想在世上達到某種地位，因此可能會在事業成就上付出最大的努力，但不一定能眞的達成，尤其是那些三十五歲以下的人。

十一宮：會更清楚地意識到你的社會責任及義務，社會意識也越來越強，並且會領略到你跟他人的關係裡的意義（譬如該如何與別人的生活調和，自己到底滿足了他們的哪些需求）。這時會清楚地感受到自己是否被人接納，或是否受人歡迎。這個階段可能會把自己的知識大量地傳播給別人，爲衆人服務。

十二宮：這是一個被拋回到自己身上的重要階段，並且會感覺你已經從曾經帶來秩序和意義的活動裡脫離了出來。會出現孤獨的感受（可能是形勢造成的。或者自己有需要退隱下來）。這時所有該逝去的東西都會消逝，只剩下了過往經驗帶來的核心精神意義。

月亮移位的星座也必須納入考量，雖然在我的經驗裡它極少有明顯的重要性。由於本命盤是一個統合的整體，因此分析移位月亮的意義最理想的方式，就是將其座落的星座特質及宮位的定義統合在一起。某些占星家曾經告訴我說，他們特別容易跟他們目前月亮移進的星座所代表的那種人形成關係，在這一點上我雖然沒有很明確的發現，但因爲看見許多這類的例子，所以覺得這是一個值得研究的觀點。

移位的月亮相位

移位的月亮形成的重要相位，如同前面提到過的，通常是合相、衝突相以及對立相。當月亮與本命盤的行星形成這些相位時，往往會出現明顯的發展或經驗，雖然偶爾也有例外。根據我個人的體驗來看，合相必定會出現某些明顯的事件、經驗或領悟；因此我認爲合相是最有力量的相位，其次才是對立相及衝突相。此外，其他移位的月亮正相位也值得注意（包括六十度以及一五〇度角），雖然這些相位並不意味有重大的發展，但仍舊可以被視爲促成某些確切行動的因素。譬如我就是在移位的月亮與我本命盤的金星成正六十度角時結婚，那時我對移位法一無所知；當時只有這個正相位可以顯示結婚的可能性。其實我眞正想說的是，只著重於合相、衝突相及對立相，已經足以提供占星師最重要的資料了。移位中的月亮不但跟內在的改變有關，而且形成的相位也經常示現成外在事件，譬如遇見一個會在你的未來扮演重要角色的人，或是產生新的興趣與活動，出現重大的轉化歷程和決定。事實上，移位的月亮相位比移位的太陽相位更能彰顯出明確的外在事件，似乎移位的月亮象徵的是必須遭遇到的業力、情況及事件。當然並不是所有重大事件都是由移位的月亮相位所代表的；但最強而有力的月亮相位，確實能代表別的方法無法顯示出的重要事件或經驗。

根據一般原則我會建議大家採用一個月的容許度（在正相位的前後），因爲這段期間可能發生的情況或許會示現出來。根據我的經驗這樣的方式似乎是比較正確的，理由是許多移位和推進的相位似乎並不會造成作用，除非月亮驅動了它們。因此當我們採用一個月的容許度時，推進的月亮形成的角度與移位的月亮形成的角度，就會帶來兩個時間點。在移位的月亮有多長的影響力這一點上，我跟卡特的觀點是相同的，他說移位的月亮相位通常只會持續一個月左右，除非是合相或對立相——他所謂的「最強而有力的相位」──否則不可能有更長久的影響力了。

其他重要的移位相位

在這一章裡我只想談談本命盤四交點的移位相位，而這會涉及到兩種類型，兩者都與生命的重大發展有關。我們可以用下面的方式來描述它們：

一、移位的上升點或天頂與本命盤的行星形成的相位，會同時涉及移位的下降點或天底。

二、移位的行星與本命盤的四交點成合相。

第一種解析方式可能會使占星學員感到困惑，因爲天頂或上升點移位所形成的相位實在有太多種了。我通常會建議初學者採用太陽弧移位法，也就是看一看移位的太陽走了幾度幾分，然後加進到本命盤的上升點或天頂的度數裡就對了。另外還有一個最常見的計算上升點移位的方式，就是採用太陽弧移位法，確立移位的天頂星座的位置，然後輸入出生地的經緯度，就會找到移位的上升點的位置。在卡特的《占星法則解析》（*Some Principles of Horoscopic Delineation*）一書中，他十分強調這些類型的移位法：

移位的上升點或天頂與本命盤形成的相位……，據說是所有占星指標中最強而有力的，它們幾乎都會製造出劃時代的事件。移位的太陽與本命盤形成的相位在重要性上也不小，不過在影響的幅度上或許還是輕了些。（p.74）

當一個人的移位上升點或天頂與本命盤行星成相位時（尤其是合相），此人就會立即將這些行星象徵的能量、特質及活動納入自己的生命裡；而這些相位往往會顯示出新的領悟、明確的決定或是重要的事件。

當移位的行星與本命盤的上升點或天頂形成相位時（特別是合相），人往往會直接覺知那個移位的行星所象徵的經驗面向。與天頂形成的相位通常會影響到長期計畫、野心以及生命結構；與上升點形成的相位則會顯示出個人生活裡的新發展、覺知上的改變、重要的新嗜好，或是自我表現模式上的改變。舉個例子，如果移位的金星與天頂合相，那麼你的長期計畫就會有所進展，事業的展望或社會地位也會有樂觀的發展。如果移位的金星與上升點合相，那麼由金星象徵的生命面向就會立即被你覺知到，例如新的戀情、經濟上的發展、藝術活動或愉悅的社交等等。移位的行星若是與下降點或天底合相，也是值得留意的重點，這類合相往往會令人察覺關係上的發展（下降點），或是家庭生活以及生活情境上的發展。又由於上升點／下降點以及天頂／天底會在本命盤裡形成巨大能量，因此與這四交點合相往往會造成明顯的對立情況，若想了解這類的移位角度，我建議你仔細考量對立交點以及對立宮位之間的兩極活動，譬如與天頂合相可能會顯現購買新家（天底）的情況。這個例子代表本命盤裡的元素並不是互不相干的，而是相互產生共鳴的一個整體。

〔第九章〕

轉化的週期循環——第二部分：推進法

覺醒是不可能沒有痛苦的。

——榮格

在這一章裡我主要想呈現一種化繁爲簡的綜合性概念，重點是放在推進法帶來的成長潛力與轉化效果，因此我將試著解釋各種推進法的核心涵義，並闡明它們的實際用法，包括它們所象徵的特定經驗以及可以被預測出的重大改變時段。由於許多著作已經有系統地探討過推進法，而且其中有幾本寫得相當清楚，所以我覺得沒有必要再以逐一列舉的方式來闡明其中的法則；那樣的詮釋方式非得再寫一本厚重的專書才行。格蘭特・路易的《大衆占星學》是最佳的有關推進法的著作，即使是三十五年之後，這本書仍然值得詳細研究；第二本是羅伯・韓特的《推進中的行星》；還有一本是瑞士的占星學家亞歷山大・魯伯提（Alexander Ruperti）從人本及整合觀點撰寫出的《轉化的循環週期》（*Cycels of Becoming*）。〔註一〕因此，與其重複叙述這些書籍已經探討過的要素，不如提供更具體的有關推進法的看法，以便讀者理解人生的各種轉化階段，同時我也想提出一些在運用推進法上有意義又可靠的指南。

我想強調的是一些極少能看見的有關推進法的概念，這是我花了多年才領悟出來的：推進法的核心概要。整體來講占星學其實是非常簡明的東西；它主要是在描述四種基本能量（四元素），而每一種行星的運行法則都顯示出一種凝聚的能量流動方式。推進的行星涉及的一切相位，都只是以某種方式在活化某些能量的流動，而且是帶著特定韻律的。舉個例子，所有的行星推進本命盤的金星時，全都跟你本命盤的行星與金星互動的法則一樣；換句話說，它們都活化了金星象徵的經驗次元，並且影響了金星的星座所代表的元素能量；每一個推進的行星都會以不同的方式活化或影響其能量的流動。推進的行星中以五個外行星最爲重要（除了新月與本命盤行星形成緊密相位之外），它們會激起無意識的反應，讓你與本命盤的某些要素產生連結。當五個外行星推進時，都會在無意識裡造成壓力，爲的是促使你改變、轉化以及放下，更重的是促使你產生覺知！我們可以說所有的推進相位根本的意義都是相似的。或許這樣的概論會引起占星家的困惑或憤怒，但如果我們考量下面的一些觀點，也許就不會覺得這麼激進了：

一、每個人都是一個活生生的單位，而所有的推進相位都會反映出人的內在改變。

如果某個推進的相位影響了整體的一部分，那麼它勢必會影響到全體；因此，當特定的推進相位集中在一個人生命的一或兩個經驗次元時，其實就影響了這整個人。

二、所有的推進相位都是要讓你面對已經準備好要面對的經驗，不論你是否清楚該面對這些經驗的時機已經成熟。行星的推進會讓你察覺生命的某些面向已經準備好要消化分解了。如果你能夠跟自己的存在模式以及成長韻律調和一致，並領略到人生本是一場學習的過程，那麼從更高層的發展角度來看，你所經驗的一切事物對你都是好的。因此，極少有任何推進相位會真的令你感到驚訝，因為你已經意識到自己的確需要去面對它們了。事實上，你可能事先已經對它們產生了渴望，即便你知道這些經驗可能會帶來壓力、痛苦，或必須下工夫面對。然而在大部分的情況下，人還是會傾向於對抗自己必須面對的經驗，基於這個理由，人面臨未能預知的挑戰的反應，很可能是：「我不想要它！快點把它弄走吧！」這種反應就像是小孩在賭氣一般。

通常行星推進依循的法則只有十二種，因此任何一個特定的行星推進你的本命盤或重要的交點，基本上的意義都是相似的。因爲在那段時間裡推進的行星都在活化你的某

〔註一〕本書出版之後，我又撰寫了《關係與生命週期》這本書，書中有許多跟推進法有關的資料。

種特定的能量。舉個例子，冥王星推進的所有角度都會在你的人生裡帶來類似的議題，因爲在那個階段裡冥王星的能量或運作會特別強而有力。不論冥王星推進的是上升點、太陽、月亮、金星或其他行星，你都會在某種程度上感受到冥王星的力道（行星推進個人行星及上升點通常是最重要的相位，但還是有許多例外的情況）。因此當我們發現某個特定的行星在接近時，的確該試著去了解它所有的內涵；不過我們仍然要記住一個事實，譬如當冥王星與本命盤的行星形成任何一個相位，都是一個人生命裡的冥王時刻！個案對某個階段的生命特質保持覺知是很重要的事，其重要性等同於記下可能會發生的經驗。如果個案的某個生命時段裡有許多重要的推進相位正在形成，那麼占星諮商師如果只爲這位個案詳解每一個相位的內涵，便阻礙了個案爲自己找出生命模式的可能性。諮商師可能會因爲講述太多的細節而造成個案的情緒困擾。反之，如果占星諮商師能緩慢而清晰地爲個案解析一生中的哪個階段，可能會有哪些面向的能量被活化，就可以讓個案領會到生命的某種秩序。

關鍵性的轉化階段

在過去的五年裡，我的個案至少有百分之七十是在經驗到重大推進相位時打電話要求我諮商的。重要推進相位象徵的是關鍵性轉化階段以及急劇的改變，因此大部分的人感受到衝突、緊張、困惑而促使他們尋求專業幫助時，往往都有一個以上的推進相位正在同時發生。譬如說，喬治的木星正與本命盤的上升點合相，冥王星則跟他的合相的金星與水星成九十度角，而且天王星也和他的月亮成九十度角，因此他不可避免地進入了緊張而重要的改變階段，而且會在一年多的時間裡重整人生方向。或許爲他解釋每一個相位的細節是一種妥當的做法，但如果能在描述細節之後，再做一個有關此階段的特質及生命基調的綜合概論，可能會更恰當一些。喬治或許會在後續的一年裡回想起諮商師爲他做過的細節分析，不過他眞正能夠記住的很可能只是諮商師對這個階段做出的摘要，並因而對那個階段的整個狀況產生了洞識。

我前面提到過某些人對不愉快的經驗會產生孩子般的賭氣反應，一種面對痛苦時的抗拒傾向。唐娜・康寧漢（Donna Cunningham）在〈占星月刊〉（*Horoscope magazine*）裡寫過一系列精采的文章，解析人面對痛苦時所產生的反應，其標題是「從靈性及心理的角度看推運」，這是我所見過有關這個議題的最佳論述。〔註二〕康寧漢在這個系列的

〔註二〕這些文章全都包括在唐娜・康寧漢的新書《自我覺察上的占星指南》（*An Astrological Guide to Self-Awareness*）（由CRCS出版社發行）。這本書同時包含許多著眼於心理及個人成長的觀點；作者是以正向而踏實的語言在撰寫這本書的，所以風格十分清新。

第一部分寫道：「我們的某些情緒上的痛苦，其實是沒有得到自己想要的東西的賭氣反應」，而「行星推進時的痛苦情緒，似乎也源自於抗拒改變」。她同時從成長的角度提出了面對痛苦的正向態度：

……痛苦乃是祈求幫助的代名詞；如果我們留意它，做出一些帶有建設性的事情，就可以避免進一步的麻煩，並且能踏入生命比較健康的階段。

痛苦經常會在適應更大的外在要求時產生，但我們這個有機體會因為適應這份要求而成長；不久我們更高層的運作方式裡就不會再有痛苦了，感覺上甚至是相當正常的一件事。在靈性層次上當我們試圖伸展自己的時候，也會經驗到某種形式的痛苦；不久之後我們就會比以往運作得更好了。推進的行星形成的緊張相位經常會帶給我們伸展自己的動力，如果我們無法自動自發做到的話，它們甚至會提供一些情境來迫使我們發展出伸縮性。

我認為推進的行星之所以會帶來巨大的痛苦，不外乎是因為在治療、成長和強化自己的過程中產生了副作用。我們犯的錯誤就在於太專注於痛苦而非成長的過程……。

康寧漢同時也解釋說：「行星推進所形成的事件並不是各自孤立無法被你掌控的，它們其實是你整個心理發展過程中的某些部分。」如同她所指出的，在占星諮商中若想善用推進法，就得詢問個案過去一兩年裡發生了什麼事，同時要查看那個階段有哪些重大相位帶來了影響。這麼做不但能讓我們感覺到此人仍然在體受的一些個人性改變，同時也能獲得一些線索來幫助我們了解此人如何面對宇宙所帶來的成長。一旦了解了這個人面對生命危機時的慣性反應，我們就可以很輕易地調整我們的表達方式，來幫助他或她了解目前正在經驗什麼。同時這樣的問題也可以讓我們清楚此人本命盤的象徵符號，是如何在日常經驗裡示現出來的。若是無法感受星盤的動力活動如何在眞實經驗裡示現出來，就勢必很難完全了解某個推進的相位的內涵，更別說是預測未來會發生什麼事了。不過當然，我個人比較傾向於去了解一個人而非做出某些預測，因爲把焦點放在預測上，會讓個案的注意力從目前正在進行的事上面轉移到未來。康寧漢是一位領有執照的社會工作者，而且有豐富的輔導經驗，她在她的文章裡也表達了相同的看法：

占星師如果把過多的注意力放在事件上，便容易忽略掉個人的心理現象形成的過程。事件就像是路標一樣，往往比行進的道路更顯著，然而你並不是從某個城鎮立即跳到另一個城鎮，你是逐步在行進的。事件很可能是你行進過程中的頂點，或者是促使你踏上旅程的觸媒，因此最有利的方式就是把它們看成內在趨勢的外在指標。如果解讀行星的推進時只把焦點專注於事件上，我們就無法利用它來促進自我認識與改變了。

在重要的推進角度形成時，我們會感受到內在有一股想要改變的驅力（如果對自己有足夠的覺知），或者我們會遭遇某些外在情況來促使我們改變，或是兩者兼具。行星的推進可以被看成是內在的一個氣壓計，能夠反映出一個人內在環境裡的「改變」，而外在的情況也會反映出內心的情境，尤其是當你需要一些鼓勵來幫助你向內覺察時。行星的推進無法和一個人的成長分開，尤其是五個外行星與本命盤形成重要相位時，而這便是我們要在本章裡探討的議題。你可以藉著這些經驗獲得深刻及徹底的轉化，也可以逃避它們，或逃避內在的那些想要改變的壓力。採取後面一種態度的人，可能會在推進的角度離開之後，又回復到思想與行爲的老舊模式裡，即使眼前面對的是嶄新的情況。這種態度很可能會造成不知所措的後果，因爲老舊的行爲模式已經顯得空洞、不自然、令人困窘，並且製造出了可觀的挫敗感和喪失方向的感覺。更甚的是，當下一個類似的轉化階段的能量啓動時，你可能會被迫再度面對同樣的議題。

推進法與業力

推進的行星角度會顯示出一個人的業力能量是如何釋放出來的，而非釋放出了什麼東西。換句話說，它們揭露的是經驗的特質，而無法事先指出將會產生何種經驗。推進的行星會讓業力示現得更清楚、更明顯。每一個相位都會以某種方式激化業力能量，它們的速度、特質、強烈度與深度都不相同，能促成我們產生覺察的事件也不相同（請參照以下的段落，來了解每一個推進的行星之間的差異）。在每個行星推進的時段裡，我們都可能播下新的業力種子，或者收穫以前播下的種子的業果。大部分的情況下我們都無法了解自己究竟是在面臨過去的業果，還是在製造未來必須面對的業力，或是兩者兼具。因此我們在面對所有的經驗時，都應該假設我們是在製造出新的業力，並且要以審慎的態度去面對眼前的情況。如果我們已經盡力而爲，但仍舊無法避免讓事情變得更複雜，而且感覺上是一種對靈性成長的負面影響，那我們就該假設這是從過去世帶來的必須償還的業果。

播下業種或收成業果

就像康寧漢前面說過的那段話，事件也許是某個成長過程的結果，但也可能是一個新開端的觸媒。同樣的，我們雖然無法確切地知道我們是在播下業種或收成業果，但推進的行星形成的相位的確能顯現出一些差異。土星與冥王星推進本命盤的行星時往往是業果收成的時刻，我們會在這些階段裡面對過去的行爲與思想的總結。事實上，這就是爲什麼土星會在過去的歷史裡被視爲業力之星的原因，因爲當它與本命盤形成相位時，往往會造成明顯的命定事件。當冥王星推進本命盤形成相位時，通常也會顯現出類似的經驗模式，而它所造成的事件不但是命定的，還是深不可測的。

木星與天王星的推進則跟播種的時刻有關，並且能揭示未來的發展方向。當木星推進本命盤形成相位的時段裡，特別是木星與上升點成合相時，我們經常能瞥見未來會發生的事，可能是藉由夢境、一閃而逝的直覺，或是透過未來導向的強烈念頭而獲知。同時我也發現，木星與本命盤的太陽成合相或是成一二〇度角，也會出現帶著預知性的夢、預感或異象；而兩種情況下所顯示出的未來發展，都會從這些眞實的洞見裡產生出來。由於射手座本是由木星主宰的星座，所以它一向和未來的願景或預言有關（威廉・布萊克〔William Blake〕，這位木星與太陽合相在射手座的詩人，便曾經發表過許多預言詩及圖畫）。不過我們當然要小心一點，不要以爲這樣的經驗就是絕對眞理的神聖啓示了，尤其是那些木星或海王星被強化的人特別要謹愼。然而這些洞見仍然是極有價値的，因爲它們不但能指引未來的計畫與活動，同時也能提供信心和力量。但我們也必須了解並不是每個人都能夠和未來的啓示相應，因爲某些人的開放度還不足以接收到這些訊息，有的人則沒有足夠的覺知可以發現它們，還有的人是因爲分析式的思想太多，而無法領悟木星帶來的洞見。

同樣的，當天王星推進本命盤的時候（尤其是跟上升點、太陽或上升點的主宰行星形成相位時），我們也會接收到有關未來發展的洞見，而且這時所經驗到的洞見或許得花十年以上的時間，才會在物質世界裡實踐出來。但是從其中產生的興奮感與快速的領悟，往往會帶來勢必將開花結果的可靠指示。因此木星與天王星推進本命盤所經驗到的感受，可以進一步地用來說明我在第五章裡提到的現象：當行星推進而形成重要相位時，我們經常會得到一些信息與指示。至於這些信息是源自於行星本身、指導靈、無意識心或其他的源頭，則是無關緊要的事。重要的是當我們產生這些體驗時，不妨視其爲某個特定的行星正在與我們對話，並且在提供我們一些可以理解及運用的信息。

地平線以上／以下的宮位

我們也可以藉由行星推進的宮位來獲得業力上面的啓示。這樣的考量幾乎永遠集中於那些有木星及土星推進的宮位。因爲個人行星推進每一個宮位的速度太快，故而無法顯示出重要的趨勢，不過偶爾我們會發現火星推進的宮位也能揭示某些重要的活動。從另一個角度來看，天王星、海王星及冥王星推進的宮位，在占星諮商時的用處卻不大（只有在變換宮位時才有意義，尤其是通過四交點的時候），這是因爲三個外行星停留在一個宮位的時間實在太長了，而且他或她會在一段時間之內就適應了這些行星的能量振動。但木星在一個宮位只停留一年，土星則會停留兩年半，所以個案可以看見明顯的生命階段的形成。基於這個理由，木星與土星推進宮位裡才會變成最重要的啓示，因爲它們會揭露個案生命循環的結構、特質與韻律。

至於一個人將如何體認木星與土星推進地平線以上的宮位或地平線以下的宮位，則完全取決於此人的基本生命態度。如果你是一個喜歡反觀自己的內向型人，而且偏好的是隱密的生活方式，那麼當木星以及／或土星推進地平線以上的宮位時，你就會覺得與這些宮位相關的活動是不得不進行的，而不是你眞的想要進行的；你可能發現你必須面對各式各樣的情境與責任義務（如果你是非常外向的人，這時就會覺得極爲滿足，因爲外在的目標與責任在你的生命裡佔了主要地位）。但假如你是一個內向的人，那麼當木星以及／或土星推進地平線以下的宮位時，你就可能會投入那些生命領域，並且在其中工作，而你是基於對安全感和快樂的需求，自動自發地去做這些事的。一個比較外向的人在這段時間裡可能會覺得被迫轉向內在，遠離外界的耗能與分心活動。

大致上看來，當木星推進地平線以上的宮位時，你的外在活動通常會增加，爲的是與生命的律動相應而增長信心。你會對別人的需求、期待和欲望更敏感，而且想要與他們和諧相處。這時大部分的支撐都是來自於外界。但是當木星開始進入地平線以下的一宮時，你就會對自己想做的事更有信心，因爲你不再管別人是否贊同你了。你在這個階段裡會感受到木星的擴張與保護能量，因此你已經不需要在意別人的做法和說法了。土星也是同樣的情況，當土星通過後面六個宮位時，你會涉入到外在的許多責任、義務及業力重負裡面，而頭六個宮位則會顯示出個人性與私密層面的考量，以及認眞工作的態度。因此當土星推進地平線以下的宮位時，你會解決與個人性的焦慮、不安全感以及基本能力有關的業力。

推進的行星造成的影響

各種推進的行星形成的經驗，往往會被描述成對一個人的「影響」。接下來的一系列解說就是在描述這些行星所造成的影響：

冥王星：會把問題帶到表面再加以轉化，通常會終止老舊的生命形式或表現方式。

海王星：會讓感受變得更細緻、敏感及靈性化，或是讓事物消融掉以及逐漸被削弱。

天王星：會讓自然的韻律加速，促進改變，帶來瓦解和改革，令人覺察到意識底端的東西。

土星：令自然的韻律延遲與減緩，繼而讓你專注於眼前的經驗，或者會帶來限制，使人以更實際的方式面對生命。

木星：促成新的計畫、願景與改善，使你意識到未來的可能性，並促使你敞開心胸面對新的經驗與領域。

火星：擾亂正常的韻律，令其產生更高的能量，並促使你想要採取行動；往往會帶來急躁的感覺。

金星：為經驗帶來和諧的能量，而且在能量的展現上也比較祥和。有時會出現令人愉悅的消息，或者會放鬆原來的緊張感。

水星：並沒有太大的重要性，不過會出現溝通與會晤方面的事宜。

太陽與月亮：必須看成是一組行星；新月的位置是最重要的，因為它會替相位中的行星帶來能量。滿月也會為本命盤的行星帶來活力。

我想要用幾句話來解釋太陽與月亮推進時的觀察方式。雖然有許多書籍都列出了太陽或月亮在推進時個別造成的「影響」，但月亮的推進極少是帶有重要性的，雖然它們似乎也會活化其他的推進或移位的相位。同樣的，推進的太陽也很少有顯著的重要性，雖然它們偶爾也會造成一兩天的顯著改變。但即使是如此，太陽和月亮仍舊會形成一組完全兩極化的能流，因此在研究它們的推進相位時必須交互參照著去觀察。研究推進的相位時應該同時參照新月與滿月的月相推進法。新月是極爲有力的，當它與本命盤的行星成合相、對立相或衝突相，或是力量比較小的衝突相時，都會帶來激化作用。新月及滿月似乎並沒有顯著特質或影響力，它們只會把本命盤顯示出的潛力激化。新月與本命盤的行星形成相位，則往往代表某個重要的經驗發生了。

某些新月或滿月的時刻也是日蝕或月蝕的時刻，這樣的天體現象在傳統上通常被視爲最富有影響力，而且遠勝於其他的圓缺時刻。但我個人的經驗促使我認爲日、月蝕在本命盤裡並沒有太大的作用。我們必須回顧一下傳統占星學爲什麼會考量日、月蝕的影響力，這是因爲早期占星學主要是運用在世俗事件的預測上；事實上那些傳統法則至今仍然被事件派占星學所採用。我本身並沒有足夠的經驗可以論斷事件派占星學，不過某些研究者早已發現與日、月蝕相關的重要定義，而且也發現日、月蝕通過不同國家所造成的象徵意義。

我個人的感覺是，日、月蝕在個人星盤裡的重要性不會大於一般的新月或滿月，除非此人目前所處的位置可以看見日、月蝕。古早以地球爲中心的占星學是完全從地球的位置來觀察行星的，因此我們在應用這個基本假設時也必須前後一致。這意味著只有在日、月蝕與本命盤形成重要相位，而且在居住的地方可以用肉眼看到它們，才會爲我們帶來強而有力的信息。否則的話，我覺得我們只需要把日、月蝕看成是新月或滿月就行了。

新月是很有力量的，因爲它們會增強某些經驗領域的能量，即使它和本命盤的行星沒有形成緊密相位也一樣。這類經驗的重要性雖然比不上緊密相位形成的經驗，但還是會產生明顯的情緒變化、某種類型的活動或生命基調。舉個例子，如果新月落在三或九宮，那麼接下來的一個月裡就可能有較多的旅行機會，如果新月落在五宮，我們則可能有強大的驅力想要賭博、買東西或享受。新月如果落在十二宮，則會令某些人回顧過往一年的思想及欲望帶來的結果。換句話說，新月可以使我們了解一年裡所發生的固定循環模式。即使是不相信占星學的人，也會受新月的影響而產生某些體認，譬如我們都聽過某些朋友說出類似於下面的這些話：「我生命裡的重大事件似乎都發生在秋季」或者「每一年到了這個時期我就會有健康上的問題」。觀察新月的循環不但使我們了解了一年的趨勢，同時也能夠讓我們正確地找出產生變化的階段。

被活化的行星之要旨

在這一段裡我要說明被推進的行星活化的本命行星之涵義。換句話說，當某個行星推進本命盤的某個點或行星時的一般定義究竟是什麼？答案是，本命盤裡的那個行星所象徵的經驗面向將會被活化。如同我在本章一開始所提到的，我覺得這種詮釋方式比較能讓我們簡要地感受到推進法的主旨。舉個例子，任何一個推進的外行星與本命盤的水星形成相位，都會以類似的方式示現出來：譬如土星、天王星、冥王星與本命盤的水星呈挑戰相位時，我們往往會感受到一股想要脫離老朋友和舊識的驅力。這股驅力背後的動機會隨著行星的不同而顯現出差異：以土星來說，當它與水星形成相位時，我們會不想再浪費時間和心力在那些不能滿足我們實際需求的人身上；如果天王星與水星形成緊張相位，我們會不耐煩某份關係的遲緩和缺乏刺激；如果是冥王星與水星形成緊張相位，我們則會對一份關係的膚淺感到不滿足，因爲那個階段我們需要更深刻更強烈的交流。但是在大部分的情況下，從那些內在驅力產生的行爲模式幾乎都是類似的。

冥王星

當推進的行星與本命盤的冥王星形成相位時，通常會影響到一個人的內在力量以及才能的運用。有時心靈感應經驗會變得很明顯，但也會出現衝動的思想和行爲模式。不過對內心世界的覺知不夠的人，將很難感受到行星推進冥王星所代表的意義。其所形成的相位有時會標示出某段生命樂章的結束，特別是推進的行星是土星、天王星或海王星，而最終往往只留下了久遠的回憶與空洞的外殼。

海王星

行星推進本命盤的海王星，對有靈性傾向的人是格外重要的。由於海王星本身代表的是極為被動的狀態，因此必須被其他的行星（尤其是土星、天王星、冥王星或新月）激活，才能強烈又富建設性地示現出它的特質。上述幾個外行星與海王星形成的相位，經常顯示出理想上的轉變與定義上的更新，或者會促使我們去面對自己的逃避傾向，心靈的敏感度也會在這個階段裡提升。我見過許多人在天王星與本命海王星合相時格外能提升意識的層次。當土星或冥王星激化本命盤的海王星時，則會出現不太嚴重的危機，因為這兩個行星都會令我們產生某種驅力，想要整合自己的理想或是洗刷舊有的逃避及自欺傾向，在這個階段裡會出現某些情況，促使我們面對我們一直忽略的事物，而且經常會出現性方面的問題（特別是冥王星推進本命盤的時候）。原因是西方文化特別會在這個領域裡產生自欺、不實際的理想、偽善以及嚴重的情緒困擾；因為西方文化缺乏活躍的神話，或其他能夠正確地理解性能量與心靈實相（海王星）的方式。

天王星

行星推進本命天王星會影響我們的自在度、表達個人獨特性與原創性的能力，並促成想要改變以及追求刺激的態度。這類的推進角度也會促使一個人去冒險。當天王星被木星、土星、海王星或冥王星活化時，我們對獨立性的概念會產生重大改變。

土星

當行星推進本命的土星時，往往會對一個人的生命結構以及長期的發展產生影響，不過最顯著的感受還是跟物質上的安全感有關。在這個階段裡，一個人的工作、事業或日常事物會成爲注目焦點；不但事業領域裡的角色會受影響，同時也會影響到家庭主婦和母親的角色。當木星與本命土星形成相位時，通常會帶來事業上的改善或擴張，天王星、海王星、冥王星與本命土星形成相位，則會造成對工作或社會地位的不確定與不安全感。

木星

當行星推進本命木星形成相位時，經常會影響一個人的未來計畫和願景，包括財務上的投資、教育或旅遊計畫，或是會藉由宗教、哲學、形上學的活動來改善自己。因此當四個外行星推進本命的木星時，會促使一個人修改未來的計畫，讓人意識到自己眞實的潛力在哪裡。

火星

當行星推進本命的火星時，你在自我確立和追求目標的方式上往往會改變，而且會越來越意識到自己想要的是什麼（海王星的推進則是一個例外），此外身體和性能量也會起變化。就男人而言，他們對自己的男性氣概與力量的信心可能會有驚人的改變，男女兩性都更有能力確立自己的欲望。

金星

外行星推進本命金星時，會在好幾個領域裡產生變化，包括關係與情緒層面的活動、財務狀況、美學上的品味以及個人價值觀。這些推進的角度都跟日常生活的滿足感或快樂有關。不論是男人或女人，在社交的舒適度以及是否有吸引力之類的感受上，都會產生變化；女性則會在自己的性享受和信心上產生明顯的轉變。

水星

外行星推進本命水星的重要性經常被低估，因爲這些相位通常不會爲眼前的情況帶來立即的改變，也不會造成特別痛苦的危機。但由於外行星和水星形成相位會影響一個人的思想及表達方式，而且「你將會變成你所想的那副模樣」，因此我們還是應該把它們看成是重要的推進角度。特別是當五個外行星與水星形成相位時，我們意識心的運作方式仍然會受到強烈影響，進而逐漸導致生命態度上的徹底改變（雖然這些改變可能是很細微的，而且是別人無法立即覺察到的），或者會投入於新的技藝或研究領域。

月亮

當外行星推進本命的月亮形成相位時，則往往會影響到我們對自己的感受，譬如我們對自己的感覺以及目前的生活情況有多自在，我們對孩子、父母、家庭生活或是與「根源」有關的領域抱持什麼觀點等等。這個階段裡最主要的考量就是安全議題，因此心裡總是在思索著與歸屬感相關的事物。女人則往往更能意識到自己的女性特質，以及這份特質與未來計畫的關係。無論是男性或女性都有機會強化自己的陰性特質：一種溫柔、能夠給予滋養的存在品質。

太陽

任何一個行星與本命太陽形成相位都是很重要的，即使推進的行星是金星、火星或水星，因爲任何行星與太陽形成相位都會讓我們立即意識到。這些相位會影響我們在自我表現上面的信心，也會影響我們的創造潛力與幸福感。它們對你的整個人生態度都會產生影響，同時也會影響到你的自我表現方式，或是直接影響你的活力。

行星推進本命盤的任何一個行星對個人都是很重要的事，不過還是要看此人對那個行星的能量是如何呼應的。如果這個被推進的行星是上升點、太陽星座或月亮星座的主宰行星，那麼它所造成的影響一定比落在與本命盤主題無關的行星要明顯得多。如果某個特定的行星主宰著某個宮位，那麼其所象徵的生命領域，就會在其他行星推進時引起我們的注意。舉個例子，如果水星主宰你的第六宮，那麼當五個外行星與水星形成挑戰相位時，不但會示現成外行星推進水星的種種變化，而且往往會跟你的工作、健康或謀職上的議題有關。五個外行星與上升點或下降點形成合相，也是非常重要的角度，可能會以戲劇化又立即的方式帶來長期的影響。這類的推進相位不但會影響你慣常的生命態度，以及你對自己的信心，同時還會影響你的健康與活力。五個外行星推進上升點的主宰行星也會帶來類似的影響，尤其明顯的是健康和自我表現上的基調。如同古老的占星法則所說的：當行星通過上升點時，其主宰行星座落的宮位也必須加以留意。我發現這個法則是十分正確的，因此當所有的行星通過上升點時都要加以留意；即使是金星或水星通過上升點，也會帶來非凡的意義，尤其是這個行星在你的本命盤裡特別有力量的話。同時還要注意的是，本命盤的任何一個行星若是跟太陽或月亮呈緊密相位，或是落在一宮裡，在這時也會變得非常敏感，因爲你特別能夠跟這股能量相應。

五個外行星的推進

在接下來的段落裡，我將概括地闡述這些推進的外行星的主要原理，同時要以確切的方式來呈現這些原理，以便初學者能立即運用。到目前爲止我們應該已經明白這五個外行星的推進，爲什麼比其他的行星重要，不過提及一些有關它們的實例，或許更能證實前面所談到的各種觀點。

木星的推進

木星推進本命盤的任何一個宮位，都可以明確地描述成：

(一)藉由更寬廣的經驗來理解那個生命領域；(二)拓寬那個生命領域的視野，並且改善它；(三)行動會造成未來的發展，或者行動是以未來的考量做基礎的；木星的推進總是會帶來過度擴張的傾向，進而導致資源與能量的耗損。但是與許多書籍所說的恰好相反，人們往往在木星與本命盤形成角度時（包括九十度角在內）信心十足地立即採取行動，去做他們早就想做的事情。換句話說，你長久以來所渴望的計畫與行動在這個階段裡會付諸實踐，因爲這時的你會更有信心，也很想改善眼前的情況。但似乎有更多的人會採取不必要的保留態度，而不是在日常生活裡過度擴張自己，因此當木星推進時通常能提供一些機會來突破這些制約。舉一些實例或許可以澄清這些觀點。

木星推進一宮時，一來可以更加了解何種自我表現方式能夠令自己感覺活潑自然，二來可以拓寬自我表現的幅度；三是能夠以自我表現上的未來願景和終極目標作爲行動的基礎。拿我的情況做個例子，我就是在木星推進一宮時（與我本命太陽成對立相）開始撰寫有關四元素的文章，並且發現這些文章很快就組合成一本書的內容，而有三家出版社都提出了出書的邀約，這就是我的《占星、心理學與四元素》會問市的原因；我其實並沒有計畫要寫這麼一本書，事實上我想寫的是其他的主題。因此，我確實很驚訝自己對四元素有這麼多話想要講。我認爲當時木星帶來的擴展能量的確不可否認。

另外還有一個關於木星的例子，我有兩位女性個案一向在性上面有嚴重制約，但是當木星推進她們的八宮時，她們對性的態度就開始變得很開放，也比較願意冒險；她們對性能量在生命中的位置有了更深的了解，同時也更能淸楚地覺知自己的性與情感的需求。另外有兩位案主在木星與本命木星成九十度角時，開始擴張自己的事業，並且提高了產品的售價；與某些占星書籍所說的剛好相反，這兩個人的收入都增加了，同時也透過這種擴張的行爲而讓事業變得更成功，甚至沒有任何負面影響。值得一提的是，推進的木星與本命盤的木星成一八〇度角，經常比九十度角要麻煩一些。九十度角似乎能促成新的行動或是新的發展，並且會立即採取行動，但木星的一八〇度角雖然會帶來極正向和幸運的時段，不過也有些人會特別經驗到某個領域裡的障礙，或是本命盤裡的行星象徵的困難被強化。舉個例子，某位男士的木星與本命盤的獅子座土星成對立相時，經驗到了嚴重的背痛，另外一位男士則是在木星與本命金星成對立相時以特價出售他的產品，結果無人問津而一無所獲。

當推進的木星與本命四交點合相時，一向會造成強烈的影響。木星推進與太陽成合相則會帶來信心上的增長，並且會加強創造力，但明顯的世俗成就卻不一定會發生（木星與本命太陽形成九十度、一二〇度、一八〇度時，也會增強信心）。木星推近與月亮形成合相，也會帶來信心上的增長，並且會帶來事情上的順遂，有的人則會在這個階段對外來刺激產生過度反應，不過出現的相位往往是九十度和一八〇度角。當推近的木星與本命的水星形成合相時，則經常出現新的計畫、點子以及教育上的願景。推進的木星與本命行星形成合相，幾乎永遠會帶來新的信心以及宗教感受上的加強。木星在一個宮位的影響力通常會持續一年左右，它所帶來的主要困難可以用底下四個字來總結：**過度增強**。如果我們在木星的推進階段裡不過度誇大自我表現的能量，就沒有必要不去冒一些險，因爲木星不但承諾了更多的報償，同時還能增加你對自我的了解與滿足感。

土星的推進

土星的法則與特質已經在第五章詳細地解釋過了，因此在這一段裡只需要做個概略式的總結就夠了。土星推進與本命行星形成挑戰相位時，會逼著你以更實際的態度去面對事物，尤其是你一直在逃避的那些事情。這些角度可能會形成某些疾病、麻煩、挫敗感或是事物的延遲，然而只有在你忽略了對自己或他人的某些責任，或是沒有用實際的態度來衡量事物時，才會發生這種情況。這些土星的相位並不會造成麻煩；它們只會促使你去面對那些缺乏紀律或結構的內在生命領域。它們會試探你的人生品質以及你的承諾，並且會讓你的生命韻律減緩，以便專注而深入地體驗一些事情。

推進的土星與本命冥王星合相時，往往會帶來一些通靈經驗或是靈性上的體悟，或者會促使你在自我轉化上下功夫，同時也會讓你留意到自己最深的責任是什麼，進而促使你改變自己的壞習性。某位六十歲的女性在這個階段裡學會了靜坐，幾個小時後她回家自己打坐，突然靈魂脫離了身體，看見一個許多文化都描述過的神祕之光。她帶著前所未有的喜悅和信心描述說那是她一生最嚮往的經驗！這個例子說明了推進的土星與冥王星合相，有時會在精神層面帶來強大的影響。

當土星與本命水星成九十度時，則會體驗到身體及心理上的某些徵狀。譬如某位男士的本命水星與推進的土星成九十度角時，他的神經系統開始變得十分緊張，進而示現成嚴重的牙痛（他去看牙醫，卻查不出有任何蛀齒）。在這個階段裡他做了一些深刻的思考，雖然這些想法令他有些沮喪，卻使他避開了一些未來的麻煩；因爲他決定不跟另一個人結成事業夥伴。雖然這個合夥關係看起來可能會在財務上帶來一些新的機會，但後來發生的一些事證實他如果跟這個人合夥，將會失去大部分投注下去的錢、時間與能量。

另外有一個人的土星與本命天王星成合相，還有一個人是土星與天王星成九十度角，他們全都在這個階段裡經驗到一些挫敗，並且都渴望獲得更大的自由。後來他們也都領悟到自己必須接納這個階段所帶來的制約感，因爲只有這樣才能發展出更實際的創造形式，也更能實際地運用理想與創意。我們可以說推進的土星與本命天王星形成相位時，往往會讓人明白什麼是眞正的自由，同時會令人以自動自發的負責態度來管束自己，以更有結構的方式運用自己的創意，而在內心裡體認到深刻的振奮感。

我見過一個年輕人的土星與其本命盤的木星成對立相的例子。這是我所見過最有趣的例子之一。土星推進本命木星往往會示現出自我改善、未來成長的計畫和願景上的確立，而這個年輕人所體認到的也就是這些現象。通常這類的角度是跟財務、教育及心智的發展有關的，但是他的經驗比較不尋常。當土星與他的本命木星成對立相時，他在兩天中出現了兩次靈視經驗，這兩個畫面都跟內在的智慧和力量有關。其中的一次靈視出現了一個美國印地安人，他代表的是這個年輕人所缺乏的耐性與理解力。這名印地安人似乎是位精神嚮導或靈性上的援手，在危急時特別能帶來支持與幫助。另一個畫面出現的則是一位全副武裝的維京戰士，象徵的是這個年輕人在發揮創造力上面所需要的力量和勇氣。他後來的總結是，這兩個經驗帶給了他更大的信心（木星！），因爲他不但認清了自己還有更深的精神資糧可以擷取，同時也更實際地了解了未來將會變成的狀態。

天王星的推進

我已經在第三章裡提到天王星推進時的基本意義，同時也指出了天王星一向與突發性以及速度加快有關。天王星推進本命盤的任何一個點，都會令那個階段產生時間加速的感覺；每當生命的律動加速時，你自然會有勇氣去進行實驗和達成新的成長。這些推進的相位並不必然會「造成」突發事件，但我們往往會在那個時段裡無意識地引來一些突發事件。有一個方式可以描述這些相位的基本法則：我們會在這個階段裡以更抽離更客觀的角度，來看待某個經驗的面向，不過前提是必須敞開心胸，擺脫掉一切老舊的制約、傳統、習性，以及社會文化上的偏見。如同所有的外行星推進的法則一樣，天王星也會激化那些已經準備好要發生的事，因為你已經有了成長。在這個階段裡，所有的驅力都會促使你採取行動來獲得成長。你必須快速而自由地成長。事實上，當天王星推進時會顯現出擺脫老舊生命模式的作風，不過當然也可能會停留在老舊的例行公式裡，理由是我們渴望安全感、惰性很強、對改變感到焦慮。即使我們已經擺脫了某些老舊的生活方式，但只要天王星推進本命盤形成角度，所有能帶來成長的必要改變還是會突然出現，或許我們尚未察覺這些突發事件在大部分的情況下，都是由我們日漸增長的不滿足思想、感受及行爲所促成的。即使我們面臨的是自己不想要的創傷經驗（某個摯友的死亡或離去），我們仍舊會在幾個月或幾年之後發現這件事對我們是有利的，因爲它讓我們變得更獨立，更能自力更生。天王星推進的主要意義，就是要讓我們意識到**內在自由的本質**。它會使我們擺脫掉所有的義務、恐懼、業力以及不可或缺的事物；而且會令我們覺察到一種獨立的存在狀態，以及我們獨特的人生主旨。

譬如，某位男士在天王星推進本命太陽形成九十度角時辭去了慣常的工作，因爲他發現他必須追求更具有創造性的工作，而這是他從小就嚮往卻一直忽略的願景。另外有位男士在天王星與本命太陽合相時，突然接收到另外一個次元帶給他的啓示，這些啓示全都跟宇宙法則、靈性的演化以及占星學的眞理有關。他同時也發現他本質上是需要一個伴侶的，除非他結婚，否則根本無法獲得眞正的自由。因此他在這個階段裡遇見了某個人，而且很快地完成了婚事。這兩個例子都顯示對自己的核心本質有了領悟。

另外有位二十四歲的女性在天王星推進本命水星形成九十度角時，突然發現她已經擺脫掉舊有的思想與行爲，甚至連裝扮自己的方式也不大相同了（請注意上升點以及它的主宰行星都跟外表有關）。她把頭髮剪掉了一大半，開始學習東方的行禪方法，並且辭去了全職的工作，爲的是擁有更多的自由來追求更富有創意的活動。這所有的了悟已經醞釀了一兩年，在那段期間裡她一直感覺不滿足，有一股想要從根本上改變自己的強烈欲望，但時機一直沒有成熟，而改變的方向也不確定，直到這個角度形成爲止。

另外有位男士在天王星推進本命土星形成九十度角時，忽然發現他根本就擁有做自己喜歡的事的自由，因此不需要爲了謀生賺錢而緊抓著舊有的工作模式不放。他察覺自己本來就擁有選擇的自由，可以擺脫掉舊有的義務、責任以及奠基於恐懼的習性；於是他停止了原本的事業，開始去追求更富創意的全職工作。在他採取行動之前，老舊的工作早已令他感覺乏味透頂，甚至到達快要精神崩潰的程度。

天王星推進本命金星與火星，幾乎永遠會促使一個人在性和情感上進行大膽的實驗；雖然這些經驗可能會對既有的關係（婚姻）造成極大的威脅，但無論是付諸行動或是面對這些衝動而得到的客觀意識，多少都會促使一個人去改善現有的關係。在這些相位形成的階段裡通常會出現可觀的擾動；尤其是推進本命火星形成挑戰相位時特別會示現成強烈的渴望，想要從事一些更能帶來興奮感的活動。不過這也會令一個人察覺自己的金星或火星眞正的需求是什麼，並且會讓人以前所未有的方式來展現這些能量。如同我們在前面所提到的，天王星推進本命海王星通常跟靈性的覺醒有關，或者會產生超驗次元的經驗，而這些深層意識的經驗都只能以「神祕體驗」來加以描述。

海王星的推進

在第三章裡我們也提到了海王星的核心法則，因此我們只需要概略地了解海王星的推進相位代表的是與無形次元的接觸。雖然在感受上這個階段會帶來極大的不確定感，但同時也可以體認成藉由精微化和靈性化的過程，來獲得靈感與啓蒙。這個階段可以讓我們領會生命更精微的功課，並且能體認無形無相的元素比日常瑣事（大部分人所認爲的終極實相）更重要、更有力量。海王星的能量振動會滲透我們的意識，令我們感應到那些帶著無限可能性的次元，進而促使我們快速地拓寬覺知的範圍，甚至能夠與存在的宇宙次元交感。推進的海王星會帶給我們機會修正自己的理解以及態度行爲，其方式是磨利我們對無形勢力的覺知。這個階段如果不根據某種心靈典範來面對這些挑戰，我們就會感到困惑、不著邊際。

某些特定的例子可以促使我們了解海王星推進時的意義，因爲我們很難以合乎邏輯的方式來解釋海王星的超驗能量。某位三十四歲的女性在海王星推進本命太陽形成九十度角時，經歷了長達一年半的個人層面的轉變。在這個階段裡與她結縭十二年的丈夫離開了她，而且既不打算回到他們的關係裡，也不眞的想了結這份關係，就這樣她被擱置在半空中，不知是否該開始一段屬於自己的新生活，還是應該等待對方做出明確的決定。她在這個階段裡發展出對占星學、輪迴以及相關領域的興趣，這些知識幫助她了解了自己正在經驗的問題。她首次獲得一些屬於靈性層面的觀點，這些觀點讓她有勇氣做出離婚的決定，並且讓她在自我成長上跨出了一大步，不再病態地依賴她先生。在這個階段裡她獲得了一種前所未有的自在感與獨立感（太陽）；她的生命裡首度出現了成長的可能性。

另外有一個六歲大的男孩在海王星與本命太陽成合相時，開始接觸到一位來自印度的靈性大師，因爲這名男孩的母親是這位大師的追隨者。在沒有預警的情況下，這名男孩突然跑到大師面前要求皈依，但自始以來從未有二十歲以下的人接受過皈依。這名男孩想必已經準備好要跟靈性的源頭產生連結，因爲那位大師竟然答應爲他舉行皈依儀式，並且帶著他進入了某種內在的靈性體驗，他因爲這份體驗而變得快樂無比，被震撼得幾乎說不出話來。

當海王星推進本命金星形成緊密相位時，往往會更深入更細膩地了解愛的意義。某位女士在海王星與本命金星形成對立相時遇見了一位男士，當時的情況相當特殊。他們的關係一開始就像童話故事一般，似乎是一種命定的緣分，這份關係被一種充滿著魅力的氛圍環繞著，但是當正相位離開之後，她就開始發現這只是一場幻相罷了。那位男士的太陽星座是帶有靈性傾向的雙魚座，藉由他，她結識了許多同類型的人（請留意金星代表的不只是浪漫愛情，同時還涉及到各式各樣的關係）。在這個階段裡她對靈性議題有了興趣，也產生了一些了解，雖然她並沒有認眞地研究。在這名男士的影響之下，這位女士花了許多錢去上操控心靈的課程，但是她始終不淸楚自己爲什麼會有上課的動機。在上課的過程裡她出乎意料地體驗到自己的感應能力。當這個相位接近尾聲時，她開始對這位男士的疏離態度感到失望，並意識到她愛上的只是心中的理想而非那個人本身。雖然她在情感及物質上都覺得被這個男人「騙了」，不過那些經驗還是讓她對愛有了更深的了解。

另外有一個人在海王星推進本命金星成合相時，發現他眼前的愛情關係開始逐漸消解。他對他的愛人所抱持的理想化觀點遭到了破壞，因爲他發現她竟然跟他最好的朋友有染。在這之前他一直以爲這個女人是他的擁有物；藉由這件事所帶來的痛苦，他開始察覺他在各種重要關係裡感受到的嫉妒和占有欲。因此這個經驗裡面包含了重要的功課，而這些功課涉及到他生命的許多領域（海王星總是與普遍性有關）。藉由痛苦的感受他不但發展出了面對情感的抽離態度，並且修正了許多他對愛的看法，同時他的心也敞開到可以考慮跟另一個女人建立新的關係。

在海王星推進本命盤時，我們的想像力會變得十分活躍，而且會缺乏專注力及效率（尤其是海王星與本命火星、土星形成相位時）。在這個階段裡物質事物可能會暫時遭逢困難，但是在靈性與無形次元的體驗上，卻會留下無法磨滅足以引領一生的記憶。

冥王星的推進

有關冥王星推進的涵義在第四章都談過了，因此這裡只要做個摘要就夠了。冥王星推進時會迫使你了結那些應該被革除的生命章節。這些相位會告訴你該「放下了」，如果你不這麼去做，就會被迫經歷一些痛苦。這些推進的相位會藉由淘汰掉生命表層的老舊形式，來揭露埋藏在內心的一些資源。冥王星推進時不但會讓某些東西徹底消失，讓你的某個部分陷入困境，同時會讓你的某個早已被遺忘的面向或是老舊的感覺、活動與人，重新在你眼前出現。換句話說，這些推進的相位能夠蛻掉老舊的殼子，以便揭露內在的某個核心，讓你經驗到自由、喜悅與創造性。它們能夠幫助我們體驗到年輕時曾感受過的自發性與能力，雖然這些東西已經被文化模式或業力埋沒掉了。當冥王星離開後一切的事物都更新了，於是我們再度體認到自己的核心本質，而開始將其展現出來。冥王星推進的感覺就像是一場驅魔儀式，或是一種外科手術（身體、情緒、心智及靈性都包括在內），我們的某個部分會因此而徹底地改變。

我們可以藉由對天蠍座的深入了解來洞察冥王星的本質。一年之中的天蠍時段（至少在北半球）代表的乃是生命力從大自然的外在形式隱退下來，然後凝聚在種子裡面。令人驚訝的是，這個時段在美國文化裡是以萬聖節挖空的南瓜來象徵的。事實上，空心南瓜燈象徵的就是死亡，因爲空洞的頭顱裡閃閃發亮的燭光，象徵的就是離開人世的那股生命力的餘光。（天蠍型人經常會覺得自己像個空洞的殼子，他們對自己的那些老舊的強迫性行爲非常不滿，但又排除不掉）。傳統上，萬聖節乃是死者還陽的日子，活著的人在這時可以跟各式各樣的靈魂及聖人直接接觸。孩子們被允許在這天晚上出外遊蕩，超過就寢的時間都沒關係，甚至可以挨家挨戶乞討食物，直到太陽升起來爲止（象徵著世間的生命）！的確，天蠍座以及冥王型人似乎跟生命的陰暗領域特別有緣，其方式也許是帶著建設性的態度，或者交雜著恐懼與著迷的心態。這天晚上孩子們會穿上各式各樣的奇裝異服，就像是在覓食的孤魂野鬼一般。

天蠍型或冥王型人總是掛念著與死亡有關的事物，如果他們懼怕死亡，就一定會害怕冥王星推進時的力量。天蠍座與冥王星代表的是穿透到生命核心的一股驅力，直到與另一種能源（人或神聖的次元）融合在一起，而體認到純粹的生命力爲止。由此可知，冥王星推進時會讓我們與核心力量產生連結，並且會經驗到最強烈、最濃縮以及最徹底的生命經驗，進而揭露我們的核心本質以及最純粹的正向潛能。當這樣的情況出現時，應該被革除的情緒與思維習慣就會漸漸消失或是被否決掉。

接下來的例子可以闡明這些推進的相位是如何運作的。一位四十三歲的女性在推進的冥王星與本命一宮的火星成合相時，經驗到了丈夫的死亡。她從未遇見過適合的男人，直到她先生出現爲止。他幫助她重拾信心與力量，但是他們結婚只有幾年他就過世了，這個經驗最重要的部分就在於她又重新變得自給自足，有能力確立和主導自己的人生（這些都是由火星所象徵的）。在她還未接觸占星諮商之前，她已經發現自己必須開始學習自力更生，運用內心深處的資源。

另外有位二十七歲的女性在冥王星推進本命的水星成合相時，淨除了許多老舊的態度與回憶。這段期間她最明顯的外在表現就是放鬆了許多（水星掌管的是神經系統的活動），而且態度和思想也比以往顯得深刻多了。我們可以說她之所以能放鬆下來，乃是由於覺察力加深了，緊張的習慣被冥王星解除掉了。

另外有三個例子也可以說明冥王星與本命天王星成九十度角時，會有什麼樣的示現：

㈠某位年輕的女士在這個階段裡轉化了她對自由的觀念，她決定不再跟隨一個有暴力傾向的改革組織，而開始學習整脊療法；㈡另外有位女士在這個階段突然生了一場病，而且與過去的兩個男友再度相遇，同時她一直渴望的個人自由，也變得比較明確了；㈢某位年輕男士在這個階段經歷了漫長的心理煎熬以及靈性上的轉化，他的夢境變得十分活躍，對占星學也開始產生興趣，對心理諮商和夢境分析也比較能適應了。

一位三十五歲的女性在冥王星與她的本命金星形成九十度角時，經歷了非常嚴重的情緒轉化過程，雖然那些經驗令她十分痛苦，但最終還是讓她對愛產生了更令人愉悅的了解。與她結縭十五年的丈夫在這段期間離開了，不久之後一位好友也癱瘓了（此人的本命盤裡有天王星與火星合相，而這個階段又有天王星推進，與這兩顆行星成對立相）。這眞是一個剝除掉執著傾向的階段，她因而得到了無可取代的深入體認。

另外有位三十歲的男性在冥王星推進與本命太陽成合相時，離開了他辛苦經營八年的事業。當這個相位接近時，他的情緒和身體都生病了，幾乎有一個月不能下床。在逐漸復原的過程裡，他不但發現自己已經不能繼續目前這份耗盡能量的工作，同時也開始閱讀許多新書，這些書所涉及的領域後來都變成了他的事業選擇。他所有老舊的謀生手段似乎突然被掃除一空，剩下的只有他年輕時非常感興趣的事物；這些他所熟悉的早年的能力，後來都成了他事業上的新方向。

最後這個例子對那些想尋求某種靈性途徑的人而言，會格外具有啓發性：冥王星推進與本命海王星形成相位時，往往示現成極大的不滿足感和困惑的心境，因爲老舊的渴望、理想及幻想都會浮出表面。這時人們往往可以洞察到自己的眞實渴望與動機，也能洞察到那些促成不實際的行爲舉止的深層情緒。這時雖然會升起強烈的逃避欲望，但卻能體認到自己最終其實是在逃避某個揮之不去的東西：必須面對自己最眞實的欲望和需求，並轉化自己以及自己的理想。這個階段通常會出現幻覺式的、帶有逃避傾向的活動；自欺也會變得顯而易見。簡而言之，當冥王星推進時我們會產生想要改革自己的欲望，這時的焦點會放在自己的理想上面，同時會面對長久以來一直遭到自己所背叛的生命領域。人們經常會在這個階段裡去面對那些帶有自欺傾向的行事方式，而且極少有人會在這些相位結束之後，仍然無法面對產生自欺的那個生命領域。這個階段雖然會出現許多明顯的失望反應，但這通常是源自於不實際的夢想或自欺，這類的失望反應會促使我們認清更深更可靠的生命價值。

推進的時間點

我早先提到過，行星的推進是無法根據僵化的原則來定義的，因爲大部分還是得取決於個人的敏感度，以及得用多久的時間來消化經驗與個中的意義。舉個例子，我看過有人在十五歲時（推進的土星與本命的土星成對立相）經歷到的挫敗或創傷，一直持續困擾著這個人長達十五年之久，直到土星回歸原位時此人才徹底了解和接納了那個階段的意義！還有許多類似的模式可以在此解析一下，因爲五個外行星推進時都帶著相同特質，它們在個人生命裡造成的影響實在太深了，因此往往令人無法招架，更何況是在短時間內便統合這整個經驗的意義。

事實上，所有心理治療技法的目的都是要促成一個人的統合，使其接納各種不同的經驗，雖然經驗發生的那個階段的痛苦很難令人徹底面對。這些心理治療技法與傳統占星學是十分不同的，但這兩種方式可以完美地互補（那些主張占星師無法藉由心理學學到任何東西的人，其實是在執著於一種不完整的諮商形式，因爲他們並沒有在處理個案的情緒。極少數的占星師可以變成夠格的治療師，因此占星諮商師至少該留意一下，看看什麼樣的治療方式可以運用在個案的情緒問題上）。事實上占星學最大的價值，就在於它能夠幫助我們以更快更徹底的方式，消化吸收某個經驗所帶來的意義；我們可以說占星學是一種「預防醫學」，它可以減低我們對密集心理治療的需求。

占星學在解決孩子問題上面特別有用。小孩之中很少有人具備足夠的覺察力、洞見或力量，來幫助他們面對童年的痛苦經驗，因此就像大部分的成年人一樣，小孩往往會忽略、否定、壓抑他們的痛苦感受。如此一來，他們就會把面對這些情緒的時間拖延到成年之後。由於大部分的成年人都不了解小孩的感受，而且會把他們的感受看成是不重要的，因此小孩獲得的忠告多半是：「不要擔心，這是必經的過程，長大之後你就會知道這根本是不重要的事。」但是對小孩來說那件事確實是重要的！如果父母、輔導者、老師或親友們懂得占星學，他們就可以透視孩子的內在經驗，開始以更敏感的態度來面對他們。如果有人眞的能了解孩子正在經歷什麼，這些童年的痛苦經驗就可以獲得改善！

但是當我們回到特定推進相位的時間點這個主題時，我們會發現觀察這些時間點比較像是一門藝術而非科學，因爲這是純屬個人性的事物。雖然如此，我們還是可以概略地提出一些有用的指導方針，等到占星者有了足夠經驗以後，她或他就能以特定的方式去感受各種推進相位的影響。

當我們在觀察行星的推進時，最重要的就是要留意某些占星書籍很少提及的部分：行星在推進時將來回重複三次（海王星或冥王星甚至會來回五次），時間會長達好幾個月。譬如，冥王星與我本命的月亮形成九十度角之後就會往前推進，接著又會倒退回來與月亮再次形成九十度角，然後又重複一次。甚至有些情況是冥王星倒退回去再形成這個角度兩次。推進的行星偶爾會進入它的「停滯」狀態（這時它顯然沒有任何活動，既不前進也不後退），而這是非常強而有力的時段！如果我們看見一個特定的推進相位在幾個月的時間裡重複出現幾次的話，我們就該把它看成是改變與轉化過程的某種代表，而這份轉化將會是非常深刻的，而且會在第一次正相位之前就開始出現，最後一次的相位形成之後還會持續一段時間。就好像這段期間的正相位標示出了能量流動上的顛峰，即使當行星暫時脫離正相位，這種改變的過程仍然會在某種程度上持續下去。當正相位出現時，重要的經驗與發展不一定會永遠示現出來，但有時也還是會顯現出來。正相位通常是播種的階段，這時我們對個中能量的感受通常是最強烈的。如同我們早先所提到的，第一次出現的相位通常代表一個改變階段裡最令人震撼的經驗；如果出現的是緊張相位，那麼就代表此人會經驗到最麻煩的狀態（這裡應該指出的是，如果本命盤裡被激化的行星是逆行的話，那麼當行星倒退回來再度形成相位的時段，就會出現最強烈的經驗）。這就好像你必須在第一次形成相位時清除掉一些障礙，以便敞開心胸去接受接下來的必要功課。

至於推進時所採用的容許度問題，我們或許可以簡化一點採取以時間爲準而非以度數爲準的容許度。如同我們在第八章所提到的，我認爲以正相位前後一個月的時間來設定容許度，應該是比較重要的計算方式，這意味著推進的月亮將會在這兩個月的時間裡與外行星形成相位的行星合相兩次。如果我們採用的是比較僵化的一度容許度，則比較會忽略與特定經驗相關的行星相位。由於太陽和月亮的推進會調整我們生命的能流，所以我們應該了解它們所形成的影響力，可能會在正相位形成的前後就被感覺到了。大體而言，一個月的容許度已經是最大的極限，因為大部分的情況下，兩週的容許度（包括推進的月亮的完整循環）已經足以概括地顯示出特定相位所形成的強力時段。但我必須再強調這只是一種指導原則，因為實際諮商時往往會出現幾個不符合慣常法則的推進行星。接下來我要解說的就是有關它們的概論。

新月

新月與本命盤的行星形成緊密相位，通常會在日／月成正合相之前的幾天便開始示現出來。因為當推進的月亮接近推進的太陽時，它們的能量會開始融合，而當推進的月亮進入推進的太陽星座時，釋放出來的能量就會更強。

水星、金星及火星的推進

若想理解這些行星推進時的意義，通常採用一度的容許度就行了。譬如以火星為例，當它推進本命盤與太陽成對立相時，通常最強的能量至多維持三天。這一類行星推進時的星座位置本身，或許能象徵短時間內的一般趨勢；舉個例子，當推進的金星落在你的太陽星座時，那個階段就會顯現出想要形成關係的渴望，或是想結識新的人。

木星與土星的推進

除了上面所提到的以時間爲準的容許度之外，在衡量木星與土星的推進時，也應該考量這些推進的行星座落的星座位置；因爲光是看這兩個行星推進的星座位置，或是你本命盤的太陽、月亮或其他行星的星座是否被它們推進，都可以得知幾個月之內你的整個態度會不會染上這些星座的色彩，即使沒有形成緊密相位也一樣。譬如當木星推進你的月亮星座時，你在自我表現上的信心往往會增強，而這份新的感受可能會持續一整年之久。當土星推進你太陽的星座時，你會以嚴肅的態度建構你在創造力上面的運用方式。這股想要建構的渴望，往往會在土星與本命太陽成緊密相位時開始被強化。我同時還要強調的是，木星的推進會在正相位形成之前的四到六個月，就讓我們開始體驗到未來發展上更大的可能性（請留意木星代表的是對未來的願景）。相反的，土星一向被視爲與拖延及減緩有關的行星，因此當土星的正相位過去之後的一年半階段裡，許多重要的發展也會出現。

天王星的推進

天王星的推進只有在正相位前的五度左右才被視爲是重要的；它們的星座位置通常

不及木星／土星的星座位置來得重要。天王星推進形成的相位是占星學裡有關相位設定上最精確的，因爲它們似乎會在形成正相位時立即顯現出跡象。如同查理斯・傑恩以及依莎貝爾・希基所指出的，這些推進的相位在矯正星盤時特別有用。最後我還要指出的一點是，那些在本命盤裡顯現出強烈天王星能量的人（大部分都會投入於占星學的研究），將會對這一類的推進相位特別敏感，因此在正相位尚未形成之前，他們就會感受到生命的步調已經開始加速，在這種情況下前面提到的五度容許度就派上用場了。

海王星的推進

這些推進的相位往往取決於個人的感應程度。那些完全投入於粗鈍世界之生存與責任義務的人，通常會在正合相的一兩度內才會發現海王星的某個相位已經形成了；然而那些對精微次元比較有感應力的人，卻會在正相位形成前的五度左右，就開始感受到海王星的能量振動。如同天王星一樣，推進的海王星落入的星座位置對個人而言也不是那麼重要。

冥王星的推進

冥王星的推進相位格外強而有力，甚至在正相位形成前的五度左右就開始有感覺了。

除了木星與土星之外，我認爲冥王星也應該賦予更大的容許度，因爲冥王星推進本命盤與行星形成正相位所帶來的影響，是大部分人都能察覺到的。當冥王星形成正相位的五度之前，亦即大約一年前左右，大部分的人已經感受到它所帶來的強大影響了。冥王星似乎會腐蝕掉老舊生活形式的基礎，以便讓人產生深刻而大幅度的改變，就像是在重生的潛力尚未明朗化之前，便開始讓人做些準備。人們通常會在充滿著困惑的情況下對新的事物抱持開放態度；而當冥王星推進形成正相位時，人們往往會經驗到疲憊、乏味、追尋以及情緒上的痛苦，這些感受會深深地影響一個人，繼而引發精神上的困惑。但痛苦或困惑最終還是會令人獲益。雖然我們的教育經驗和文化偏見會令我們害怕混亂，但若是能面對這個轉化階段裡出現的所有情況，便能學到寶貴的功課。如同卡洛・佩恩・陶比（Carl Payne Tobey）在《內在空間占星學》（*The Astrology of Inner Space*）這本書裡所說的：永遠不要懼怕混亂，因爲從混亂之中一定會生出某些東西來。與其擔憂某種混亂的情況，不如等待重生。你的心或我的心之所以會懼怕混亂，主要是因爲它無法看見全貌。

〔第十章〕

上升點與天頂：人格結構的重要元素

只有那些具有直觀智慧的人，才能正確地詮釋個人本命盤；但很少有人具備這樣的智慧。

——帕拉瑪罕撒・尤迦南達

多年來我一直想了解上升點與天頂的意義，我聽過許多有關這個主題的演講，也閱讀過許多這方面的著作，但只有當我開始做占星諮商、深入地探索本命盤的各種構成要素之後，才逐漸對這兩個占星要素有所領會。在我還未得到一對一的諮商經驗之前，這些有關上升點與天頂的理論都只是一些抽象概念，而且沒有多大用處。我覺得這種直接的諮商經驗是絕對必要的，理由有二。首先，上升點象徵著整個自我最自發最直接的表現方式，幾乎沒有什麼言詞能完全捕捉其核心本質，因此它幾乎帶著一種超驗性的重要價值，因爲它能促使一個人統合自己，變成一個能完整運作且充滿動力的個體。第二，天頂的意義在一個人年輕時似乎顯得比較抽象——隨著年齡的增長，徹底地參與社會之後，人們會更重視自己的企圖心的達成，而且人格結構也會建立起來，成爲一種既定的模式——這時天頂的意義就會越來越明顯，也越來越容易被了解。若是能了解土星的特質與天頂之間的關係，我們就能辨別天頂代表的乃是對統合生命結構的追求，以促使人格臻於成熟。

另外值得一提的是，法國的統計學家米歇爾・古奎倫（Michel Gauquelin）已經確立了上升點與天頂的重要性，尤其是這兩個點與其他行星成合相的情況。古奎倫的研究似乎彰顯出上升點與天頂並不是它們那一宮的起點，而是重要能流的集中點。一宮與十宮可能在上升點與天頂之前的幾度就開始了。根據他的研究所顯示的事實，落在傳統所謂的十二宮或九宮的行星似乎格外重要，也就是距離一宮和十宮宮頭前幾度之遠的行星。這項發現確立了我和其他占星家已經在自然沿用的某個準則：將宮頭視爲每一宮比較有力量的區域，卻不是一個宮位絕對明確的開端，但這並不意味宮頭就是一個宮位的中間地帶。我個人認爲宮頭以及它左右六度的地帶，是任何一個宮位最強而有力的區域，因此我一向在宮頭這個部分採取六度的容許度。根據傳統占星學的講法，一個人誕生的那一刻與其上升點交會的那個行星，通常被視爲一個人生命中格外有力的影響。至於爲什麼接近地平線的行星會帶來特別重要的影響，我們將會在下面的章節裡加以闡述。

上升點

任何一個落在上升點的行星，都應該被視爲個人生命裡特別顯著的特質與能量（行星推進上升點也會帶來格外強烈的感受）。由於大部分的占星學都是以地球爲中心的，因此人們往往會根據地球上觀察到的天體因素的表象，來辨認其重要性，如果直接觀察天文現象本身，也可能顯現出這樣的趨勢（從占星學的觀察裡擷取而來的）。的確，座落於地平線上的行星的能量確實會被擴大！不妨想像一下地平線上金黃色的滿月，它看起來非常巨大，比往常的直徑要大出一倍之多。許多人把這個現象歸因於大氣層所造成的視覺扭曲（接近地平線的太陽、其他行星及星座，也會出現這種情況）；雖然滿月呈現出的金黃光暈很可能是由污染的空氣、塵埃，或其他的大氣元素所造成的，但它們並不會使月亮的直徑加大。月亮靠近地平線時雖然看起來比較接近地球，其實並非如此（月亮掛在觀察者的頭頂上方時，才是最接近的距離）。令人驚訝的是，造成這種擴大的感覺，完全是一種視覺上的作用。如果你用照相機把地平線上的月亮及頭頂上的月亮拍攝下來，它們的直徑是完全相同的；它們的大小根本沒有改變。因此科學家認爲這個現象只是一種視覺幻象，雖然如此，以地球爲中心的占星學仍然認爲肉眼看見的現象才是重要的。因此我們應該把上述的現象看成是一種象徵，亦即靠近地平線的任何一顆行星，在我們生命裡都是格外重要的，因爲它的「影響力」會擴大！

讓我們舉出一個實例來闡明靠近上升點的行星的重要性，譬如有位男士的太陽落在魔羯座，月亮落在處女座，而上升點落在巨蟹座。如果我們想從這三個元素來評量此人的整體性格，那麼很顯然他應該是相當保守的人：謹愼、自我保護、追求安全感，甚至對不是紮根於文化或傳統的事物都抱持懷疑態度。然而這位男士的天王星與上升點成合相（可能是落在十二宮，也可能是落在一宮這邊），於是我們發現他的人格出現了截然不同的另一面。雖然本命盤裡的幾個要素都指向保守與傳統的特質，但是加上了天王星的能量，就會顯現出高度的實驗性、非正統傾向，以及對新穎的事物比較能採取開放態度。他非但沒有變成一個充滿恐懼與懷疑的守舊分子，反而彰顯出思想前進與某種程度的革命傾向。事實上，這位男士永遠不會滿足於魔羯的那種只強調責任與自制的生活方式，因爲他不但渴望、同時會付諸行動來經驗各種不同的事物，自在地展現自己。

假設另外有位女士的太陽是落在寶瓶座，月亮落在射手座，上升點則是落在獅子座！這三種正向而積極的能量組合，會讓我們期待看到一個以誇張態度展現自己的人。然而這位女士的上升點也跟冥王星成合相，所以她表現自己的態度很可能帶著上升點落在天蠍座的特質：守密、易怒、深思熟慮以及自我壓抑。簡而言之，她可能會害怕展現出其他元素象徵的那種自發性。在這個例子裡，靠近上升點的冥王星擴大了冥王的特質，而且比冥王星落在本命盤的其他區域更有力量。

上升點代表的是格外能夠讓我們意識到的特質，而這也就說明了推進的行星通過上升點爲什麼會特別有力量；因爲它會影響我們最敏感的生命領域，以及能量場的特定面向。某些占星家曾經說過，上升點代表的是我們誕生時吸進第一口大氣的那一刻，我不知道這是不是確實的說法，但是我所經驗過的治療方式（尤其是兩極治療法），都使我相信上升點與身體連結的部分，代表的就是我們的肉體與精微能量場的銜接點，因此它是強大能流湧進的部分。接下來我還要指出有關上升點的一些定義：

一、上升點代表的是一個人在別人眼中的形象，但這並不代表這個形象就能正確地描繪此人的人格特質；它只是別人對此人的第一印象罷了。事實上，上升點代表的自我形象與當事者對自己的感覺，往往是截然不同的。

二、上升點代表一個人與外在世界的主動融合方式，因此早期的占星論述一向認為它揭露的是一個人的「氣質」。

三、上升點象徵著命運的某個重要面向，你必須以上升點的方式來表現自己以及活出自己，才能感覺完整與自由。

四、上升點（尤其要根據它的元素：地、水、火或風）透露出直接活化肉體的那股能量的特質，因此可能顯現出風元素或火元素的傳導性，或是水元素或土元素的抗拒性，這其中的關聯可以解釋為什麼行星推進上升點，會強烈地影響你的活力、外貌以及健康狀態。

五、另外有一點可以說明上升點與肉體的連結：肉身建構出了你當下的物質環境。當我們誕生下來的時候，在某種程度上我們的身體以及母親的身體組成了早期的整個生存環境；雖然長大之後我們會比較認同自己的身體而遺忘了早期的環境，但身體仍然是我們環境裡的主要部分。這就是為什麼上升點經常會拿來跟早期的環境連結的原因，因為我們與外在世界的接觸，多半是透過跟上升點的相應而達成的。我們的身體（上升點）將外在環境納入我們的存在之中，因此上升點決定了我們將如何看待週遭的環境，以及成長之後會以什麼態度面對外在世界。

六、有人認為上升點代表的面向是跟「自我」有關的。雖然我們不能說上升點與自我有直接關係，但上升點確實能代表自我的某個重要面向。當一個人遭遇到威脅時，他要不是擺脫掉上升點所象徵的表現形式，進入太陽所代表的更安全的人格模式裡，不然就是會進一步地強調上升點的特質，來確保自己的個人性與生存上的安全感。由於上升點在本命盤裡與牡羊座相關，因此上升點一向代表一個人的自我表現方式，但這不該被視為是一種負面特質，除非此人在自我表現上過於衝動。

七、早先我們提到過上升點代表「超驗」的面向，這是因為上升點會彰顯出我們如何自發而純然地與生命融合；它代表超越我們的「理解」的存活方式。因此太陽星座比上升點更能透露我們是如何「理解」以及消化各種經驗的，上升點揭露的則是我們對自己的獨特性的感受方式，同時也代表自發的行動與覺知的制高點。

最後這一段所描述的上升點的超驗特質，或許一開始並不容易認清，因此值得再詳加解析一番。上升點標示出了十二宮（超越意識掌控之外的事物）與一宮（我們可以自覺地加以運用的力量）之間的界分。因此任何一個行星落在上升點（包括本命盤、推進或移位的行星），都代表能夠被我們立即察覺的宇宙法則、能量或作用力。榮格派心理學家派崔克・哈爾丁（Patrick Harding）進一步地解釋了這個觀點：

如果出生的時間非常正確，那麼上升點代表的正是子宮裡的生活與外在生活的交接點，因此它揭示了兩者之間的一個無時間性地帶，而這個無時間性的點似乎、甚至一定跟孩子的精神上烙下上升星座的特質有關。

如果我們把上升點看成是無意識的子宮與有意識的外在世界的中點，那麼當一切都達成平衡以及處在無時間性的狀態時，按理說三位一體的法則就會開

> 始運作，而精神上的第三個構成分子——集體無意識——也會開始產生作用。在集體無意識裡面存在著一些重要的原型，某些證據顯示這些原型的數目有十二個，它們都跟黃道十二星座的象徵意象有關……。一個小孩在出生那一刻穿越無時間性的地帶時，很自然的，那個時段正在活躍的原型特質，必然會在這個孩子的精神上留下印記。（from "Time Alone Can Tell", *Journal of Astrological Studies*, Vol.1, p. 193.）

由於行星比星座更能代表聚焦的能量，所以在此我們應該了解上升星座不該被看成是一個分開來的部分，因爲它跟那些能夠修正、強化、著染自我表現模式——由上升點和整個一宮所代表——的行星是相互關聯的。這一類的行星基本上有兩種類型：一、任何一個座落於一宮的行星（不但包含地平線以下的一宮領域——距離二宮宮頭六到八度的行星除外——同時也包括傳統所謂的十二宮領域裡的行星，以及距離上升點十度容許度的行星）。二、上升點的主宰行星。

上升點的主宰行星將會在下一段裡詳加解釋，因爲要了解它的重要性必需費一番功夫。不過在這裡我們可以簡短地檢視一下一宮裡的行星的重要性。首先要強調的是，座落於一宮的行星會遮蔽住上升點所代表的能量。雖然上升星座代表的特質仍然運作著，但座落於一宮的行星（尤其是緊鄰上升點的行星）卻彰顯出格外有力的表現模式。如果一宮裡的行星的星座與上升點的星座差異很大，那麼兩者就會呈現出強烈對比，舉個例子，某人的上升點落在獅子座，那麼他不可避免的會示現出獅子座的性格特質；但位於一宮的行星若是落在處女座，就會讓許多人猜測此人的上升點是處女座。那些一宮裡的行星座落的星座與上升點的星座有很大差異的人，在人生態度上也比其他人更複雜一些。如果一宮裡的行星是落在上升點的星座上面，那麼這個星座的能量與特質就會加倍地強化，但釋放出的能量模式是什麼仍舊得取決於行星是什麼。舉個例子，如果一個人的土星是落在牡羊座與一宮，而上升點又落在牡羊座的話，那麼此人的牡羊能量就會顯得十分重要，同時也會非常努力地活出牡羊的特質。此人雖然有強烈的牡羊特質，但土星的位置卻會讓這股牡羊能量以比較拘謹的方式釋放出來。在某些情況下，此人甚至會顯現出上升點落魔羯座而非牡羊座的人格特質。

上升星座的主宰行星

上升星座的主宰行星以及它座落的宮位和星座位置，乃是分析一個人的上升星座時必須同時考量的要素。事實上我們可以說，上升點落牡羊座有十二種基本型態（取決於火星的星座位置），上升點落金牛座也有十二種基本型態（取決於金星的星座位置），以此類推等等。上升星座的主宰行星的星座與宮位，是一個星盤裡極爲重要的元素，但主宰行星若是天王星、海王星或冥王星，那麼其宮位就比星座的位置更重要一些。主宰行星的位置代表的是能促使你行動的主要能量和經驗領域。此外，上升星座的主宰行星座落的星座元素，則往往顯示出讓你的身體能量流動的經驗層面。由於上升點本身代表的是「做你自己」的一般經驗，同時也代表你自然的本質，因此主宰行星座落的宮位代表的就是整個生命活動的特定領域，你可以在其中立即經驗到自己的核心本質。一旦與那個生命領域相遇，同時也接受了其所代表的能量類型，你就會覺得更有活力，更願意表達自己，而且內心也更有安全感。

上升點的主宰行星所涉及的相位也是格外重要的，特別是跟太陽、月亮或上升點本身形成的相位。這些相位之所以如此重要，乃是因爲它們代表的是能夠影響你自我表現的某些動力。上升點的主宰行星與一個人的健康和身體能量的高低也有密切關係，只要觀察一下行星推進上升點的主宰行星所呈現出來的狀態，就能明白這一點。因此，這一類的推進相位跟一個人的健康、活力或外表的改變都有密切關聯。舉個例子，我有一名個案是位三十四歲的男性，他的上升點落在處女座，當推進的天王星與他本命的水星成九十度角時，他的精神突然歷經了徹底的崩解。雖然推進的天王星與任何一個人的本命水星成九十度角，都可能產生精神上的壓力，但如果上升點的主宰行星不是水星，就不可能有如此強烈的影響。

我們可能會質疑上升點的行星爲什麼如此重要，甚至超過太陽星座的主宰行星，尤其涉及的是生命態度上的徹底改變或深刻而立即的經驗。以我看來，這個問題的答案必須回到一個非常古老的概念：自古以來人們一向認爲上升點的主宰行星統管著整體人生以及誕生的那一刻。在各種古老的占星學概念裡面，上升點的主宰行星一向被視爲上天指派下來掌管一個人的整體人生的神祇。比較現代化的說法則是，上升星座的主宰行星的本質，往往爲一個人帶來了整體性的基調，包括他所有的經驗以及他跟外在世界互動的方式。因此其主宰行星的星座位置，就象徵著經驗的特質、能量的流動方式，以及掌控一個人此生存在方式的慣常傾向。雖然我不能說自己已經擁有足夠的經驗，可以證實上面提到的那個古老概念，但我曾經有過一個帶給我強烈印象的體驗，或許藉由它便能確切地證實這個說法。

幾年前我被邀請去一位待產友人的家裡，目的是要紀錄孩子誕生的正確時辰，因此我可以說那個小孩的出生時間是極爲精準的。就在孩子快要生下來的那一刻，我心裡大致計算了一下，於是假設這個孩子的上升點是落在寶瓶座。當這個小孩生出來的時候，整間屋子都瀰漫著一股強烈又堅實的能量。那一刻屋子裡所呈現出的壓力感，只能以土星的能量振動頻率來加以描述，於是我向其中的某位人士表達了我的感覺。夜裡當事情穩定下來而這名新生兒已經入睡之後，我開始很精確地畫出了他的星盤，出乎我的意料之外，他的上升點竟然落在二十八度的魔羯座，因此他上升點的主宰行星正好就是土星，而我根本無法想像除了土星之外還有什麼行星能帶來那麼堅實的能量。由於誕生到這個物質世界本來就是一種土星式的事件，因此即使這個小孩的上升星座的主宰行星是金星或木星，也很難說我不會經驗到類似的感受。不過我覺得這個例子還是値得提出來，因爲透過它可以鼓勵人們去留意一下，看看靈魂降生到物質次元帶來的能量振動會是什麼感覺。

現在我們應該已經淸楚，如果不同時考量與上升點有關的所有複雜元素，就不可能完全了解上升點的意義。換句話說，上升星座的特質以及它的主宰行星（包括它的星座與宮位），還有第一宮裡面的行星，全都會形成你生命裡最主要的衝動、需求和傾向。這所有的元素加起來就成了整個人格結構在平衡性上的支點，同時它們也揭露了一個人的自我是如何投射出來的。如果一個人無法自在地表現這些能量，就可能發展出一種內在的緊張感，甚至會有乏味、無趣、缺乏方向與目的之傾向。下面我要舉出一個實例來說明如何將諸多的元素統合起來解釋。就讓我們拿上面提到的那名嬰兒的上升點作爲例子好了：

一、上升點落在魔羯座。

二、上升點的主宰行星是土星，落在雙子座及第五宮，與金星及水星成合相。

三、第一宮裡的木星落寶瓶座。

我們可以用下面的方式來描述這些元素的組合：

想要以謹慎的態度（上升點落魔羯座）、深刻的創造性（土星落第五宮）來面對人生，包括心智與情緒兩個層面（水星與金星都跟土星合相）；需要深入地思考，並且以嚴肅的方式來表達自己的思想（土星落在雙子座與水星合相）；渴望透過自制力與組織力來看到確實的創造成果（上升點落魔羯座以及土星落第五宮），這所有的特質都染上一層樂天而不拘小節的慷慨色彩，並且帶著一股獨立的自信心（木星落在寶瓶座）。

上升點的相位

上面提到過另一個與上升點有關的要素，亦即行星與上升點形成的緊密相位。傳統上認為這樣的相位會影響一個人的性格和氣質，但極少有書籍將這類相位的詮釋涵括在內。在這個簡短的段落裡我不準備做出有系統的詮釋，但還是有幾個重要的觀點可以牢記在心，以便認清一張星盤裡最重要的上升點的相位意義。根據一般的法則，上升點的相位代表一個人把自己展現給外在世界的方式，這包括以輕鬆自然的方式（合相、六十度角以及最重要的一二〇度角）展現出來，還是以某種程度的壓抑、緊張、自制，或是格外強烈的企圖心（九十度角與一八〇度角）而展現出來。換句話說，上升點的相位透露出一個人的各種面向（由本命的行星所象徵）與上升點的能量不斷驅使我們做出的自我表現模式，究竟是和諧的還是不一致的。

上升點的**對立相位**則往往透露出內心的分裂，這會讓一個人不斷地意識到內在的緊張感，因爲有一股強烈的驅力，促使他或她呈現出與內心完全相反的活動模式。這種內在的緊張感會激發巨大的能量，並且會示現出特別複雜的意識類型。這樣的人經常會在兩種不同的人生方向之間變來變去，有時會強調其中的一種自我表現模式，別的時間則會聚焦在另一種發展方向上。移位的月亮或推進的木星及土星，似乎會階段性地激發此人本質裡的這兩個面向。

與上升點成**九十度角**的行星，通常象徵著一個人早期環境的本質，而且往往示現成壓抑或制約傾向（尤其是涉及的行星落在第四宮），或者會示現成強烈的成就欲（如果涉及的行星是落在第十宮）。換句話說，上升點的九十度角有兩種基本類型：一、與四宮成九十度角會顯現情緒上的壓抑傾向，讓我們無法自發地展現上升星座的表現方式；二、與十宮成九十度角則顯示內在有一股驅力，會迫使我們完成某種成就。

上升點與其他行星成**六十度角**，通常代表的是那個行星能夠在學習階段形成時以流暢的方式運作。當那個經驗面向還沒有跟上升點的能量整合之前，做些小小的修正是必要的，不過這個轉化階段通常很快速，而且令人感到鼓舞。

行星與上升點成合相或一二〇度角是應該放在一起觀察的，因爲它們和某個鮮少被提及的重要占星現象有關，亦即由一、五、九三個火象宮位構成的大三角。

火象星座構成的大三角

由火象星座構成的大三角在基本的占星書籍裡都提到過，但是由火象宮位構成的大三角卻很少被提及。這些書籍之所以忽略掉這個類型的大三角，乃是因爲它們代表的是跟超驗性有關的能量流動模式。我已經提過上升點可以被看成是無時間性的自發能量的展現模式，因此很自然的我們會不知道該如何描述它，這樣的特質也可以適用於火象宮位構成的大三角，因爲火象宮位一向與純然的存在及轉化有關。由它們所代表的自我表現上的純粹性，在某些情況下可以被明確地歸類爲屬靈傾向（尤其是當一個人不再認同其自我，而能夠讓創造力藉由她或他流露出來，也就是說把自己看成是宇宙創造力的示現管道）。

我一開始做占星研究工作就被這些火象宮位給困住了，那時我還未看到任何一本書提及這樣的現象。這項發現是我畫了成打的靈性大師的星盤之後出現的。當時我正試圖從他們的本命盤裡找出共通的要素，很顯然他們的火象宮位裡都有許多行星。在努力想

圖三

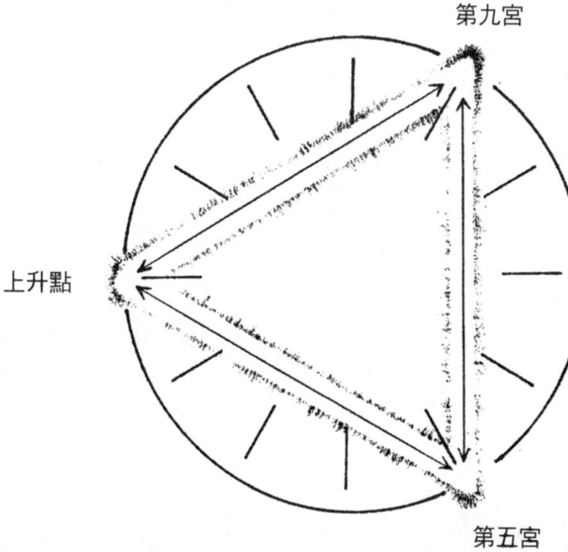

第九宮

上升點

第五宮

了解這個模式但無法成功的情況下，我做了一個鮮明的夢，夢境中我獲得一個啓示，我看見由上升點、五宮及九宮所構成的大三角，變成了一團不停在轉動的火紅能量球。這個夢帶給我的即時體悟很難用言語描述，但這的確是個直接而深刻的了悟，它讓我明白了這些宮位象徵的能量是什麼情況。在這個段落裡我畫了一張發光的大三角圖形，目的就是要傳達那個夢境的意象。（請見圖三）

這個概念的實際運用方式，就是去領略與上升點成合相或一二〇度的行星帶有什麼潛力，但這並不意味這樣的行星配置就一定代表屬靈傾向，因爲多數的情況下這三個宮位被強化並不能明確地標上屬靈特質，理由是大部分的人無可否認都是以自我爲中心的。不過就整體而言，這些宮位展現出的特別富有動力的創造能量，的確能夠以自發和強而有力的方式表現出來。與上升點成合相或一二〇度的行星所代表的經驗次元，往往會以某種程度的正向、自然與立即的方式展現出來，而且是星盤裡的其他要素無法代表的。舉個例子，某人的火星如果與上升點成合相，或是從五宮、九宮的領域與上升點成一二〇度角，那麼此人很可能是天生的領導者，而且帶著某種程度的勇氣，甚至在態度舉止上顯得有些粗率。或者某人的土星落在相似的位置，那麼他的性格就會帶著一種實際傾向，而且很能抓住時機，同時會展現出超越她或他年齡的智慧。

我們最核心的本質

雖然這三個火象宮位都有所差異，而且也都有自己的定義，但我們必須留意的是，座落於這個動力十足的大三角內的行星，很可能對一個人的生命導向產生強大影響。事實上這些火象宮位最簡單的描述方式，就是一、五、九宮的宮頭星座加上座落於這些宮位裡的行星（尤其是與上升點形成緊密相位的行星），都象徵著一個人對整體生命的態度！由於我們對生命的態度往往會決定我們的經驗（因為你內在的能量會吸引某些特定的經驗），因此我們很容易就可以了解這些要素為什麼會在一個人的生命模式裡扮演重要角色。另外還有一點要考量的是，我們對人生的態度和我們對自己的態度是不可分的。

事實上我們可以說它們是同一種東西。很顯然我們對人生抱持的態度就是源自於我們對自己的態度，反之亦然。我們都見過某些人的人生哲學變得比較正向時，其自我信心也會產生變化。因此火象宮位的大三角象徵的就是我們最核心的本質，同時也代表我們面對人生的一貫態度。

第一宮和其中的行星：顯示出一種自發的能流

第一宮和其中的行星會顯示出一種自發的能流，它的正向振動頻率會讓一個人的性格展現出高度的自我中心傾向，以及格外明顯的自尊。很顯然這兩種展現方式是此類能量的極端表現，但我們並不難看到這樣的例子。任何一個與上升點合相的行星，都代表我們對那個部分的自己感到很滿意。舉個例子，如果太陽與上升點合相，那麼此人往往顯現出孩子般的慷慨特質，或者會以戲劇化的方式興高采烈地誇耀自己的能力。太陽與上升點合相跟上升點落在獅子座十分相似，雖然太陽與上升點合相所顯現的自我中心與自豪傾向，通常比上升點落在獅子座更顯而易見。另外有個例子則是水星與上升點合相，這類人往往會展現出學習和智力上的自傲。有時水星與上升點合相的人會想要弄清楚每一個瑣碎的事物，而這往往會導致不必要的麻煩與擔憂。這類人會有特別敏銳的頭腦和言語上的表達能力，而且表達的方式十分戲劇化，不過他們的意見經常是他們最糟的敵人。

第五宮以及其中的行星：源源不絕的創造力

第五宮以及其中的行星透露的是源源不絕的創造力，同時也象徵著某種程度的自信，或至少會覺得必須獲得眞正的自信。由於五宮與獅子座及其主宰行星（太陽）有關，因此我會逐漸認爲這個宮位的力量僅次於一宮，是十二個宮位裡能量次強的，也就不足爲奇了；因爲五宮不但代表一個人的創造潛力，同時也代表一個人的能量自發地湧出的方式。在實際進行諮商時，任何一個落入五宮的行星（尤其是在跟上升點成緊密的一二〇度角）都會影響一個人的自我投射方式與範圍，其影響力跟一宮裡的行星是同樣強烈的。

第九宮以及其中的行星：未來導向的信念和願景

第九宮以及其中的行星象徵的是未來導向的信念和願景，而且是富有創造性的。第九宮攸關於一個人的生命態度，這樣的特質甚至超越一宮或五宮，原因是九宮在傳統上暗示著一個人的宗教信仰和哲學傾向。許多書籍都提到過九宮以及其中的行星與高等心智息息相關；由於我們的高層願景和信念最能操控我們的生命態度，因此我們會發現九宮的元素與火象宮位的大三角代表的傾向，是協調一致的。

這三個宮位裡面五宮最容易被誤解，因為一般都認為這個宮位與小孩、賭博、戀愛事件以及娛樂相關。事實上五宮有更深的意義，因為它跟我們剛才提到的火象宮位大三角的超驗性有關。我必須說世代以來的占星家一直不重視這個宮位與太陽之間的關係，是十分令人驚訝的事！雖然五宮的能量往往顯示出感官上的享受、孩童般的自我中心傾向以及戀愛事件，但這所有的活動都根植於想要冒點險，以便藉由個人的人格來體現更大的宇宙力量。如同我們曾經說過的，五宮代表的是愛的力量或是對力量的愛，在最佳的情況下，它代表的是讓神的愛與光流過自己的一種能力，同時也代表對生命之善懷抱著單純的信念。它意味著讓創造力藉由我們示現出來，同時也代表身心層面與孩子們的連結（渴望一個超越自我的東西能藉由我們誕生出來）。小孩和眞正的創造性都能教導我們一些功課，讓我們學會做自己眞正愛做的事，以便獲得充滿著喜悅的生命力。這份喜悅本是一種天賜的才華或是一種神聖的恩賜，而不是感官上的享樂。一九七三年英國占星學會月刊登出了一篇丹尼斯・艾爾威爾（Dennis Elwell）的有關五宮的文章，在這篇富有洞見的文章裡他寫道：

五宮……代表的是我們對生命的信心的氣壓計，尤其是我們對生命無法計數的元素的信心；生命帶給我們的保障就像是一項不需要被批准的禮物、一份不求自來的恩賜，只因為我們是值得的。

在五宮所象徵的事物中，墜入愛河可能是超越我們掌控之外的，另外像生孩子、帶著創造性的工作甚至在賭局中贏錢，都不是我們所能掌控的事。艾爾威爾指出愛情可能是盲目的，但五宮以及太陽法則所代表的靈性意義，也可能包含在愛情裡面：

或許只有當我們愛上一個人的時候，才會以他應該被看待的方式來看待他！……當我們在談戀愛時，我們的生命溫度會完全改變：我們會開始以冷淡的態度來看待自己，我們的缺點也會變得過於明顯，然而我們對我們所愛的人卻充滿著溫暖、愛慕與興致。

當我們談戀愛時，天空看起來比往常要藍得多，所有的生命經驗都會被強化，每樣事情似乎都更美好了，因爲那時我們才開始看見事物的本來面目；我們的愛之火終於將「自我」燃燒掉了！因此我們可以說五宮既代表自我的火焰，也代表能夠把自我燃燒掉的愛之火。整體來看，由火象宮位構成的大三角全都包含這個核心意義！因此這些宮位裡的行星幾乎永遠都帶著重要性，特別是與上升點成緊密相位的行星，更應該被看成是一個人在發展上的巨大力量！

天頂及其相位

幾乎所有的占星教科書都提過天頂乃是本命盤的重要部分，但很少有書籍能夠讓我們了解它的意義。其實大致上我已經發現，與十宮或天頂有關的元素都帶著相同的意義，這不但包括天頂的星座，同時也包括天頂星座的主宰行星以及座落在十宮裡的行星：這些元素全都代表一個人所期待、仰慕與努力發展出的存在方式、人格特質以及能力。天頂的星座象徵的是我們成年後會自然成長的方向（我們年輕時這些特質是以種子的形式隱藏在我們之內），不過這些特質往往需要付出努力方能獲得。舉個例子，天頂落在牡羊座的人非常羨慕別人的勇氣和力量，故而會渴望發展出這份果斷的特質。天頂落在金牛座代表一個人會羨慕寧靜、自在與美，因此會努力發展出這些特質。天頂落在天蠍座透露出一個人對魅力以及權力的尊崇，因此他會竭力追求相似的特質。天頂落在雙魚座則代表此人仰慕別人身上的慈悲與直覺力，故而會有意識地培養這些特質。

天頂星座的主宰行星顯得格外重要，是因爲主宰行星座落的宮位往往代表你眞正的人生志業，而志業這個字的意思就是「朝著你的召喚前進」。不但天頂的星座與你的志業有關，十宮裡的其他元素也都跟你志業上的導向息息相關，但是根據我的經驗來看，最有用的元素還是天頂星座的主宰行星座落的宮位，因為這個宮位代表最符合你眞正召喚的經驗領域。你會覺得你終於做了你應該做的工作，前提是你必須了悟自己眞正該從事的志業是什麼。有趣的是天頂就座落於一個人本命盤的頂端，因此天頂與其主宰行星象徵的便是企圖心與意旨深遠的成就的「頂峰」。另外有一種方式也可以說明天頂與十宮裡的元素，那就是它們都象徵著你所「重視」的東西。特別是座落在十宮裡的行星（尤其是跟天頂合相的行星，也包括九宮裡與天頂成合相的行星在內）都跟這種重要感相關，這類行星代表的是一個人特別尊崇的存在方式、特質或活動。由於他們尊崇這些特質，所以會在公衆場合展現出這些特質，或是表現出此種類型的能量，以博得別人的讚美（因此十宮與天頂通常跟一個人的「聲譽」有關）。下面一個例子可以幫助我們釐清這個觀點：

如果水星落在十宮內，那麼此人就會覺得受教育和博學是很重要的事，他們如果沒有得到自己所期待的教育，就會努力地達成或驅策別人達成這個目標。

如果金星落在十宮內，那麼此人往往會重視美（包括藝術上的表現），同時也會注重自己的外表，而且會花很多的金錢及能量來改善這方面的事物。

如果土星落在十宮內，那麼此人就會特別重視某種實際形式的成就，因爲他會特別尊崇耐力、工作表現以及處理責任義務的能力。

如果天王星落在十宮內，那麼保持獨立以及獨立思考，對此人而言會是很重要的事。

如果冥王星落在十宮內，那麼此人便可能重視自己的權威性、權力以及影響力。

我們還可以列出許多代表其他行星的解釋，但這可能會花費過多的言詞。不過還有一點必須加以說明的，譬如金星落在十宮內與十宮頭的主宰行星是金星（亦即天頂的星座是金牛座或天平座），在意義上是十分近似的。另外舉個例子，火星落十宮的一般意義與十宮頭的主宰行星是火星（亦即天頂落在牡羊座）也十分相似，這兩種情況都會讓一個人特別執著於這個相關行星所象徵的價值與特質。唯一的差別就在於落十宮內的行星應該被看成是更確切更集中的能量。

除了我們已經提到的上升點的合相之外，我們也要關注一下與天頂形成相位的行星，這些相位在大部分的教科書裡幾乎完全被忽略，唯一可以找到的有關這個議題的研究，據我所知只有薇薇亞・傑恩（Vivia Jayne）的《四交點的相位》（*Aspects to Horoscope Angles*）。在此書裡她說明了行星與天頂的相位（包括六十度、一二〇度、九十度）的意義，遠不及造成那個相位的行星本身來得重要。我自己的經驗也讓我做出同樣的結論，但我確實覺得與天頂形成的一二〇度角比合相的力量要差一些，因爲與天頂合相的行星元素往往跟天頂一樣。傑恩的著作列舉了與天頂形成相位的每一個行星的意義，因此我不需要在此重複敘述了。除了傳統所說的天頂相位會影響你在公開場合的表現、職業及志業的目標之外，我們還得了解任何一個與天頂成緊密相位的行星，通常都代表會促成你的世俗地位與結構的能量及導向，同時也跟你對社會的貢獻有關。

星盤比對中的四交點

鮮少有書籍能詳盡地闡明一個人的本命行星，與另一個人的上升點、天頂或其主宰行星形成之相位的意義，其中一個例外就是露易斯・H・薩爾金的《如何處置你的人際關係》，在這本書裡她重複地提到上升點及其主宰行星，以下是她說過的幾段話：

> 判斷兩個人之間是否有吸引力，最重要的是觀察一張本命盤的上升點與另一個人的行星之相位，這一點不但攸關於婚姻，而且在所有的關係配對上都占有重要性。
>
> 一個人的太陽、月亮、金星或火星落在對方的上升點或下降點的星座上，都代表這兩個人之間會有強烈的吸引力。
>
> 除非一個人的上升點或下降點的星座跟對方的行星之星座合併，否則單憑

吸引力是很難演變成婚姻的。根據我個人的經驗，我甚至會說單憑吸引力永遠無法演變成婚姻，除非一方或雙方的上升點或下降點有上述相位。

象徵人格的上升點決定了一個人與他人之間的吸引力。一方的上升點跟另一方的行星形成相位，就如同行星與行星之間形成相位一樣，勢必會確立和支撐兩張星盤之間的舒適度與相配性。

我建議讀者不妨閱讀一下薩爾金的著作，以便更詳細地了解星盤比對中的上升點及其主宰行星。在這本書的第一部分，她舉出了許多可能發生在上升點、下降點及其主宰行星的相位。這些說明以及這整本書都值得研究，但我主要想強調的是四交點形成的一切相位在星盤比對中都非常重要，因爲格外親密或重要的關係不可能不出現四交點的緊密相位。

但薩爾金的著作並不注重兩張星盤之間的天頂相位（也包括天底的相位）。我雖然也認爲做星盤比對時上升點及下降點的相位比天頂重要，但我的經驗卻告訴我凡涉及到天頂的相位仍舊非常重要。在**上升點**的相位這個部分，假如某人的太陽或木星與我的上升點成一二〇度角或合相，那麼此人就會鼓勵我以更自發和充滿活力的方式去**表現我自己**，換句話說，這個人對我生命的影響會立即示現在個人層次上，而這會使我的各種表現以及我對生命的整體態度增色不少。星盤比對時所有涉及到上升點的相位，都帶著這種共通的主題：它們全都象徵著對一個人的自發性、活力以及經驗的眞實性的強大影響（涉及到下降點的相位也極爲有力量，但比較聚焦在關係的互動上）。反之，星盤比對中的天頂相位則往往顯示出特定類型的人際互動，最常見的是一方的權威性對另一方的生命產生支配作用，但這樣的模式並不一定侷限在事業、親子關係或受雇的關係。類似的模式也經常會在愛人、婚姻伴侶或好朋友的星盤比對中發現。

星盤比對中的天頂相位

星盤比對中的天頂相位通常會顯示出兩種主要的模式：一、一個人的行星如果跟你的天頂形成相位，他就會以相當明確的方式幫助你展現你在事業成就上的潛能；二、此人會很明顯地藉由某種形式的操控性，來阻礙你去追求你想達成的野心。由於天頂與土星的特質及活動有關，因此任何一個人的行星與你的天頂成緊密相位，都可能會在你的人生裡扮演重要的促成者角色，他要不是幫助你變成一個社會上有用的人，否則就會透過權威的影響力來阻礙你達成某種事業成就。如果一個人的本命行星與我的天頂成緊密相位（尤其是合相），那麼我很可能會尊崇這個人所展現的特質與能力。我會非常仰慕這個人，雖然我的仰慕可能過度了一點；我會不知不覺地受其操控，但事後又覺得很後悔。如果從業力角度來看星盤比對中的天頂，或是十宮裡的元素被強化（類似星盤比對的土星相位）的現象，就會發現一方可能在過去世裡習於對另一方施展權威，而這種情況（這會自動涉及到四宮的課題被強化）似乎代表這兩個人在過去世裡是親子關係。

舉個例子或許更能釐清這一類的關係，譬如某人的本命太陽與你的天頂合相，那麼你就會發現此人不但鼓勵你成就自己，而且會採取確切的行動來幫助你達成事業目標，同時她或他還會以家長的方式庇祐你。事實上你們彼此都很想保護對方，就像是親子關係一般，藉由這樣的關係你可能會受到鼓舞（太陽尤其是跟鼓舞有關的行星；但若是還有其他行星涉及到裡面的話，你受到的影響就會有所不同），而發展出更大的信心來達成事業目標。

星盤比對時還有最後一個元素需要留意，那就是兩人的上升點的主宰行星成緊密相位。其相位的正確類型是什麼並不重要，因為兩人的主要人生導向已經有非常緊密的關係了（我必須指出的是，合相或流暢相位在大部分情況下確實會顯現更和諧的互動模式；但兩個主宰行星的相位若是呈現緊張的情況，這份關係就會出現某種類型的障礙、衝突或挫折，即使這兩個人很合得來，甚至維持了多年的關係也一樣）。我一向把雙方上升點的主宰行星相位看成是重要業緣的證據，但這在星盤比對中是比較罕見的業力元素。通常上升點或下降點跟另一個人的行星落在同樣的星座是比較常見的情況，因此我們必須對前者付出額外的關注。兩人上升點主宰行星的緊密相位可以看成是格外明確的象徵符號，因爲這已經足以說明兩人爲何特別能彼此鼓舞。我們可以說星盤比對時其他層次的互動，都比不上主宰行星的相位來得重要，就好像兩人的關係完全環繞在這個能量互換的樞紐上，因此雙方會以何種態度來面對這種情況，將會是這份關係在發展上的關鍵。

〔第十一章〕

艾德格・凱西靈命解讀的占星概念

人在地球上生活的每一個週期循環，都會帶給靈魂存有另一次的抉擇機會，使它從物質世界的活動裡產生出另一股驅力。然而這一切都只是為了暗示這個存有，使其了解這些驅力如何以及為何會成為整體生命經驗的一部分。人進入物質世界的寄居之旅並不是偶然發生的，它是一種延續下來的模式或目的；每一個靈魂都可以從靈界看見這些作用力而被其吸引。生命之河的轉折完全可以在「那裡」看得一清二楚。

——艾德格・凱西的靈命解讀「#3128-1」

艾德格・凱西的靈命解讀包含了不容忽視的占星訊息。我的感覺是不論你涉及何種學派的占星學，都可以從凱西的解讀裡獲益。這些資料的深度與廣度是十分驚人的，而且由於資料的保存完好詳盡，因此在研究上有很高的價值。凱西一開始藉由靈命解讀爲人們剖析過去世的因果時，其實並不相信占星學，但是他所提供的解析幾乎永遠涵蓋占星學的某些「作用力」在內，不過熟悉傳統西方占星學的人可能會覺得其中的解說很不尋常。由於凱西總試圖從好幾個不同的次元來解讀一個人的生命現象，所以採用的語言有時會造成困惑，但我們可以試著釐清他的解讀中與占星學有關的概念，藉以拓寬我們對傳統占星學的理解。我要檢視的是凱西的解讀中的兩個面向：一、他如何藉由行星「作用力」的運作模式以及對占星學應用範疇的定義，來釐清占星學的傳統。二、他有哪些解析是跟傳統占星學的理論相左或者起對比作用的。

若想詳盡地闡明凱西的觀念，可能要寫一整本書才行，事實上瑪格麗特・蓋蒙（Margaret Gammons）的《占星學與艾德格・凱西的靈命解讀》（*Astrology and the Edgar Cayce Readings*），已經很有系統地呈現了凱西對每一個行星本質的解析，並將其與傳統占星著作對行星的一貫解釋做了一些對照。此外，她還詳盡地列舉了凱西的解讀裡有關相位、宮位以及其他要素的細節。我認爲對占星學深層面向感興趣的讀者都該閱讀此書，不過我覺得還是有必要在此說明凱西的解讀中的一些概念，因爲它們可以立即整合到一般的占星諮商裡頭。凱西的靈命解讀大體來講是很難了解的，他的一些有關占星學的說法往往顯得太不尋常，所以想要在凱西的言論裡找到本命盤的簡易解說的人，通常會感到困惑。

我個人曾拜訪過凱西圖書館（位於維吉尼亞海灘的凱西啓蒙研究總部），爲的是看到第一手的解讀資料。其檔案室裡的資料包括了許多接受過解讀的人的生辰，因此我們可以從其中擷取一些來繪製星盤，以便了解凱西對這些人的本命盤做了什麼解析。花費了許多時間和努力之後，我發現其中只有一小部分的訊息可以用在我的占星諮商裡，其他的概念幾乎完全無法被理解，或者顯然是源自於某種無法再找到的古老占星體系。雖然如此，凱西的數千個有關其他主題的靈命解讀訊息，仍然被證實是十分準確的，我個人覺得我們必須假定這些占星資料也是同樣準確的，不論我們是否能徹底明白個中的涵義。接下來的段落裡我將試圖呈現出一些我認爲有價值的資料。

首先必須說明的是，凱西所有的解讀都是以輪迴、業力、個人的靈性成長以及高層意識的發展爲主的，因此他的許多概念與本書的主題格外相應。凱西強調人的每一次轉世都包含了過去多生多世的業力總結，亦即我們每個人在此生遭逢到的經驗，都只是在「跟自己相遇」罷了。現在的我們就是過去的自己的混合體；過去世建立起來的一切，不論善惡，均涵蓋在今生的機會裡。凱西鼓勵我們去認清，過去世裡我們對宇宙創造源頭的體認以及對生命典範的追求成果，就是今日的我們。如同我們在本章一開始所提到的引言，靈魂「可以從靈界看到這些作用力而被其吸引」，換句話說，我們都會被最適合我們成長的行星相位的能量振動，以及其他星盤的作用力所吸引。凱西的靈命解讀強而有力地證實了古老的小宇宙與大宇宙交感的概念，因爲他曾經說過：「那些示現於宇宙的核心勢力，全都會顯現在一個人的身上，同時也會顯現在人的靈魂層面上。」（靈命解讀「#900-70」）衆生一體乃是凱西最根本的教誨，而這種一體性並不是含糊的幻境，它們其實是生命的基本事實：

> 從物質世界的角度來看，那些掌管地球以及其中之存有的法則或律法，是在轉世的一開始就設定的。同樣的，那些律法也掌管著天體之中的所有行星、恆星、星座與星群。這所有的勢力其實是一體的……。（靈命解讀「#3744-4」）

除了上面提到的蓋蒙的著作之外，湯瑪斯・薩格魯（Thomas Sugrue）撰寫的凱西傳記《生命之河》（*There is a River*），也論及凱西對占星學的觀點。薩格魯闡明了凱西對太陽系的概念，他說凱西把太陽系看成是靈魂種種經驗的週期循環之象徵。這個週期循環系統有八個面向，它們都跟行星（太陽與月亮這兩個提供能量的星體除外）相通。這些行星代表的是生命不同面向的焦點，同時也象徵著意識的各種層次。〔註一〕藉由這些意識層次，靈魂可以從物質世界轉換到靈界。地球則可以被看成是太陽系的實驗場，因爲只有在這裡意志力才能充分發揮作用，在其他次元裡靈魂會受到較大的約束，以確保它學到正確的功課。根據凱西的靈命解讀，靈魂只有在物質次元裡才能學會一些功課，因爲靈魂必須藉著意志力的運用及努力，方能有所成長。

根據凱西的說法，行星之間的相位組合代表的是靈魂的模式，黃道十二星座則象徵靈魂投生到地球的十二個基模，它們代表的是一個人的人格、氣質以及心智狀態，而肉身就是這些靈魂基模的具體化展現，或者可以說反映出了「靈魂的個體性」。誠如凱西所說的：「黃道十二星座是業力的各種圖樣；行星是織布機；意志力則是織布者。」（靈命解讀「#3654-L-1」）。

與許多玄學傳統一樣，凱西認爲行星與我們的七個脈輪（能量中樞）有關，同時也攸關我們的內分泌系統。看起來行星的作用力以及我們的業力，有一部分是透過這些內分泌腺體和能量中樞示現出來的，這不但會影響到我們的身體，同時也影響了我們的心智、情緒與能量體。凱西的靈命解讀裡有一個特別有趣的例子，藉由這個例子我們可以

〔註一〕「意識的層次」、存在的「次元或面向」，指的都是同一個現實。我個人是採用「經驗的面向」來解釋行星所象徵的經驗，因為這個名相最符合我個人的體會，而且比較能避免狹窄的個人發展層面的二次元觀點。

了解日月法則與我們的人格和個人性之間的關係：「你的人格本是一種物質性的展現；你的個人性則是靈魂的性格。」（靈命解讀「#2995-1」）對我而言這段話指的是月亮（所謂的「人格」）象徵的複雜情緒模式和傾向，與我們在物質次元的經驗是緊連著的。的確，人們經常提到月亮揭露了從過去世裡帶來的制約反應和「靈魂的拉扯」。凱西的靈命解讀似乎與我在前面章節裡提到的觀點——月亮代表的特質是從我們的業力之中直接反映出來的——是相同的。從另一個角度來看，許多的占星著作都主張太陽星座與個體性相關，很顯然我們不能說太陽代表靈魂本身，也不能說太陽星座跟我們內在的那個與上主連結的一體性相關，因爲太陽的每一個星座都只是十二個星座中的一個罷了。雖然如此，我仍然認爲「太陽及其星座代表的是靈魂的人格」這句話是十分精確的，因爲太陽星座的特質與我們的存在方式太有關聯了，而且能夠代表我們本質裡最燦爛、最富有創意及活力的面向。

靈魂表現的管道

凱西的解讀裡四處可見有關業力的主題，而且有好幾本書全部在講凱西對輪迴及業力的概念，其中最好的是吉娜・舍明那拉（Gina Cerminaras）的《靈魂轉生的奧祕》（*Many Mansions*），〔譯註一〕以及諾艾爾・蘭利（Noel Langley）的《艾德格凱西的轉世概念》（*Edgar Cayce on Reincarnation*）。其中的某些概念特別能幫助我們了解基本的占星議題。舉個例子，一個人爲何以及如何在特定的時間轉世到地球，並呈現出一個特定的本命盤？這個問題可以透過對艾德格・凱西靈命解讀的研究來獲得釐清。

據說輪迴轉世通常是在受孕那一刻決定的，因爲父母提供了一個給靈魂表現的管道。嶄新的模式（近似於魯依爾所說的本命盤象徵著靈魂的種子模式）藉由父母靈魂模式的融合而創造了出來。父母的交合及受孕似乎會形成特定的能量振動，而這會吸引一個處於發展狀態的靈魂，因爲其振動模式很符合這個靈魂在成長上的需要。但凱西堅持主張本命盤的繪製應該根據誕生的時刻而非受孕的時辰，因爲那個時刻最能象徵一個人的本質，而且是最有利於自我分析的。

凱西的靈命解讀同時也不斷談到各種類型的週期循環，而我已經在第五章裡談過七年一次循環的概念。現在再引用其中的一段文字，或許能讓我們進一步地了解生命的週期循環，因爲這對占星諮商中涉及的推進法與移位法，將會是十分重要的概念。

> 靈魂進入地球的目的就是要終結某個生命週期循環，使其更接近於無限量

〔譯註一〕該中譯本由世茂出版社發行。

的神——祂了解這個存有轉世到地球的目的是什麼。（靈命解讀「#3131-1」）

我們必須在一世的轉生裡完成不同的生命週期循環，而這或許可以解釋不同的相位與我們的關係。凱西暗示行星的位置可以顯示出一個人「在這個行星上所扮演的角色，而非這個行星在此存有上所扮演的角色……」換句話說，行星的位置（尤其是相位）或許能揭露我們在過去世是否克服了一些試煉，或者有多徹底地完成了生命經驗的各個週期循環。這個概念與許多占星家的主張相符，亦即本命盤的緊張或挑戰相位揭露了一些未竟之事，或是尚未徹底達成某個生命週期循環的了悟，而非毫無理由毫無目的地阻礙一個靈魂的表現。事實上凱西曾經說過：「你就是一個正在形成中的神。」因此我們的本命盤可以顯示目前我們正處於發展中的哪個階段，以及我們正在完成哪個階段的學習與進展。

凱西的靈命解讀裡有好幾次提到另一種類型的生命循環週期，亦即某些人會在好幾次的轉世裡受到同樣的星體作用力的影響。

有時我們會發現靈魂存有轉世到地球是為了結束某個週期循環，它會跟過去在地球旅居時一樣經歷到同樣的星盤作用力（在同樣的月分和日子裡誕生，但時辰不一樣）；它會發現自己經歷到的生命週期活動，跟前一世旅居地球的生命週期是一樣的，而且潛伏和顯現出來的驅力也都一樣。（靈命解讀「#2814-1」）

如果眞有這樣的生命週期循環，那麼它顯然和我以前就認爲的過於簡化的輪迴模式有所衝突。這種簡化的說法是：如果一個人此生的太陽是牡羊座，下一世的太陽就會落在金牛座，或是上升點落在牡羊座。占星著作及教誨裡充斥著這一類的理論，但我一向覺得這些是含糊不清完全不實際的說法。毫無疑問的，不同的轉世勢必會出現截然不同的星盤模式，但我認爲任何一種模式都得適合自己的本質，而且能反映出她或他將以多快的速度學會必要的功課。

凱西同時也提到另一種類型的業力經驗，或許他的說法可以幫助我們了解，占星的週期循環就像生命的某個章節結束，而另一個章節又開始了。湯瑪斯的《生命之河》對這個模式做了如下的解釋：

影響人格的種種轉世經驗，會反映在一個人的生命模式裡。有時一個孩子的父母會重新創造出適合某種經驗的環境，長大之後他的伴侶又會創造出另一種環境。有時這些作用力會以階段性的方式呈現出來：童年及原生家庭可能會製造出一種情境，中學和大學又會創造出另一種情境，婚姻可能是第三種情境，事業則是第四種情境……，所有的業力問題會在一個人準備好的情況下呈現給他。（p. 319）

行星的寄居之旅

「行星寄居之旅」是凱西最根本的占星學理念，同時也是有別於傳統占星教誨的部分。事實上，凱西對行星寄居之旅的描述才是最富有革命性的觀點，而且可能會讓占星學有關作用力的所有理論，換上令人興奮的嶄新視野。我一向覺得傳統及現代占星學的結構裡較弱的一環，就是缺少了一種富有意義及說服性的理論，來說明占星學的要素爲什麼以及如何跟我們地球的生命有關。凱西的「行星寄居之旅」或許可以完美地補上這個空缺。然而他所謂的行星寄居之旅究竟是什麼意思呢？我在本章的前幾段曾提到每個行星都代表意識的某個層次，或是經驗的某個面向；從轉世的角度來看，當靈魂脫離肉身之後，會穿越這些不同的面向。凱西重複地斷言星盤的作用力乃是一個人生命裡的事實，因爲靈魂每一次脫離地球之後，都會穿越、停留以及連結由行星所象徵的各個經驗次元。

行星的驅力不只存在於誕生那一刻的太陽、月亮或任何一個行星上面；因為靈魂存有本是宇宙意識的一部分，而它的確曾經寄居在那些行星的環境裡。（靈命解讀「#2132-L-1」）

因此，凱西的靈命解讀暗示我們，靈魂的確在這些不同的次元裡旅居過。似乎藉由不同次元的存在經驗，我們才能跟行星所象徵的各種能量及特質相互交感。事實上，靈魂可能穿越的層次並不限於太陽系的行星，因爲凱西的靈命解讀裡多次提到其他星球也會對我們產生類似的影響：

我們將會發現靈魂存有在行星寄居之旅獲得的經驗，往往會變成我們內在的某些驅力，這些驅力可能會在白日夢的情況裡出現，也可能在最深的冥思中出現。

由此看來星盤的相位確實會影響我們的日常經驗，但這種影響力乃是源自靈魂的行星寄居之旅，而非誕生那一刻的行星或星座的位置。（靈命解讀「#1895-1」）

凱西同時也不斷提到「靈魂啓程」的行星。這意味著靈魂還未投生之前最後的意識次元或經驗面向，就是那個行星。這「靈魂啓程」的行星通常是最接近天頂的行星，但或許還有其他要素會阻止我們把這個指導原則當成是絕無僅有的律法。把靈命解讀與本命盤做了許多對比之後，我們確實可以說最接近天頂的行星，就象徵著靈魂轉世之前最後旅居的次元，因此它也代表一個人特別能相應的特質。

凱西的靈命解讀指出了我們未來靈魂成長上的需求，以及我們最近一次轉世的生命型態，同時也解析了爲什麼靈魂在死後有的會被天王星所吸引，有的則被金星吸引等等。我們最近一次轉世經驗中所消化的東西，以及內建進來的思維與行動，都是我們離開肉身穿越其他次元的強大驅力。

> 死亡之後我們會立即進入一個無意識階段，這個階段將有多長，乃是由靈魂存有的靈性發展所決定的。死亡之後靈魂或心靈是藉由最近一次的地球經驗的心智產物支撐著。不論我們在物質次元裡收穫的是什麼，這時都會派上用場
>
> （靈命解讀「#3744」）

凱西對靈魂在兩次轉世之間寄居於其他次元的概念，或許可以解釋行星如何對我們

的此生產生「作用」。如果過往我們確實對宇宙的那些次元有融合感，那麼我們就會發現目前我們跟這些生命面向的相應，並不是一種意外或是由神祕的行星射線所支配的；因爲我們眞的在旅居這些行星的次元時消化了這些特質，並且跟這些能量產生了連結。

我很驚訝地發現露斯・蒙哥馬利的著作《轉世前的世界》（*The World Before*）這本書裡，著名的靈媒亞瑟・福特（**Arthur Ford**）也同樣傳達了行星寄居之旅的概念。這本書裡的訊息據說是福特死後藉由通靈管道傳遞出來的，其中的觀念跟凱西的概念十分接近，書中第十三章的標題就是〈行星之旅〉，內文描述的是靈魂在出體情況下如何探訪其他星球，甚至能夠到大角星（**Arcturus**）或其他的星球上面遊覽一番。這些靈命解讀同時也強調地球才是靈性進化最佳的場所，而地球周圍的整個宇宙環境，也都是靈魂成長及發展的廣大系統的一部分。

> 如果一個人在物質界的成長已經臻於完美，那麼這些行星之旅就會變得毫無痛苦，因為此人已經有能力穿越所有的試煉，但其他未臻完美的人卻會明確地感受到這些試煉所帶來的痛苦。這些探訪之旅在自我轉化上是必要的，其目的乃是為了彌補對別人的傷害、去除優越感以及自我中心的態度。這其實是一種扯平因果的歷程，我們一再地告知你們：要在物質世界裡面對自己，清點自

己的所作所為，改善及修正對別人錯誤的言行舉止，因為在地球上完成這些功課，比在探訪行星的時候遭受靈性上的折磨要容易多了。因此何不趁著現在就開始淨化阿卡夏檔案（Akasha Record）〔譯註二〕裡的記錄？你要評量自己對別人做出了哪些傷害，並且要立即補償或是去幫助那些懼怕你的人。但如果別人傷害了你又該怎麼辦呢？這是他們自己造下的業，當他們「跟自己相遇時」自然要償還的，因此就留給他們去面對吧，不過你還是要盡可能透過寬恕與忘懷來幫助他們。在物質世界做到這一點是比較容易的，一旦脫離掉肉身，考驗就會變得十分艱辛，故而要利用餘年修正錯誤，並且要善用肉身帶來的轉化機會。

（p. 164-165）

福特的解讀進一步地描述了這些行星之旅的經驗：

我們會冒險奔向火星、海王星、天王星等等領域，去體驗一下那些新奇的感受。起先我們會「觀想」自己已經在那裡了，然後我們會變成一道尖銳的穿透黑暗的光束，接著在不知不覺的情況下我們已經到達，譬如說火星的表面……

（p. 159）

亞瑟・福特對土星的觀點是特別有趣的部分，因爲它跟傳統認爲的土星象徵負面特質及困境是相左的：

土星正是靈性獲得提升的地方，只有面對了其他行星的作用力之後，才有能力面對土星的挑戰，因為完成土星的功課是極為重要的……，大部分的人都尚未準備好接受最終極的試煉，所以會先學習其他行星的功課。（p. 164）

福特對於土星的觀點，也經由艾德格・凱西對土星的論點所證實——「所有不足的部分都要受到土星的重新模塑。」這種土星與「重新模塑」之間的關係，跟我在第五章裡所說的土星的作用力很類似，因爲人所體驗到的土星就像是一雙宇宙之手，默默地伸進我們的生命裡，重新模塑著我們的存在方式。

〔譯註二〕阿卡夏（Akasha）是一個梵語字，它跟宇宙最基本的乙太（Ether）物質有關，其成分屬於一種電波的靈能（Electro-Spiritual）。宇宙創生以來的每一個聲、光、活動或意念，都印記在阿卡夏檔案之表面，永遠不會消逝。它就像是一種感應板，能自動感應一切印象而予以記錄，不妨將其視為大宇宙的一台巨型照相機。凱西在出神狀態之下可以調準阿卡夏的振波，藉以調取個案的因果記錄，以達成靈療效果。

凱西和福特都提到大角星乃是一個與靈性成長、提高覺知有關的重要次元，福特曾說過：「大角星是一個很有趣的恆星，它對我們的靈性成長有明確的影響。」凱西也進一步地闡明大角星不但代表高層意識，同時也是靈魂從我們的太陽系進入宇宙其他星系的一扇門。凱西曾經替一位靈性發展特別高的人做靈命解讀，在解讀中凱西描述了這個現象：

> 太陽系裡面的太陽並不是唯一的中心點，因為靈魂存有甚至造訪過大角星的次元……，從那裡意識可以進入其他次元，而靈魂也可以為了特定的任務回返地球。（靈命解讀「#2823-L-1」）

凱西的靈命解讀「#630-2」提供了他的占星觀點以及行星之旅的明確概要：

> 若想對我們這一世的經驗有所幫助，就得重視靈魂在地球的寄居之旅，同時也要重視占星學或行星的各種相位。我們應該了解的是靈魂確實旅居過這些行星，其重要性甚至超過行星的相位（九十度、一二〇度等等），因為行星的作用力會影響靈魂存有或肉身的表現方式。

但這不意味我們應該忽略古人的研究，而是要持平地加以理解。如同我們曾經指出的：以下的作用力對靈魂存有而言並不是那麼重要，譬如月亮落在寶瓶座，太陽落在魔羯座，金星或水星落在某個宮位以及某個星座，月亮與太陽座落於同樣的星座，某個行星的位置是這個那個等等。最重要的是靈魂曾寄居在那些行星上面，所以才會形成這些相位！

雖然凱西對占星學的觀點與傳統的說法有顯著的不同，但他仍鼓勵人們去研究占星學，如果人們眞想對占星學有正確了解的話。因爲這會在自我認識上帶來很大的幫助。在好幾個靈命解讀裡他甚至提供了星盤詮釋上的某些暗示。

對人的命運影響最大的，首先是太陽的能量，然後是接近太陽的行星或是誕生那一刻趨近上升點的行星。也就是說，人的種種傾向是由他降生時的行星所掌管的。除了意志力或意志的作用力之外，人的命運一向是被行星的勢力所影響的。（靈命解讀「#3744」）

凱西的靈命解讀裡到處可見他對意志力的強調，他想藉由不斷的提醒，來建立人們對星盤作用力的正確觀點，亦即人必須藉由努力而非依賴行星的作用力，來掌握自己的生命。

某些人曾經指出過，你們都是宇宙意識或神的一部分，而萬物都在宇宙意識或宇宙覺知之內：包括行星、恆星、太陽及月亮。然而到底是它們主宰著你，還是你主宰著它們？答案是，它們是為你所用的。沒錯，這就是它們所扮演的角色……。你就像是上主身體的一個微粒，因此藉由我們的思想及行為，我們都在和祂一同創造……（靈命解讀「#2794-3」）

你也許會問說，我們到底該如何著手研究占星學，並從中獲得最高的利益，或者我們也許根本不該去學它，以防變得過度依賴它。在靈命解讀「#3744」的資料裡，個案提出了下面這個問題：「我們是不是應該研究行星對我們造成了什麼影響，以便了解我們的那些更深的傾向，因為這些傾向都受到行星的左右？」凱西的回答是：

如果研究的態度是正確的，那麼占星學將會是非常、非常、非常值得研究的東西，然而要如何進行研究才算是正確的呢？我們可以藉由那些已經被人們發展出來的占星知識來了解行星的作用力，同時也要了解意志力永遠可以引領人往更高的層次發展。

我的感覺是凱西的靈命解讀裡有關占星方面最有價值的部分，就是它可以幫助我們從靈性發展的角度去看占星學，並將這門古老的藝術及科學看成是自我了解的實用工具。此外，凱西的觀點不但能讓我們了解占星學對內在世界的影響，同時也可以讓我們看見它的侷限。如果我們接受凱西深富啓發性的忠告，就能夠以不執著和謙虛的態度來善用占星學，並提醒自己以及個案，意志力和努力才是日常生活中面對業力的關鍵所在。不論在私人生活裡或是在專業工作的層面，我們都應該以嚴肅的態度來看待占星學；它絕不只是一個可以滿足好奇心，隨時供我們把玩的室內遊戲。我們的本命盤反映出的是現在的我們、過去的我們以及未來的我們，同時也是——如同凱西所指出的——我們在過去多生多世裡對自己最高的理想典範做出的努力。再也沒有什麼東西比占星學更嚴肅，更富有個人性了，因此它是值得我們尊敬與敬畏的。第十二章末我將提供一項練習，來幫助我們認清今生最高的理想典範，而凱西的靈命解讀也不斷提醒我們，擁有最高的理想是極爲重要的事。

至於此生究竟是進步了，還是退步了，這點得取決於一個人是否能堅持自己的理想，以及如何在心智與物質的互動關係裡活出這份理想。

人生是一場帶著目的性的經歷，人若是能運用目前的能力、缺點、挫敗及美德，來達成其靈魂想要在三次元世界裡完成的目的，那麼他將會在這裡發現自己。（摘自《生命之河》）

〔第十二章〕

占星師與諮商

「兔子很聰明，」小熊維尼很審慎地說道，

「是的，兔子很聰明，而且很有頭腦。」小豬答道，

沉默了一陣子小熊維尼才回答說：

「或許這就是他從來沒真的了解任何東西的理由。」

——A.A 密爾尼（A. A. Milne），

《小熊維尼的家》（*The House at Pooh Corner*）

自從我開始撰寫《占星、心理學與四元素》裡面的「如何在諮商中利用占星學」這個章節，有許多和占星諮商相關的事一直在發生，因此我想在這裡跟各位做個分享。最近我釐清了這方面的某些議題，這些越來越清晰的想法，讓我開始以更健康而新穎的角度來看待我的工作、我人生的目的與動機，以及占星諮商的本身。

多年前當我開始研究占星學的時候，我就感覺我必須以一對一的諮商方式來助人，但我不知道該用何種形式去進行這件事。我知道占星學是一個非常有價值的工具，然而我並不想成爲也不想被看成是一名占星師，事實上有好多年我都拒絕這個標籤，在某種程度上我仍然拒絕接受它。到現在爲止，做了多年的專業占星諮商師之後，我才開始習慣被看成是一名「占星家」——我也的確對這個頭銜產生了自在感，但我仍堅持我主要的工作是一對一的輔導或諮商；占星學只是我恰好在運用的一項重要工具罷了。我的本命盤裡有許多行星都落在第七宮，因此一對一的諮商對我而言是很自然的事，而且已經變成我生命中非常重要的部分，同時也帶來了相當深刻的學習經驗。我越來越清楚地看到即使我不熟諳占星學，仍然會以私人諮商的形式來幫助衆人。最近這些想法變得越來越清楚，其實眞正重要的是占星者本身而非占星學。占星學是一門非常個人化的技藝，人們基於許多理由想要尋找的，就是這些能釐清、幫助及引領他們的人。等一下我會詳細探討這樣的想法，但首先我想簡短地談論一下我在尋找意旨深遠的工作結構與諮商方式，所經歷到的事情，或許這些經驗可以幫助某些年輕的占星學子。

占星學與心理學：兩種不同理解生命的途徑

如同我已經提到過的，我並不想被人看成是一名不實際的、誇大的、時常遭逢毀謗的占星師，因此很自然我會考慮拿個心理學的博士學位，變成一名心理學家——被社會認可的，有著安全舒適工作的人——然後做我喜歡的諮商和治療工作；這時有或沒有占星學的輔助就不重要了。於是我進入心理研究所深造，準備繼續攻讀博士學位，但不久事情就開始變得相當明朗化，因為即便是最開放最解放的大學教授，也無法接受整個占星學的概念以及它的種種支脈。當我談到占星學的時候，他們的神情顯得相當緊張，很顯然他們都受到了心智與情緒上的消化不良之苦，因為他們必須以自己完全不熟悉的方式來吸收這些占星學觀點。他們之所以會消化不良，我覺得純粹是因為將生命奠基於未經檢視的假設上面——我們能夠掌控我們所有的命運——於是自我就變得十分僵固。

簡而言之，憑著超高的毅力以及竭盡所能地運用說服力（移位的太陽與我本命的土星成九十度角），再加上一位富有同情心的教授的協助（他的日、月及上升星座都是巨蟹座！），我終於完成了研究所的碩士課程。然後我聽從內在的聲音而認清，整個美國或許沒有任何博士課程能適合我的叛逆性與喜好質疑的本質。同時我也發現，心理學的學術圈子裡所採用的人格理論、治療技法以及臨床實驗上的研究，大概只有百分之十的內容是跟我心目中的眞實生活相關的。但這並不意味占星師不該去研究這百分之十的內容；事實上我覺得人們不但應該學習這些東西，而且如果不學的話，很可能會變成極糟的諮商師。我聽過許多占星師說出類似下面這種話：「你不認為占星學裡面已經包含了所有的心理學嗎？」當然，由於占星學是一種理解生命的象徵語言，因此它的確具備各種象徵心理經驗的符碼，不過上述的問題之中的暗示卻是：既然占星學是這麼棒的一個工具，那麼就乾脆不要管那些惱人的心理學算了！這就好像在說你對基督教的喜好甚於印度教，畢竟兩者都是在處理神的問題，不是嗎？這樣的說法乃是把占星學看成一種宗教般的信仰，好像你只能選擇其中的一種似的。這樣的態度忽略了一個事實：占星學與心理學是兩種不同的理解生命以及個人內在活動的途徑，它們可以為彼此提供寶貴的知識，而許多最前衛最有創意的占星學家，都證實了融合這兩門學問所帶來的價值。〔原書編按〕

我願意率先承認許多心理學的理論和治療技法，都是奠基於不實或極為受制的假設之上的，它們往往反映了發展出它們的那些理論家的偏見。假設你採取了這些偏頗的生命觀點，那麼你可能會發現那些觀念反映的正是你自己的偏見。大部分的心理學理論都不是奠基於宇宙眞理之上的，通常只是個人一知半解的論點的投射罷了。人只要想設計或提出一種系統來描述和解釋人類的活動，但又沒有宏大的宇宙觀可以當作自己概念的基礎，往往就會產生投射。雖然我覺得占星家可以從心理學的複雜學問與理論之中獲益，但還是不該把心理學過度理想化。心理學家比起占星學家更像是一群在黑暗中摸索的人。大部分的情況下星盤確實可以闡明生命經驗的一些事實，但並不能闡明最深的肇因，然而心理學也極少能闡明經驗最根本的肇因！因此當我們在尋找最根本的肇因，或試圖回答個案其經驗最深的理由爲何的時候，我們就會發現占星學在那一刻已經開始變成一門諮商藝術了。因爲這時占星家的特定宗教信仰、靈修體驗以及哲學上的訓練，就開始發揮作用了。占星從業者越是能體悟這個事實，就越能提升工作的品質，同時也會開始敞開心胸與更宏大的生命目的產生連結。

我對我目前工作的態度是很難用言語來表達的，我既不認同「心理學家」這個頭銜，也不認同「占星學家」這個稱謂，我只是把自己看成是一名輔導者，一個爲人指出生命經驗最深意義的人。我認爲這就是占星工作最主要的目的之一。我把占星學看成是一種非常有價值、而且值得敬畏的啓蒙工具，因爲它能幫助人更完整地生活以及理解人生。但是對我而言它並不是一種宗教信仰或生活方式；它只是一門非常個人化的技藝。**如果運用占星學可以幫助別人更清晰地認識自己的個人特質、創造與成長的潛力，那麼它也一定能夠幫助占星從業者本身，去發現他內在的那個超越一切標籤或職業封號的原創目的。**

［原書編按］史蒂芬・阿若優後來又出版了許多占星學與諮商方面的文章，如果想獲得就職與占星哲學方面的觀點，不妨閱讀阿若優的《占星學的職業訓練》（*The Practice & Profession of Astrology*）、《關係與生命週期循環》，以及他跟麗茲・格林合著的《現代占星學的新視野》。

換句話說，一個人若是發現他生命的原始目的就是要成爲專業諮商師，那麼他就該明白，能成爲那些在物質次元的暴風雨中尋找生命方向的人的嚮導，是極爲幸運的一件事。至於該冠上何種標籤，卻不是什麼重要的事情，我們可以稱自己爲心理學家、占星學家、人生顧問、輔導者、嚮導、朋友、好鄰居或僕人都可以。最重要的還是這份工作的品質，以及跟人深入接觸時所展現出的意識特質。

因此當我的學生問我該如何成爲專業占星諮商師，是否有學校可以去上、有課程可以去參加，或者是否需要通過什麼考試，參加什麼組織等等，我給他們的答案通常是：「你，才是最重要的！」占星學並不是一個有別於你的東西，你也不是要成爲一個充滿著無意義的資料和上萬種資訊的電腦。不過當然，基本的知識還是要懂得，同時也要熟悉占星學的各個支派以及詮釋方式上的不同途徑。但這一切仍然只是背景而已，一個供你建立自己的工作與事業結構的基礎，有了這個基礎你個人的創造力才能展露。透過這份工作，你將學會活出自己的潛力；藉由做你自己，你將會成爲你自己。當你通過所有的檢測尺度而被任命爲眞正合格的占星師的那一刻，你會有一種不可思議的美妙感覺。假設你選擇以諮商方式來謀生，那麼你必須知道人們會來找你並不是因爲你擁有了一些知識，而是因爲你這個人所擁有的特質。誠如榮格所說的，醫生本身的人格決定了他是否能帶來療效。你所運用的系統是什麼最終會變得無關緊要，因爲重要的是你會從你的經驗中發展出自己的體系：你就是讓你的意識流動的管道，因此你本身就是一個體系。

我過往的經驗以及最近的感受使我產生了一些想法，我認爲占星學必須被當成是諮商的一部分，而不是一個自給自足、從私密對談中孤立出來的東西。除非我們把占星學運用在特定的人或特定的情況裡，否則不可能善用它所有的潛力。我覺得有許多占星師已經忘了自己的工作最重要的目的是什麼，因爲他們太耽溺在占星學的細節、頭腦遊戲、無盡的數學計算以及玄奧的解析裡面。我們很難一方面思索著種種細節以及各不相干的事件，同時又能體認我們所面對的個案的完整性，而達成最高的諮商效果。丹恩・魯依爾的思想之所以卓越，就在於他不斷地提醒我們占星學還有更高的目的，我們所面對的個案乃是一個完整的人。但我們仍然會說：「這個觀念眞的很棒！」接著就把它遺忘了。人是一種受習性宰制的動物，除非占星師本身能持續地檢視自己，並且能不斷地釐淸自己工作的目的與意義，否則不可避免地一定會落入某些慣性模式裡，乃至於逐漸障礙到他的諮商工作所需要的開放度。

這種開放度是十分必要的，因爲我覺得占星師比其他諮商者更可能扮演宇宙秩序、智慧及洞見的管道。藉由本命盤這個鏡片，占星師可以集中他的意識來認淸一些超越邏輯之外的事物，或至少感受到有這份可能性。當你勤奮地運用占星學多年之後，你會發現你的直覺力變得更敏銳了，你的感應力也增加了，而你對生命的驚嘆更會讓你超越一切疆界。換句話說，占星諮商師的作用就像是一個靈媒或是通往宇宙的天線，其所感應到的經驗次元，是超越邏輯解析或任何既定的心理學理論的。因此，這個管道的理想典範、價值觀、動機、人生目的與純粹度，一定會對個案產生巨大的影響。基於這個理由，占星學才會變成一門徹底個人性的技藝，而且永遠無法電腦化、教條化，或顯然無法以其他學科的方式來傳授。

按照以上的方式來運用占星學，就能夠爲諮商者本人帶來進化與修正的機會，讓內在的力量以及每一個人都有的潛力發展出來。然而一個人該如何與其他次元相應呢（如果占星諮商師的本命盤裡有三個外行星的重要相位）？我認爲答案應該是開放的心胸（能夠防止自大傾向或過多的自我）以及徹底而持續的演練。我們必須不斷地運用這些已經發展出來的能力，否則一個月裡面如果只看一兩張星盤，那麼這些新發展出來的能力很快就會消失。因此當我的學生向我表明他們想成爲專業占星諮商師的時候，我通常會問他們一星期之中會看幾張星盤。他們到底是在紙上談兵，還是已經在直接運用這些理論，並透過親身經驗去測試每個占星要素，同時藉由親身經驗來消化這些要素的核心意義？如果他們回答說一星期只看兩張星盤，我就會要求他們至少要看三到四張。只有透過不斷地深入演練，才能將占星學這門如此需要高深技巧的藝術，變成一個完善的諮商工具。

我們不可能在毫無付出的情況下獲得任何東西。一個只在週末玩一玩占星學的人，不可能獲得足夠的經驗來發展出高品質的諮商能力。舉個例子，如果你生病了，你會想去看一名只利用餘暇做診療的醫師嗎？若想達到占星學上最高的程度，我們就必須有豐富的實務經驗以提供我們必要的資歷和胸襟，來發展出對個案處境的洞見。如果我們一生中只研究過親朋好友的星盤，我們所能擷取的經驗就很有限了。假如有人問我們當天王星推進上升點時會發生什麼事，而我們僅有的經驗就是茱莉阿姨與比爾叔叔在這個相位時離婚了，那我們很可能輕率地偏重離婚這件事，而忽略掉這時也可能在生命態度上產生有利於兩人婚姻的革命性改變。

同樣的，占星者也很容易因爲看見某些相位，就習慣性地期待個案將面臨最麻煩、最具煽動性或是會造成創傷的事件。這種負面傾向之所以會產生，乃是因爲占星諮商師——就像其他的助人者一樣——很自然地會看見事情困難的一面。大部分的個案之所以會尋求諮商，就是因爲他們覺得自己有了麻煩、很難下決定，或者想釐清心中的某些焦慮以及不滿足感。然而那些成千上萬從不尋求協助，也從不與任何專業助人者預約諮商時間的人，又該怎麼辦呢？很顯然他們的人生也有許多起起伏伏的衝突與危機，他們也勢必會經歷四個外行星的推進及移位所帶來的困難相位。他們在這些週期循環裡又會遭遇到什麼呢？我覺得凡是有良知的占星師，都會主動詢問個案之外的其他人的生辰，然後去研究他們的星盤，與他們建立對談，以便測試這些所謂的危機時段還有哪些示現的可能性。任何一個助人者如果不謹慎地觀察這些有問題的人與一般正常朋友的生命現象之差異，就會很容易發展出偏狹的觀點。

阿道夫・古根包爾-克雷格（Adolf Guggenbuhl-Craig）寫了一本書名叫《助人行業中的權力》（*Power in the Helping Professions*），書中很深入地探討了助人者的整個孤立傾向。這位作者是瑞士蘇黎世榮格學會的會長，這整本書都展現出他在諮商與治療上的深度及洞見。他很清楚地闡明了諮商者、醫師或治療者的角色，很可能嚴重地損傷自己私生活裡的某些關係，而且往往令一個人在不知不覺中變成其所排斥的那種「假先知」或「江湖郎中」。這本書的其他章節也論及此類的重要主題：如何有效地解決「治療者」這個角色所製造出的問題。他說如果你想維持個人的完整性以及工作的效果，就必須發展出自知之明以及誠實的自我檢視能力；同時還要面對諮商時的性困擾和種種的失誤。簡而言之，古根包爾-克雷格醫師的這本書，很徹底地探討了所有諮商師必須面對的共通問題，包括私人生活以及專業工作。

在還沒談及其他占星諮商的議題之前，我似乎應該在此提及我今天接到的一封信裡的一句話，這句話可以被看成是一種「同時發生性」現象，因爲當我正在寫這個章節時，我看到了這封信裡的下面這句話：

如果治療者能夠有效地生活，他的治療自然會生效……。諮商師若是沒有按照自己的忠告去生活，那麼一切都只是一場遊戲罷了（from *Beyond Counseling & Therapy* by Carkhuff and Berenson）。

我們同樣也可以說，占星學這門一對一的諮商藝術只有在占星師有效地生活時，才能充分發揮效果。如果我們的占星諮商無法與我們的生活方式統合，它就會變成一種技術遊戲。這門技術或許十分稀奇有趣，不過從根本上來看還是毫無意義的。

不提供意見的諮商藝術

雖然許多占星師都認爲他們主要的任務是爲個案提供意見，雖然人們會去找占星師就是想得到一些意見，但我還是對隨便告訴別人該做什麼或不該做什麼的諮商方式採取保留態度。首先我們必須很誠實地問自己，我們眞的知道眼前這個人應該做什麼嗎？誠如榮格所說的：

> 認為自己永遠知道什麼事對病人有利或不利，乃是一種冒失的想法。或許他根本就知道什麼是對自己不利的，但他仍然會去做這件事，而且勢必會帶來

內心的罪咎感。然而從經驗至上的角度來看，這件事對他而言可能是十分有利的。或許他必須體驗一下邪惡的力量，吃一點苦頭，因為只有這樣他才能放棄他對別人的偽善態度。或許命運、無意識、上帝——不論你稱其為什麼——必須給他重重的一擊，讓他在泥濘裡打一翻滾，因為只有這麼激烈的方式才能擊中要害，將他從幼稚的行為裡拉出來，讓他變得成熟一些。如果他根本不覺得自己需要被拯救，那麼別人又如何知道該怎麼拯救他呢？（*Civilization in Transition*, Vol. 10, Collected Works）

這段話裡面的智慧好幾次喚醒了我。舉個例子，我經常在為個案做過諮商的幾個月後再度見到她或他，但是我發現他們根本沒按照我無比聰明的建議去行事，或者在我們詳談之後很快又發生了某些事，於是他們必須以全新的角度去看問題，甚至是問題的背景完全改變了。

這時你可能會問，那麼占星師究竟能做什麼呢？他工作的目的究竟是什麼？如果不能提供特定的意見，他又能貢獻什麼呢？他能貢獻的就是他的洞見、理解與支持；他可以藉由占星學釐清一些問題、提供一種秩序感與意義、幫助人提高意識的層次，以及讓對方看見目前情境中的終極價值。以這種方式來運用占星學，就能幫助個案更有效地面對他們的人生，發現他們在宇宙週期循環中的功課，並且幫助他們眞正洞察自己，了解自己和外在世界的關係。本命盤並不是一個看一看就了事的僵固之物，它其實是一個可以幫助人發現自己、了悟自己的生命藍圖。占星學最大的目的並不是要改變一個人的命運，而是要藉由增長覺知來圓滿自己的人生。即使所有的相位和暗示都讓我們淸楚地認識了一個人的情境，但仍然有某些因素會促成更複雜的後果。容我再度引用榮格的話：

人生中的重大事件通常無法藉由意志力或合乎理性的分析來下決定，有時反而必須依循直覺以及其他神祕的無意識元素。一雙鞋也許合某個人的腳，但卻會讓另一個人感到痛苦不堪；沒有任何一種生活食譜是適合所有人的。每一個人的內心都攜帶著自己的生命程式——一個別人無法戰勝的非理性程式。

（From *The Practice of Psychotherapy*, Vol. 16, Collected Works）

理想典範的重要性

我們對個案所產生的重大影響除了源自於我們說了什麼，更重要的是我們如何看待個案的價值觀與理想典範。榮格經常提醒我們說，治療者或諮商者永遠不該損傷、批判或輕忽個案的價值觀和理想。我們應該以平等的態度對待個案，而不是高高在上地指導對方。因此說教是不該發生的事，但尋求占星諮商的人往往都是因缺乏理想典範而產生了價值上的匱乏感。大部分人的行動都跟某些理想有關，卻很少有人會去釐清這些促使他們行動的典範究竟是什麼。長時間研究艾德格・凱西的靈命解讀，讓我認清了一個人的理想典範的重要性，凱西的解讀不斷地強調人要對自己的理想有所覺察。他經常建議人們去做一個簡單的練習來幫助他們釐清其中的問題，而我也經常向個案提及這一點（當行星推進本命海王星或海王星推進本命盤的行星時，這項練習會顯得格外有用；因為在這些時段裡，只有去覺知最高的理想典範或超驗的實相，才能帶給當事者一種秩序感）。

這項練習如下：

一、拿出一張紙，畫出三個欄框，然後再寫上三個標題：**靈**、**心**、**身**。

二、仔細地思考一番（可能需要花上幾天的時間），然後在每個欄框裡寫下你在那個生命領域裡的理想典範。換句話說，你想要在身心靈三個層面上變成什麼模樣？

三、採取行動，把這些理想典範付諸實踐，方式是帶著覺知去消化或演練。舉個例子，如果你想要在身體上變得更強壯、更有活力，那麼也許你就該改善你的飲食，開始做運動方面的規劃；如果你想變得更有愛心，更符合神性，就該有規律地練習靜坐。

四、要記住自己的理想典範會隨著時間而改變。你二十一歲時所渴望的東西，不一定會跟你五十歲時渴望的東西相同，因此你的理想典範如果產生了明顯的變化，就請你自由地更改已經寫下來的東西。

五、最重要的是必須朝著這些理想典範去努力，如果徹底達成了這些理想的人格特質，它們就不再是你的指標了。

我會提出這些觀點，乃是爲了說明個案的理想不但是占星諮商者可以運用的有效方法，同時我們提供給個案的建議也都該符合其所渴望的理想典範。事實上我們給予的建議若是不符合一個人的最高理想，那麼這個建議就無法與此人最深的本質達成一致，繼而變得毫無用途。這麼一來，不但諮商者的建議會被忽略或遭到排拒，有時甚至會爲一個充滿著煩惱的人帶來更多不協調的聲音。簡而言之，如果占星諮商師能夠忠於自己的理想，同時也能覺知個案的典範與價值觀，那麼這份諮商工作就能夠爲自己帶來深刻的啓示，以及美妙而細膩的生命經驗。

〔附錄〕

延伸閱讀

*《占星全書》（2007），魯道夫，春光。

*《神聖占星學：強化能量的鍊金術》（2006），道維・史卓思納（Dovid Strusiner），生命潛能。

*《月亮書：從圓缺週期發現生活智慧》（2006），約翰娜・鮑格（Johanna Paungger）& 湯瑪斯・波普（Thomas Poppe），方智。

*《靈魂的符號：從占星學發現你的宿業》（2005），吉娜・蕾克（Gina Lake）麥田。

*《靈魂占星筆記》（2005），瑪格麗特・庫曼（Margaret Koolman），生命潛能。

*《十二原型星座：了解你愛情、生命與靈魂的風景》（2003），韓良露，麥田。

*《容格與占星學》（2001），瑪姬・海德（Maggie Hyde），立緒。

*《靈魂占星：看南北交點如何影響你的人生》（1999），Jan Spiller，方智。

*《生命歷程全占星》（1999），韓良露，方智。

*《寶瓶世紀全占星》（1999），韓良露，方智。

*《人際緣份全占星》（1998），韓良露，方智。

*《愛情全占星》（1998），韓良露，方智。

*《占星學》（1996），Geoffrey Cornelius，Maggie Hyde，立緒。

*《占星玩家手册》（1995），Frances Sakoian, Louis S. Acker，方智。

現象學十四講

作者—羅伯．索科羅斯基
譯者—李維倫　定價—380元

這本認識現象學的入門書，將現象學的核心議題、基本要素、語彙、概念等做了詳盡的解釋，並也以日常生活爲例，讓讀者從以往的習以爲常，進入從現象學角度思考的哲學生活。

迷惘與清明的纏綿糾葛，讓人渴盼
清靈的暮鼓晨鐘，心靈的虔誠祈禱，智慧的凝練經句
或是淡淡點撥，或是重重棒喝
內在靈性已然洗滌清澈，超越自我

Hamony

與無常共處

【108篇生活的智慧】
作者—佩瑪．丘卓
譯者—胡因夢　定價—320元

本書結集佩瑪．丘卓數本著作中的一百零八篇教誨，幫助我們在日常的挑戰中培養慈悲心和覺察力，深入探索友愛、禪定、正念、當下、放下，以及如何面對恐懼和各種痛苦的情緒。

生命的哲思

作者—葛瑞林
譯者—李淑珺　定價—250元

本書是英國著名哲人葛瑞林對人類日常生活的深思與反省。透過一篇篇短小精湛的文章，作者想傳達給我們的是，追求生命的意義與生命蘊含的寶藏，會使人獲得深刻的啓發與提升。

生命史學

作者—余德慧　定價—280元

時間賦予我們奇妙的感覺，使我們的生命產生某種氛圍，像薄薄的光暈籠罩著現在，也因此有了生命的厚重感。

生死無盡

作者—余德慧　定價—250元

承接「把死亡當作生命的立足點」的觀念，余德慧教授在本書中思考的是現實中與生共俱的死亡。在剝除重重障蔽的過程中，他提出「瀕臨」的想法：「在任何活著的時刻，都能準確地捕捉到生死的同時存在。」呈現出一個「生死相通」的自在世界。

敲醒心靈的良醫
【迅速平衡情緒的思維場療法】
作者—羅傑·卡拉漢、理查·特魯波
譯者—林國光　定價—320元

在全世界，思維場療法已經證明對75%至80%的病人的身心產生恆久的療效，這個成功率是傳統心理治療方法的許多倍。透過本書，希望有更多讀者也能迅速改善情緒，過著更平衡的人生。

顛倒的生命，窒息的心願，沈淪的夢想
爲在暗夜進出的靈魂，
守住窗前最後的一盞燭光
直到晨星在天邊發亮

SelfHelp

不要叫我瘋子
【還給精神障礙者人權】
作者—派屈克·柯瑞根、羅伯特·朗丁
譯者—張葦　定價—320元

本書兩位作者都有過精神障礙的問題，由於他們的寶貴經驗，更提高本書的價值。汙名化不僅只影響精障朋友，而會擴及社會。所以找出消除汙名化的方法應是大眾的責任。

他不知道他病了
【協助精神障礙者接受治療】
作者—哈維亞·阿瑪多&安娜麗莎·強那森
譯者—魏嘉瑩　定價—250元

如果你正爲有精神障礙的家人該不該接受治療而掙扎，本書是你不可或缺的。作者提供了深刻、同理且實用的原則，足以化解我們在面對生病的人時，產生的挫折與罪惡感。

愛，上了癮
【撫平因愛受傷的心靈】
作者—伊東明　譯者—廣梅芳　定價—280元

日本知名性別心理學專家伊東明，透過十三位男女的眞實故事，探討何謂「愛情上癮症」。他將愛情上癮症分爲四種：共依存型、逃避幸福型、性上癮型，以及浪漫上癮型。

孩子，別怕
【關心目睹家暴兒童】
作者—貝慈·葛羅思
譯者—劉小菁　定價—240元

本書讓我們看到目睹家暴的孩子如何理解、回應並且深受暴力的影響。作者基於十多年的實務經驗，與父母、老師、警察及其他助人工作者分享如何從輔導、法令與政策各方面著手，眞正幫助到目睹家暴的兒童。

割腕的誘惑
【停止自我傷害】
作者—史蒂芬·雷文克隆
譯者—李俊毅　定價—300元

本書作者深入探究自傷者形成自我傷害性格的成因，如基因遺傳、家庭經驗、童年創傷及雙親的行爲等，同時也爲自傷者、他們的父母以及治療師提出療癒的方法。

探索身體，追求智性，呼喊靈性，
攀向更高遠的意義與價值
是幸福，是恩典，更是內在心靈的基本需求，
企求穿越回歸眞我的旅程

Holistic

病床邊的溫柔

作者—范丹伯　譯者—石世明
定價—150元

本書捨棄生理或解剖的觀點，從病人受到病痛的打擊，生命必須面臨忽然的改變來談生病的人遭遇到的種種問題，並提出一些訪客箴言。

疾病的希望

【身心整合的療癒力量】
作者—托瓦爾特．德特雷福仁、呂迪格．達爾可
譯者—易之新　定價—360元

把疾病當成最親密誠實的朋友，與它對話——因爲身體提供了更廣的視角，讓我們從各種症狀的痛苦中學到自我療癒的人生功課。

當生命陷落時

【與逆境共處的智慧】
作者—佩瑪．丘卓
譯者—胡因夢、廖世德　定價—200元

生命陷落谷底，如何安頓身心、在逆境中尋得澄淨的智慧？本書是反思生命、當下立斷煩惱的經典作。

心靈寫作

【創造你的異想世界】
作者—娜妲莉．高柏
譯者—韓良憶　定價—300元

在紙與筆之間，寫作猶如修行坐禪
讓心中的迴旋之歌自然流唱
尋獲馴服自己與釋放心靈的方法

無盡的療癒

【身心覺察的禪定練習】
作者—東杜法王　譯者—丁乃竺
定價—300元

繼《心靈神醫》後，作者在此書中再次以身心靈治療爲主、教授藏傳佛教中的禪定及觀想原則；任何人都可藉由此書習得用祥和心修身養性、增進身心健康的方法。

存在禪

【活出禪的身心體悟】
作者—艾茲拉．貝達　譯者—胡因夢
定價—250元

我們需要一種清晰明確的實修方式，幫助我們在眞實生命經驗中體證自己的身心。本書將引領你進入開闊的自性，體悟心中本有的祥和及解脫。

十七世大寶法王

作者—讓保羅．希柏
審閱—鄭振煌、劉俐　譯者—徐筱玥
定價—300元

在達賴喇嘛出走西藏四十年後，年輕的十七世大寶法王到達蘭薩拉去找他，準備要追隨他走上同一條精神大道，以智慧及慈悲來造福所有生靈。

生命的禮物

【給心理治療師的85則備忘錄】
作者—歐文．亞隆　譯者—易之新
定價—350元

當代造詣最深的心理治療思想家亞隆認爲治療是生命的禮物。他喜歡把自己和病人看成「旅程中的同伴」，要攜手體驗愉快的人生，也要經驗人生的黑暗，才能找到心靈回家之路。

傾聽身體之歌

【舞蹈治療的發展與內涵】
作者—李宗芹　定價—280元

全書從舞蹈治療的發展緣起開始，進而介紹各種不同的治療取向，再到臨床治療實務運作方法，是國內第一本最完整的舞蹈治療權威書籍。

非常愛跳舞

【創造性舞蹈的新體驗】
作者—李宗芹　定價—220元

讓身體從累贅的衣服中解脫，用舞蹈表達自己內在的生命，身體動作的力量遠勝於人的意念，創造性舞蹈的精神即是如此。

轉逆境爲喜悅

【身心整合的療癒力量】
作者—佩瑪．丘卓　譯者—胡因夢
定價—230元

以女性特有的敏感度，將易流於籠統生硬的法教，化成了順手拈來的幽默譬喻，及心理動力過程的細膩剖析。她爲人們指出了當下立斷煩惱的中道實相觀，一條不找尋出口的解脫道。

大圓滿

作者—達賴喇嘛　譯者—丁乃竺
定價—320元

「大圓滿」是藏傳佛教中最高及最核心的究竟眞理。而達賴喇嘛則是藏傳佛教的最高領導，一位無與倫比的佛教上師。請看達賴喇嘛如何來詮釋和開示「大圓滿」的精義。

終於學會愛自己

【一位婚姻專家的離婚手記】

作者—王瑞琪　定價—250元

知名的婚姻諮商專家王瑞琪，藉由忠實記錄自己的失婚經驗，讓有同樣經歷的讀者，能藉由她的故事，得到經驗的分享與共鳴。

以畫療傷

【一位藝術家的憂鬱之旅】

作者—盛正德　定價—300元

……此刻我把繪畫當成一條救贖之道、一段自我的療程，藉著塗抹的過程，畫出真實或想像的心裡傷痕，所有壓抑也靠著畫筆渲洩出來。我藉由繪畫來延續隨時會斷裂的生命與靈魂、來找到活下去的理由。……

學飛的男人

【體驗恐懼、信任與放手的樂趣】

作者—山姆．金恩　譯者—魯宓

定價—280元

爲了一圓孩提時的學飛夢想，山姆以六十二歲之齡加入馬戲團學校，學習空中飛人。藉由細緻的述說，學飛成爲一則關於冒險、轉化、克服自我設限、狂喜隱喻的性靈旅程。

太太的歷史

作者—瑪莉蓮．亞隆　譯者—何穎怡

定價—480元

這本西方女性與婚姻的概論史淋漓盡致呈現平凡女性的聲音，作者瑪莉蓮．亞隆博覽古今，記錄婚姻的演化史，讓我們了解其歷經的集體變遷，以及妻子角色的轉變過程，是本旁徵博引但可口易讀的書。

跟自己調情

【身體意象與性愛成長】

作者—許佑生　定價—280元

身體是如何被眾多的禁忌所捆綁？要如何打破迷思，讓屬於身體的一切都更健康自然？本書帶領讀者以新的角度欣賞自己的身體，讓人人都可以擺脫傳統限制，讓身體更輕鬆而自在！

貧窮的富裕

作者—以馬內利修女　譯者—華宇

定價—250元

現年95歲的以馬內利修女，是法國最受敬重的女性宗教領袖。她花了一生的時間服務窮人，跟不公義的世界對抗。本書是她從個人親身經驗出發的思考，文字簡單動人卻充滿智慧和力量，澆灌著現代人最深層的心靈。

染色的青春

【十個色情工作少女的故事】

編著—婦女救援基金會、纓花

定價—200元

本書呈現十位色情工作少女的眞實故事，仔細聆聽，你會發現她們未被呵護的傷痛，對愛濃烈的渴望與需求，透過她們，我們能進一步思索家庭、學校、社會的總總危機與改善之道。

親愛的爸媽，我是同志

編者—台灣同志諮詢熱線協會

定價—260元

本書讓父母及子女能有一個機會，看見其他家庭面對同性戀這個課題的生命經驗。或許在出櫃這件事上，每一位子女或父母當下仍承受著痛苦與不解，但在閱讀這本書的同時，我們希望彼此都能有多一點體諒與同理心。

在奔馳的想像中尋找情感的歸屬
在迷離的經驗中仰望生命的出口
在波動的人性中釐定掙扎的路徑
在卑微的靈魂中趨近深處的起落

Story

幸福

作者—威爾．弗格森　譯者—韓良憶

定價—280元

在陽光和幸福撒滿大地，人人微笑而滿足的時刻，由慾望架構起來的城市，卻像骨牌一般紛紛崩解。艾德溫決定了，這是最後的對抗，他必須去殺掉心靈大師，將世界從幸福中解救出來，讓痛苦、災難和髒話重回人間。……

生命長河，如夢如風，
猶如一段逆向的歷程
一個掙扎的故事，一種反差的存在，
留下探索的紀錄與軌跡

Caring

眼戲
【失去視力，獲得識見的故事】
作者—亨利・格倫沃
譯者—于而彥、楊淑智　定價—180元

慣於掌握全球動脈的資深新聞人，卻發現自己再也無法看清世界樣貌……這突如其來的人生戲碼，徹底改變他對世界的「看」法。

空間就是權力
作者—畢恆達　定價—320元

空間是身體的延伸、自我認同的象徵，更是社會文化與政治權力的角力場。

希望陪妳長大
【一個愛滋爸爸的心願】
作者—鄭鴻　定價—180元

這是一位愛滋爸爸，因爲擔心無法陪伴女兒長大，而寫給女兒的書…

難以承受的告別
【自殺者親友的哀傷旅程】
作者—克里斯多福・路加斯、亨利・賽登
譯者—楊淑智　定價—280元

自殺的人走了，留下的親友則歷經各種煎熬：悔恨、遺憾、憤怒、自責、怨懟……漫漫長路，活著的人該如何走出這片哀傷濃霧？

晚安，憂鬱
【我在藍色風暴中】（增訂版）
作者—許佑生　定價—250元

正面迎擊憂鬱症，
不如側面跟它做朋友。
跟憂鬱症做朋友，
其實就是跟自己做朋友，

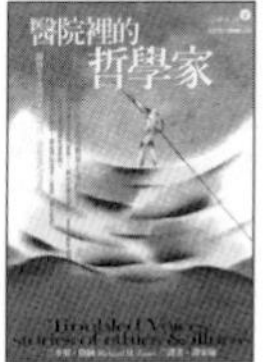

醫院裡的哲學家
作者—李察・詹納　譯者—譚家瑜
定價—260元

作者不僅在書中爲哲學、倫理學、醫學做了最佳詮釋，還帶領讀者親臨醫療現場，實地目睹多位病患必須痛苦面對的醫療難題。

與愛對話
作者—伊芙・可索夫斯基・賽菊寇
譯者—陳佳伶　定價—320元

作者以特異的寫作風格——結合對話、詩和治療師的筆記——探索對致命疾病的反應、與男同志友人的親密情誼、性幻想的冒險場域，以及她投入佛教思想的恩典。

愛他，也要愛自己
【女人必備的七種愛情智慧】
作者—貝芙莉・英格爾　譯者—楊淑智
定價—320元

本書探討女性與異性交往時，如何犧牲自己的主體性，錯失追求成長的機會。作者累積多年從事女性和家庭諮商的經驗，多角度探討問題的根源。

瘋狂天才
【藝術家的躁鬱之心】
作者—凱・傑米森
譯者—易之新、王雅茵　定價—320元

本書從多位詩人、文學家、畫家，談從憂鬱、躁鬱氣質逐漸到病症的過程，深刻反省現代醫學對躁鬱症和其他疾病所需考量的倫理觀點。

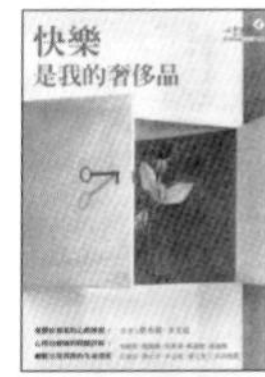

快樂是我的奢侈品
作者—蔡香蘋、李文瑄　定價—250元

本書藉由真實的個案，輔以專業醫學知識，從人性關懷的角度探討憂鬱症患者的心路歷程，以同理心去感受病友的喜怒哀樂，爲所有關懷生命、或身受憂鬱症之苦的朋友開啓了一扇希望之窗。

聽天使唱歌
作者—許佑生　定價—250元

我深信唯有親自走過這條泥濘路的人，才眞正了解那種微細的心理糾纏、顚覆、拉扯，也才會在絕境中用肉身又爬又滾，找到一條獨特的出路…。

揚起彩虹旗
【我的同志運動經驗 1990-2001】
主編—莊慧秋　作者—張娟芬・許佑生 等
定價—320元

本書邀請近三十位長期關心、參與同志運動的人士，一起回看曾經努力走過的足跡。這是非常珍貴的一段回憶，也是給下一個十年的同志運動，一份不可不看的備忘錄。

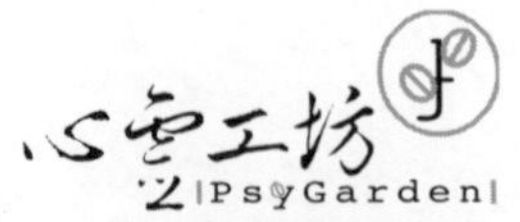

Holistic 037

占星、業力與轉化：從星盤看你今生的成長功課

Astrology Karma & Transformation: The Inner Dimensions of the Birth Chart

作者—史蒂芬・阿若優（Stephen Arroyo）
譯者—胡因夢

出版者—心靈工坊文化事業股份有限公司
發行人—王浩威
總編輯—徐嘉俊　執行編輯—祁雅媚
通訊地址—106台北市信義路四段53巷8號2樓
郵政劃撥—19546215　戶名—心靈工坊文化事業股份有限公司
電話—02）2702-9186　傳真—02）2702-9286
Email—service@psygarden.com.tw　網址—www.psygarden.com.tw

製版・印刷—彩峰造藝印像股份有限公司
總經銷—大和書報圖書股份有限公司
電話—02）8990-2588　傳真—02）2290-1658
通訊地址—242台北縣五股工業區五工五路二號
初版一刷—2007年6月　初版二十刷—2024年10月
ISBN—978-986-6782-01-5　定價—480元

國家圖書館出版品預行編目資料

占星、業力與轉化：從星盤看你今生的成長功課
史蒂芬・阿若優（Stephen Arroyo）著
-- 初版．-- 臺北市 2007（民 96）　面：公分．（Holistic：37）
譯自：Astrology Karma & Transformation

ISBN: 978-986-6782-01-5（平裝）　1. 占星術　2. 自我實現（心理學）

292.22　96006178

心靈工坊 PsyGarden **書香家族 讀友卡**

感謝您購買心靈工坊的叢書，爲了加強對您的服務，請您詳塡本卡，
直接投入郵筒（免貼郵票）或傳眞，我們會珍視您的意見，
並提供您最新的活動訊息，共同以書會友，追求身心靈的創意與成長。

書系編號—Hol037　　書名—占星・業力與轉化

姓名　　是否已加入書香家族？□是　□現在加入

電話（公司）　　（住家）　　手機

E-mail　　生日　　年　　月　　日

地址 □□□

服務機構／就讀學校　　職稱

您的性別—□1.女　□2.男　□3.其他

婚姻狀況—□1.未婚　□2.已婚　□3.離婚　□4.不婚　□5.同志　□6.喪偶　□7.分居

請問您如何得知這本書？

□1.書店　□2.報章雜誌　□3.廣播電視　□4.親友推介　□5.心靈工坊書訊
□6.廣告DM　□7.心靈工坊網站　□8.其他網路媒體　□9.其他

您購買本書的方式？

□1.書店　□2.劃撥郵購　□3.團體訂購　□4.網路訂購　□5.其他

您對本書的意見？

封面設計	□ 1.須再改進	□ 2.尙可	□ 3.滿意	□ 4.非常滿意
版面編排	□ 1.須再改進	□ 2.尙可	□ 3.滿意	□ 4.非常滿意
內容	□ 1.須再改進	□ 2.尙可	□ 3.滿意	□ 4.非常滿意
文筆／翻譯	□ 1.須再改進	□ 2.尙可	□ 3.滿意	□ 4.非常滿意
價格	□ 1.須再改進	□ 2.尙可	□ 3.滿意	□ 4.非常滿意

您對我們有何建議？

▲您的意見，我們將轉貼在心靈工坊網站上，www.psygarden.com.tw

廣　告　回　信
台北郵局登記證
台北廣字第1143號
免　貼　郵　票

台北市106信義路四段53巷8號2樓

讀者服務組　收

（對折線）

加入心靈工坊書香家族會員
共享知識的盛宴，成長的喜悅

請寄回這張回函卡（免貼郵票），

您就成爲心靈工坊的書香家族會員，您將可以——

⊙隨時收到新書出版和活動訊息

⊙獲得各項回饋和優惠方案